# 中国語口語表現

### ネイティヴに学ぶ慣用語

沈建華 編著

是永駿・陳薇 編訳

CD付

東方書店

# まえがき

　『汉语口语习惯用语教程』(本書原題)は中上級レベルの中国語学習者のために編集された選択クラス用の教材です。

　編者は長年中国語教育にたずさわってきましたが、しばしば耳にしてきたのは外国人留学生の不満、恨み言でした。中国人との会話やテレビや映画のなかでいつも出くわす言葉で、漢字一字一字は知っていても用語としてはどういう意味でどういうときに使うのかはっきりしないし、辞書を引いても出てこないものがある、というのです。そうした語彙が口語慣用語なのです。

　口語慣用語は次のようなものを含みます。(1)「話にならない(不像话)」、「空手形を出す(开空头支票)」といった慣用語、(2)「腹を決める(打~的主意)」「思い知らせてやる（给~颜色看）」などの表現形式、(3)「~たらありゃしない（要多~有多~）」「なにが~であるものか（还~呢）」などの表現文。口語慣用語の特徴は、ふたつあるいはふたつ以上のフレーズから成り、意味は字面からは直接分からず、その多くは特別な意味を持って使われ、用いられた場、文脈に合わせてはじめて理解できる、というものです。一般の中国語教材は口語慣用語にあまり触れませんし、辞書に収められていない口語慣用語もたくさんあります。

　外国人留学生が中国語の口語慣用語の意味と用法を理解するのを手助けするために、編者は大量の言語材料、用例を収集し、ふるいにかけ、常用の口語慣用語を選び、20 の対話場面を設定して、学生が場、文脈から慣用語の意味と用法を理解できるようにしました。同時に、簡潔な解釈と適量の例文をかかげ、また各課に必要な練習問題を設けて、学生が理解を深める助けとしました。編者は 1999 年から 2001 年まで、北京言語大学漢語速成学院で外国人留学生向けに「汉语口语习惯用语」の選択クラスを開講しました。本書はこのクラスでの講義をもとに手を入れて出来上がったものです。本書は教材としてだけではなく、自習用にも使えます。

　本書は 20 課から成り、500 近い常用の口語慣用語を収めています。各課は課文、注釈、例文解釈、練習の四部構成になっています。

　本教材は北京語言大学教務部のご支持、ご支援を得ました。

北京語言大学　沈建華

# 訳者まえがき・本書の使い方

　本書は『漢語口語習慣用語教程』(沈建華編著、北京語言大学出版社、2003年3月第1版、2005年9月第5次印刷)を全訳したものです。各課の本文の日訳、例文解釈の第1例目以外の例文の日訳、各課の練習の解答などは巻末にまとめて掲げています。各課の練習のうち、慣用表現フレーズを用いて中国語に訳す問題については、作文する日本語文を指示し、解答例を掲げています。索引項目は、原書の索引をそのまま収録していますが、全項目に原書の解釈を付して、学習者が索引に目を通すたびに中国語による解釈を同時に学べるように構成しました。

　本書に収録された慣用表現480項目(類似表現を含めて約500項目)は、日常の生活を生きる人々の息づかいを伝える、文字通り生きている言葉の宝庫です。中国語(のみならず一般に外国語)の学習のプロセスとしては、まず基本的な標準語法を学びますが、その段階で基本的な表現文型は標準語法とともに学習者に提供されます。その過程を終えた学習者は、修辞への意識を育てることが、中国語学習では大切になります。たとえば、「一輩子忘不了」という表現が可能補語の用例としてある、その意味は「終生难忘」とも表現されるという、修辞(レトリック)への意識です。中国語は、語用の集約、集積のかたちとして四字構成の句を多用します。簡にして要を得た表現スタイルだからでしょう。本書にも「吃苦受累」、「幸灾乐祸」など四字句が頻出しますが、「不见不散」、「理所当然」、「岂有此理」など、これまでもこうした四字句にはお目にかかったことがあるでしょう。それに加えて、本書が網羅した日常の慣用表現フレーズに習熟する、こうした過程を通して、日常の生きた言葉の世界へ分け入ることが可能となるのです。

　慣用表現は、日常の生活での人間関係を記号化したものと考えられます。慣用表現を通して記号化された関係性を見ることができます。本書に収録された慣用表現とその用例から、中国の大地に生きる人々の、人間関係の根底にある「利害」、「面子」への強烈な執着を見ることができるでしょう。当然のことですが、慣用表現はその言語空間での意味機能の広がりを持っており、そのまま日本語の慣用表現にぴったり見合うものもあれば、近似値的なものもあります。日本語には「ありがた迷惑」という便利な慣用表現がありますが、それを「我可不敢让你帮忙,你就会帮倒忙」(第16課、196頁)と用いるか、「我

*iii*

们好心好意地帮他，反倒落埋怨」（第 9 課、115 頁）と言うかは、その場の関係性によるのです。

　本書が優れた語学教材であり、また自習書であることは編者が自信をもって語っているとおりです。本書の出版の話を北京語言大学出版社との間で進めて下さった東方書店の川崎道雄氏、訳文を細部にわたって校閲し、貴重なご指摘、ご助言をして下さった同書店コンテンツ事業部の家本奈都さんに深く感謝いたします。

2009 年 8 月　編訳者

## 目　　次

第一课　　我自己的钱爱怎么花就怎么花 …………………… 1
　　　　　自分のお金は使いたいように使うわ

第二课　　这次考试又考砸了 ………………………………… 15
　　　　　今度のテストもまたしくじった

第三课　　这60块钱就打水漂儿了 …………………………… 28
　　　　　その六十元が泡のように消えてしまう

第四课　　你可真是个马大哈 ………………………………… 40
　　　　　君は本当に粗忽者だね

第五课　　这事让我伤透了脑筋 ……………………………… 53
　　　　　これには随分悩まされた

第六课　　有的路口都乱成一锅粥了 ………………………… 66
　　　　　ある交差点ではもう蜂の巣をつついたような騒ぎだ

第七课　　这都是看爱情小说看的 …………………………… 78
　　　　　これはみんな恋愛小説を読み過ぎたせいよ

第八课　　在工作上他向来一是一，二是二 ………………… 91
　　　　　仕事の面では彼はいつも几帳面です

第九课　　为了孩子我们豁出去了 …………………………… 105
　　　　　子供のためなら思い切ってやりますよ

第十课　　这事儿八成儿得黄 ………………………………… 118
　　　　　この件は多分おじゃんになる

第十一课　谁都猜不出他葫芦里卖的什么药 ………………… 130
　　　　　誰も彼が何を考えているか分からない

*v*

第十二课　你现在是鸟枪换炮了 …………………………… 144
　　　　　君は大変身したね

第十三课　拿到票我这一块石头才算落了地 …………… 157
　　　　　チケットを手に入れてやっとほっとした

第十四课　你说这叫什么事儿啊 ……………………………… 169
　　　　　これはいったいなんということかしら

第十五课　我已经打定主意了 ………………………………… 183
　　　　　私はもう決心したんだ

第十六课　那些菜真不敢恭维 ………………………………… 196
　　　　　あの料理はお世辞にもおいしいとは言えない

第十七课　此一时彼一时 ………………………………………… 210
　　　　　あの時はあの時、今は今

第十八课　老坐着不动可不是事儿 …………………………… 223
　　　　　いつも座ってばかりいては良くないよ

第十九课　我觉得他说在点子上了 …………………………… 237
　　　　　彼の言うことは急所を突いていると思う

第二十课　他给我们来了个空城计 …………………………… 250
　　　　　彼は空城の計を使ったんだよ

　　　　　索　引 ……………………………………………………… 266

　　　　　日本語訳・練習問題解答 ……………………… 1 - 58

---

**CD について**
付録 CD には、各課課文のみを収録しています。
例文解釈を収録した CD2 〜 CD5 は別売（本体 2800 円）です。

# 第一课 CD1-1

## 我自己的钱爱怎么花就怎么花

自分のお金は使いたいように使うわ

流行を追う娘に質素倹約を勧める母親、娘が買ってきた服が母親の年金ひと月分に近い価格と知って、娘の将来を案じ始めますが、娘はどこ吹く風です。いつも同じ服では面子がない、流行遅れの服は着て出かけられないと言う娘は、母親の言うことをなかなか聞き入れません。

（丽华兴冲冲地跑回家来）

丽　华：妈，我买了件新大衣，您瞧瞧怎么样？不错吧？刚才在商场我一眼就看上了。

妈　妈：你呀，一发工资就手痒痒，在家闲不住。上个月你不是刚买了一件吗？

丽　华：那件早过时了，根本穿不出去！这可是今年最时髦的。

妈　妈：每个月就那么点儿钱，老追时髦你追得起吗？衣服够穿不就得了？你看你，左一件，右一件的，咱们家都能开时装店了。唉，让我说你什么好，我的话你怎么就是听不进去呀？

丽　　华：要是听您的，<u>一年到头</u>，出来进去老穿那两件，<u>多没面子</u>呀，我可怕别人笑话。<u>看人家</u>刘萍萍，一天一身儿，从头到脚都是名牌儿。

妈　　妈：她？我最看不惯的就是她，天天打扮<u>得什么似的</u>。她一个电影院卖票的，哪儿来那么多钱？要我说，那钱肯定不是好来的，你可不能跟她学。想想我年轻那会儿……

丽　　华：妈，您<u>又来了</u>，您那些话我都听腻了。要是大伙儿都像您似的，一件衣服<u>新三年旧三年</u>地穿，咱们国家的经济就别发展了，市场也别繁荣了。都什么年代了，您也该<u>换</u>换<u>脑筋</u>了。

妈　　妈：我没有你那么多新名词儿，<u>说不过</u>你。哎，这件<u>怎么也得</u>上百吧？

丽　　华：不贵，正赶上三八节打折优惠，才460块。

妈　　妈：我的天！460块还是优惠价？我一个月的退休金才500块！你也太……

丽　　华：我自己的钱，<u>爱</u>怎么花<u>就</u>怎么花，别人管不着。

妈　　妈：像你这样大手大脚惯了，将来成家了可怎么办？还不得<u>喝西北风</u>啊？

丽　　华：我呀，要么找个<u>大款</u>，要么就不结婚，我在您身边<u>伺候</u>您一辈子。

妈　　妈：你？<u>说得比唱得还好听</u>，<u>不定</u>是谁伺候谁呢。丽华，妈不是不让你打扮，可你眼下最要紧的是多攒点儿钱，找个好对象，把婚结了，等以后有条件了再打扮、再穿也不晚哪。

丽　　华：<u>看您说的</u>，现在不打扮，等七老八十了再打扮，谁看哪！

我才不那么傻呢。

妈　妈：唉，我说什么你都当成耳旁风。老话儿说得好：不听老人言，吃亏在眼前。现在你不听我的，将来可没你的后悔药吃，该说的我都说了，你爱听不听吧。对了，一会儿你爸爸回来，别跟你爸爸说多少钱，他要是跟你发火儿，我可不管。

丽　华：我才不想听他给我上课呢，他那一套我都会背了。您放心，我有办法，他要是问哪，我就说这是处理品，大甩卖，便宜得要死，只要60块。

注 釈

1. 闲（xián）不住：じっとしていられないたちである。
2. 新三年旧三年：ことわざ「新三年旧三年，缝缝补补（féngféngbǔbǔ，縫い繕い、繋ぎ合わせて）又三年」から由来したもの。服を何年も着続ける大変倹約した暮らしぶりを表す。
3. 三八节：毎年三月八日の国際婦人の日。
4. 大款（dàkuǎn）：お金持ち。
5. 伺候（cìhou）：（人のそばで）仕える。（身の回りの）世話をする。
6. 老话儿：昔から言い伝えられてきた言葉。
7. 不听老人言，吃亏（chīkuī）在眼前：お年寄りの言うことを聞かないとすぐにひどい目にあうということわざ。
8. 处理品（chǔlǐpǐn）：特売品、見切り品。
9. 大甩（shuǎi）卖：大安売り、投売り。

 例文解释  CD2-1

1. **你呀**（nǐ ya）
   あなたはね、あなたという人はね。
   会話のみに用いられる。話し手の相手に対する不満や咎める気持ちなどを表す。
   ① 你呀，怎么不早点儿告诉我，让我白跑了一趟。
      あなたはね、どうして早く知らせてくれなかったの。無駄足を踏んだわ。
   ② 你的屋子真脏，一个星期都没打扫了吧？你呀！

2. **手痒痒**（shǒu yǎngyang）
   好きなので腕をふるいたくてむずむずする。"脚痒痒"、"嗓子痒痒"、"心里痒痒" という言い方もある。
   ① 刚学会开车那会儿，我一看见车就手痒痒。
      免許が取れたばかりのあの頃、車を見るとすぐ運転がしたくなった。
   ② 看见小王他们打乒乓球打得那么高兴，小李的手也痒痒了。
   ③ 我哥哥特别喜欢踢足球，看见足球他的脚就痒痒，就想踢。
   ④ 看见他们马上要出发去旅行了，我的心里怪痒痒的，真希望自己也能去。

3. **穿不出去**（chuān bu chūqù）
   かっこうが悪い、流行しなくなった、合わない等のために着て出かけるのを恥ずかしく思う。
   ① 这种衣服太薄了，又那么紧身，哪儿穿得出去呀？
      この手の服は生地が薄く、また体にぴったりしているので、着て出かけられたものじゃない。
   ② 旗袍确实很漂亮，可穿旗袍一定得有个好身材，我这么胖，哪儿穿得出去呀？

4. **追时髦**（zhuī shímáo）

   流行を追う。"赶时髦"とも言う。
   
   ① 演唱会上歌星们那五颜六色的头发很是引人注目，很快，追时髦的年轻人也都把头发染成了各种颜色。
   
   コンサートでは歌手たちの色とりどりの髪はとても人目を引いていたが、すぐに流行を追う若者もみんな髪をいろいろな色に染め出した。
   
   ② 看见厚底鞋很流行，我们办公室的老李也赶起了时髦，买来了一双。
   
   ③ 近两年，跆拳道（táiquándào：テコンドー）在北京慢慢儿成了时髦的运动，我们这儿不少女孩儿也追时髦，练起了跆拳道。

5. **不就得了**（bú jiù dé le）

   それでいいじゃないか。"就行了"、"就可以了"の反語で、不満やうんざりした語気を表す。"～不就行了"とも言う。
   
   ① "报告的最后一段我还没写完呢，怎么办？""回去把它写完不就得了？"老张不耐烦地说。
   
   「レポートの最後の段落はまだ書き終えていない、どうしよう？」「帰ってそれを済ませればいいじゃないか」と張さんがうるさがって言った。
   
   ② 你有什么话直接告诉他不就行了？干吗非让我转告？
   
   ③ 要是我去你不放心的话，你自己去不就得了？

6. **你看你**（nǐ kàn nǐ）

   「本当にあなたという人は」、「なんだお前」、「君ときたら」。会話のみに用いる。相手の行動、状態に不満を感じて言う。
   
   ① 你看你，冷成这个样子，来，到暖气这边儿暖和暖和。
   
   君ときたら、寒さでこんなありさまになって。さあ、スチームの近くに来て暖まりなさい。
   
   ② 你看你，整天就知道看书，别的事什么也不会。
   
   ③ 你看你这急脾气，先让他把话说完嘛。

7. 左一（zuǒ yí）件，右一（yòu yí）件

"左一＋量詞〜右一＋量詞〜"：一つまた一つと、何回も、何度となく。数の多いことを形容する。

① 你左一本右一本的，买那么多法律书干什么？
あなたはあれやこれや法律の本ばかりを買って、どうするんですか。
② 他左一次右一次地骗（piàn）你，你怎么还相信他呀？
③ 我不小心踩了人家的脚，所以赶紧左一个"对不起"，右一个"真抱歉"地表示道歉。
④ 知道儿子没考上大学以后，老王很生气，左一句"没本事"，右一句"没出息"，把儿子骂哭了。

8. 让我说你什么好（ràng wǒ shuō nǐ shénme hǎo）

いくら言っても効き目がない。もうお手上げ。相手の行動、状態に大変不満を感じて言う。

① 妈妈说："学生证又找不着了？让我说你什么好，东西老是乱放，没个地方。"
「学生証がまた見つからなくなったって。いくら言っても効き目がないね。いつもものがごちゃごちゃに置いてあって、決まった場所もない」と母が言った。
② 听说我骑车又跟别人撞上了，腿上还受了点儿伤，奶奶说："让我说你什么好啊，告诉你多少次了，别骑那么快，你就是不听，现在知道了吧？"

9. 听不进去（tīng bu jìnqù）

耳に入らない。聞く耳を持たない。

① 他总觉得自己了不起，所以大家给他提的意见他一点儿也听不进去。
彼はいつも自分が偉いとばかり思いこんで、みんなからの意見はちっとも聞き入れない。
② 以前爸爸的话他多少还听一点儿，可现在，谁的话他也听不进去了。
気持ちがうわのそらで耳に入らない場合にも用いる。
③ 女朋友提出跟他分手后，他心里很乱，上课老师说的，他根本听不进

去。

10. 一年到头（yì nián dào tóu）
   年がら年じゅう。
   ① 他是个大忙人，一年到头，总是在外面开会。
   彼は多忙な人で、年がら年じゅう、いつも外で会議に出ている。
   ② 这些运动员一年到头，不是比赛，就是训练，只是到过年的时候才回家休息两天。

11. 没面子（méi miànzi）
   面目を失う。かっこうが悪い。恥をかく。
   ① 当地的风俗是，人越多越好，要是婚礼上来的客人少，主人就会觉得很没面子。
   地元の慣習では人が多ければ多いほどよいので、もし結婚式に来た客が少なかったら、主人は面子をつぶされたと思うだろう。
   ② 昨天爸爸当着外人的面批评他，这对他来说是最没面子的事。

12. 看人家（kàn rénjia）
   〜さん／あの人（たち）なんかは。ある人（々）に対して敬服したり羨ましがったりする。
   ① 看人家老马的儿子，回回考试得第一。
   馬さんの息子さんなんかは試験では毎回トップです。
   ② 看人家北方出版社，年年能出一两本好书。
   ③ 看人家，汽车、房子、名牌时装，什么都有。

13. 打扮得什么似的（de shénme shìde）
   "動詞+得什么似的"：なんとも言い表しようのないほど〜。
   ① 听完了我讲的笑话，她笑得什么似的，连眼泪都笑出来了。
   私の笑い話を聞くと彼女はなんとも言いようもないほど笑って涙まで流した。
   ② 为这事，昨天两个人吵得什么似的，把孩子都吓哭了。

"形容詞＋得什么似的"：程度の極めて高いことを表す。

③ 老王说："这几天我忙得什么似的，哪儿有时间看电视啊。"

④ 听说几个多年没见的老同学也要来，他高兴得什么似的，一大早就起来去买菜买肉，还说要亲自下厨房做几个菜。

## 14. 又来了（yòu lái le）

また始まった。相手の繰り返される話題や行動などにうんざりした気持ちを表す。

① "我每天那么辛苦不就是为了你吗？你要什么我都给你买……""又来了，烦不烦呀。"儿子不耐烦地说。
「私が毎日あんなに苦労しているのはあなたのためじゃないの。ほしいものは何でも買ってあげているのに……」「また始まった、うんざりしないの」息子がうるさがって言った。

② 妈妈说："小强，你也太懒了，你看你这房间，还有这些脏衣服……""又来了又来了，"小强有点儿烦，"脏点儿怕什么？又没有人参观。"

## 15. 换脑筋（huàn nǎojīn）

（古い考えを捨て）新しい考えに変える。頭を切り替える。

① 改革开放了，社会变了，咱们的脑筋也该换换了。
改革開放の政策を推し進めてから、社会が変わった。われわれの考えもそろそろ変えなくちゃいけないよ。

② 种花种草也能成万元户？这我可是头一回听说，看来，我得换换脑筋了。

気分転換のために頭を切り換える時にも用いる。

③ 他在书房写了五千多字，为了休息，换换脑筋，他陪着妻子上山来画画儿。

## 16. 说不过（shuō bu guò）

"A＋動詞＋不过＋B"：競争、勝負などでAはBにかなわない。"跑不过"、"比不过"、"打不过"など。

① 我嘴笨，说不过他，每次都是我输。

私は口下手で、彼を言い負かすことができない。毎回私のほうが負ける。
② 我刚开始学打网球，你都打了两年多了，我当然打不过你。
③ 你是跑得快，可你跑得再快也跑不过火车吧？

## 17. 怎么也得（zěnme yě děi）
（話し手の推量、判断として）少なくとも、どうみても～が必要である。
① "你估计多长时间能做完？"小林说："我白天得上班，只能晚上干，怎么也得十天。"
「やり終えるにはどのぐらいの時間がかかると思う」「昼間は仕事があるから、夜しかやれないので、少なくとも十日はかかるだろう」と林さんが言った。
② 要是坐飞机去的话，一千块钱可不够，怎么也得三千。
③ 你说工作的时候应该努力工作，这话没错，可怎么也得让我们上厕所吧！

## 18. 爱（ài）怎么花就（jiù）怎么花
"爱～就～"：～したいなら～したらよい。
"爱怎么～就怎么～"：～したいようにすればよい。
① 孩子大了，自己有主意了，爱学什么就学什么吧。
子供は大きくなり、自分の考えを持つようになったのだから、学びたいものを学べばよい。
② 我们都这么大年纪了，别管孩子们的事了，他们爱怎么着就怎么着吧。
③ 他们爱怎么说就怎么说，爱说什么就说什么，反正我没做对不起别人的事。

## 19. 喝西北风（hē xīběifēng）
食べ物がなく、すきっ腹を抱える。
① 你把家里的钱全拿走，让我们喝西北风啊！
あなたは家のお金を全部持って行って、私たちを飢えさせるつもりか。

② 没有办法也得想个办法，咱们总不能让全厂工人喝西北风吧？
③ 靠你一个月几十元工资，怎么够用？我要不去工作，咱们全家就得喝西北风了。

20. **说得比唱得还好听**（shuō de bǐ chàng de hái hǎotīng）
歌うよりきれいに聞こえる。うまいことばかり言う。
風刺や不満の気持ちを表す。
① 小李说的话你也相信？他一向是说得比唱得还好听。
李さんが言ったことをあなたも信用するの？ 彼はいつもうまいことばかり言う。
② A：你儿子不是说月月给你寄钱吗？
B：他呀，说得比唱得还好听，到现在他的一分钱我也没见到过。

21. **不定**（búdìng）
～か分からない。
通常、後に"谁"、"什么"、"哪"、"怎么"、"多少"、"多"などの疑問詞また疑問を表す成分を伴う。
① 他的文章语言很好懂，好像写起来很容易。其实，那不定改了多少遍。有时候一千多字要写两三天。
彼の文章はとても分かりやすくて、簡単に書けたように見えるが、実はどれだけ書き直したかわからない。時には千字を書くのに二、三日かかる。
② 别以为坐车一定就比骑车快，看吧，不定谁先到学校呢。
③ 你想，两家用一个厨房、一个厕所，住着不定多别扭呢。

22. **看您说的**（kàn nín shuō de）
そういいますけどね。あなたはそういうけどね。
相手の言うことにあまり賛成しない、また気に入らない気持ちを表す。
① 小丽说："你是不是不相信我呀？"我说："看你说的，我怎么能不相信你呢？"
麗さんは「私を信用していないんじゃないですか」と言ったが、私

は「何を言っているんだい、私が君を信用しないはずがないじゃないか」と言った。

② 老张笑着说："你现在是大经理了,把我都给忘了吧?"刘明也笑着说："师傅,看您说的,我忘了谁也不能把您给忘了呀!"

③ 我说："不就是少找你十块钱吗? 那算得了什么? 别回去要了。"妻子不高兴地说："看你说的,十块钱不是钱? 你要是不想去要,我一个人去。"

## 23. 耳旁风（ěrpángfēng）

他人の忠告や頼みを気にとめない。「耳のそばを吹く風」から転じて、どこ吹く風。"耳边风"とも言う。

① 他总是把我说的话当成耳旁风,所以现在我什么也不说了。
彼はいつも私の言葉をどこ吹く風と聞き流すので、今はもう何も言わない。

② 别人的话在他看来就是耳旁风,你说他能不吃亏吗?

## 24. 没你的后悔药（hòuhuǐyào）吃

"吃后悔药"：悔やむ、後悔する。
"后悔药"は、後悔を治す薬。もちろんこの世にそのような薬はない。

① 他没有什么钱,干吗跟他结婚? 世上可没有卖后悔药的,你现在要想清楚了。
彼はお金もないのに、なぜ彼と結婚するの？ 世の中には後悔を直す薬は売っていないんだから、今ちゃんと考えなさいよ。

② 早的时候我们说什么你都不听,现在怎么样?想吃后悔药了吧?晚了。

## 25. 爱（ài）听不（bù）听

"爱～不～"：～しようがしまいが勝手だ。～しようがしまいがお好きなように。

① A：小兰说她有事不来了。
B：昨天说好的,怎么今天又变了? 爱来不来。没有她我们也一样玩。
A：蘭さんは今日は用事で来ないと言った。

第一课 | 11

B：昨日はちゃんと約束したのに、どうして今日はまた変わったのか。来ようが来まいがむこうの勝手だ。彼女がいなくても私たちは楽しく遊べますよ。

② A：你这么批评他，他可能会不高兴的。
　　B：爱高兴不高兴，他做得不对，别人还不能说两句？
③ 妻子不高兴地说："饭我放在桌子上了，你爱吃不吃。"

## 26. 他那一套（nà yí tào）

"套"は「やり方、手口、流儀」。"这一套"、"那一套"の形で用い、普通はけなす意味を含む。

① 听到这些，爸爸皱起了眉头："你从哪儿学来的这一套？"
　これを聞くと父は眉をしかめて言った。「お前はどこでこんなやり方を覚えたのか」。
② 她说："你这样做就是不对！"我火了，说："你少跟我来这一套！就算我不对，你又能把我怎么样？"
③ 说假话骗人那一套我可学不来，我也不想学。

一、適当な言葉を選び、空欄を埋めなさい。
　①耳旁风　②手痒痒　③不就得了　④喝西北风　⑤没面子　⑥你看你
　⑦一年到头　⑧又来了

(1) 在过去，饺子是最好吃的东西，有钱的人也不经常吃饺子，没有钱的更是＿＿＿＿也吃不上一顿饺子，现在生活水平高了，可以天天吃饺子了，人们倒不爱吃了。
(2) 看见小强老去玩游戏机，她就说："你应该好好学习，不能老玩游戏机。"可小强却把她的话当成＿＿＿＿，还是天天去。
(3) 我没有什么别的爱好，就喜欢打乒乓球，两天不打球我就＿＿＿＿。
(4) 大嫂找到大哥，说："眼看就到年底了，你一分钱也不给我，难道叫这一大家子人＿＿＿＿呀？"

(5) "你怎么又穿这件衣服，难看死了！"妻子对丈夫说。
"你要是嫌难看，别看_____？ 我又没有强迫你看。"

(6) 儿子一听我说这话，就站起来说："看看，您_____，这些话我都会背了！ 您别说了，再说我可走了。"

(7) 小时候在幼儿园里，我的外号叫"尿床大王"，这外号人人都知道，让我很_____，所以那时候很不愿意跟别的小朋友一起玩。

(8) 老王说："_____，老是粗心大意，这钥匙都丢了三次了，小心下次别把你自己丢了。"


二、指定した言葉を使って、日本語の部分を中国語に訳しなさい。

(1) A：要是坐公共汽车去的话，大概得用多长时间？
　　B：现在是上下班时间，_____。（怎么也得）
　　　［どうみても一時間半はかかる］

(2) 顾　客：您看我做一身衣服得要几米布？（怎么也得）
　　售货员：您的个子高，_____。
　　　　　　［少なくとも二メートル五十は必要です］

(3) 妈妈：_____，哪儿像你似的。（你看人家）
　　　　　［王強さんなんかはよく勉強しているわ］
　　儿子：我可不想变成书呆子。

(4) 妻子：你怎么回到家什么也不干？_____。（你看人家）
　　　　　［王さんなんかは家事はなんでもやる］
　　丈夫：我都累了一天了，你就少说两句吧。

(5) A：你们一天去了那么多地方，累了吧？
　　B：可不，_____，连饭也不想吃了。（A 得什么似的）
　　　［なんとも言いようのないほど疲れました］

(6) 妹妹：哥哥，你先借我一百块钱，等发工资我还你二百。
　　哥哥：_____。（说得比唱得还好听）
　　　　　［うまいことばかり言って。いつ返してくれたことがあったっけ？］

(7) A：咱们明天去他家找他吧。
　　B：他明天_____。（不定）

［家にいるかどうかわからない］

(8) A：我们批评小张，他好像不太高兴。
　　B：＿＿＿＿＿＿。（爱A不A）
　　　　［不愉快に思おうが思うまいが勝手だ。彼が間違ったことをしたのだから、ほかの者が不満をもつのは当たり前だ］

(9) A：你说，老王要是不同意，咱们怎么办？
　　B：＿＿＿＿＿＿。（爱A不A）
　　　　［彼が同意しようがしまいが、自分たちのことをやるだけだ］

(10) A：你应该好好劝劝他，别让他老去那种地方。
　　 B：你不知道，＿＿＿＿＿＿。（听不进去）
　　　　［何度もいさめてみたが、彼は根っから聞く耳をもたない］

(11) A：哟，你怎么把电话线给拔下来了？
　　 B：唉，＿＿＿＿＿＿，吵得我什么也干不了。（左一A，右一A）
　　　　［ひっきりなしの電話で］

(12) 爸爸：小丽去哪儿了？怎么到现在还没回来？
　　 妈妈：她跟同学出去玩了，＿＿＿＿＿＿。（不定）
　　　　［いつ帰ってくるのか分かりゃしない］

# 第二课 CD1-2

## 这次考试又考砸了
今度のテストもまたしくじった

中間テストが終わった高校の同級生ふたりが大学受験やパソコンについて話しています。弱気な周君は試験の結果がふるわず落ち込んでいますが、のんびり屋の高君は人の性格は変えがたい、まずは腹ごしらえだと悠然とかまえています。

（高峰来到同学周自强的宿舍）

高　　峰：自强，走，吃饭去。

周自强：我一点儿胃口也没有，不想吃，你自己去吧。

高　　峰：连饭都不想吃？我看你这几天干什么都没情绪，因为什么呀？

周自强：这次考试又考砸了。

高　　峰：嗨，我还以为怎么了呢，只不过是一次期中考试罢了，至于吗？我考得还不如你呢，我还不是照吃不误，照玩儿不误？

周自强：唉，真像我爸说的，我不是念书的那块料。你看，这成

绩是越来越走下坡路。照这样子下去，高考肯定没戏。

高　　峰：离高考不是还早着呢，甭想那么远。再说，你的学习一直都不错，你要是没戏，我就更不行了。

周自强：不知怎么的，我的脑子一到节骨眼儿就跟木头似的。

高　　峰：你就是把考试啊、成绩啊太当回事儿了，所以压力太大，太紧张。我跟你正好相反，考试的时候想紧张都紧张不起来。

周自强：我真羡慕你这种性格，什么事都想得开，脑子也聪明。

高　　峰：快得了吧，昨天我妈还骂我没心没肺、没有出息呢，老师也老说我是小聪明，不知道用功。他们爱说什么就让他们说去吧，我才不往心里去呢。

周自强：你这一点我最佩服了，我可不行。

高　　峰：你这个人呀，往好里说是认真，往坏里说就是爱钻牛角尖。

周自强：我知道这样不太好，可就是改不了啊。

高　　峰：我也改不了,要不怎么说"江山易改,本性难移"呢！哎，你说老师净考那些犄角旮旯的题干吗？这不是成心跟我们过不去吗？

周自强：老师这是为我们好，让我们将来都能考上大学。

高　　峰：其实，说白了也是为了他们自己。算了，不说了，没意思。

周自强：我现在干什么都打不起精神来，考得那么差，拖了全班的后腿，在同学和老师面前老觉得抬不起头来。

高　　峰：亏你还是个男子汉！为芝麻大点儿的事儿至于这样吗？我得好好开导开导你。

周自强：得了，别开导我了，说说你吧，电脑考试准备得差不多了吧？

高　峰：嗨，小菜一碟儿，不是我吹牛，玩电脑我可是一把好手。那天张老师向我请教，我还给他露了一手呢！我现在每天都上网聊会儿天儿，可有意思了。

周自强：不瞒你说，我现在整个一个"机盲"。放假以后我拜你为师怎么样？

高　峰：没的说，到时候我教你。哎哟，我的肚子都咕咕叫了，人是铁饭是钢，走，吃饭去，去晚了食堂就关门了。

注　释

1. **高考**：大学統一入学試験。
2. **佩服**（pèifu）：（人柄、才能、行為などに）感心する、感服する、敬服する。
3. **江山易改，本性难移**：山河は変えられるが人間の天性は容易に変わらない。三つ子の魂百まで。人の性格は容易に変えられないことを指す。
4. **犄角旮旯**（jījiǎogālá）：隅、方々の隅。人に気づかれないところ。
5. **开导**（kāidǎo）：教え導く、諭す。
6. **上网**："网"はインターネット。インターネットにアクセスする。
7. **机盲**（jīmáng）：パソコンが分からない、または使えない人を指す。
8. **人是铁饭是钢**：ことわざ。人が鉄なら飯は鋼。腹が減っては戦ができぬ。

 例文解释　 CD2-2

1. **考砸了**（kǎo zá le）

　"動詞＋砸了"：（事柄が）失敗する、だめになる、台無しになる。例えば"跳砸了"、"唱砸了"、"演砸了"。

　① 他想，这次的课可跟往常不一样，万一讲砸了，会让人家笑话的。
　　彼は今回の授業はいつもと違って万が一失敗したら人に笑われるだ

第二课 | 17

ろうと思った。
② 我十几年没唱了，万一唱砸了，可怎么办呢？

2. 只不过（zhǐ bu guò）是一次期中考试罢了（bà le）
   "只不过～罢了"：ただ～にすぎない。"只是～罢了"とも言う。
   ① 小刘说，他早就知道这件事了，只是没告诉我们罢了。
   劉さんは、この件についてはとっくに知っていましたが、私たちに言わなかっただけですと言った。
   ② "她不是说不找男朋友吗？" "她只不过是说说罢了，你别信她的。"
   ③ 这个房间也挺好的，只不过没有那个房间大罢了。

3. 照（zhào）吃不误（bú wù），照玩儿不误
   "照～不误"：情況、条件などが変わっても、また他人から諭されても、相変わらずいつものように～する。平常どおり～する。
   ① 他每天都去跑步，有的时候天气很不好，他也照跑不误。
   彼は毎日ジョギングしている。天気の悪い時でも彼は走る。
   ② 他每天都给姑娘写信，尽管没有回信，但他还是照写不误。
   ③ 家里人，包括医生都劝他戒酒，可他不听，每天照喝不误。

4. 是（shì）念书的那块料（nà kuài liào）
   "是～那块料"：(人を指して)あることに向いている、素質がある。"是～的料"とも言う。
   ① 这小伙子身体真棒，是一块当兵的料！
   この若者は体が頑丈で兵隊に向いている。
   ② 他父亲是一位著名的作家，写了不少作品，他从小跟在父亲身边，上大学后也写过几首诗什么的，但到底不是他父亲那块料。
   ③ 我可不是当领导的料，人多了我说话就脸红。

5. 走下坡路（zǒu xiàpōlù）
   下り坂を歩く。滅亡、衰退、落ち目、悪化への道を歩む。
   ① 经过了几十年的繁荣之后，他们的经济从1992年起开始走下坡路。

数十年の繁栄を経た後、彼らの経済情況は 1992 年から衰退し始めた。
② 前几年他的身体还不错，可现在开始走下坡路了，每天离不开药。

6. 没戏（méi xì）
   见込みがない、当てがない。反対の場合は"**有戏**"と言う。
   ① 那么多强手，你想得第一？没戏！
      つわものがあんなに大勢いるのに、一番になりたいって？　無理だね。
   ② 大家知道去旅行的事没戏了，都很失望。
   ③ 我觉得你考北京大学有戏，我嘛，肯定没戏。

7. 节骨眼儿（jiéguyǎnr）
   肝心な時、大切な時、瀬戸際。
   ① 别看他平时挺能说的，可到了节骨眼儿上一句话也说不出来。
      ふだん彼は結構口達者だが、肝心な時になるとひとこともしゃべれなくなる。
   ② 明天就要演出了，就在这节骨眼儿上他病了，真糟糕。

8. 当回事儿（dàng huí shìr）
   重視する、真剣に対応する。否定は"**不（没）当回事儿**"。
   ① 我只是开了个玩笑，可他却当回事了，所以对我很不满意。
      私は冗談を言っただけなのに、彼は本気に受け止めて、私のことが気に入らない。
   ② 那时候这个岛因为太小而且没有人住，两个国家都没把它当回事。
   ③ 她的话，丈夫从来都不当回事，这让她很不高兴。

9. 想得开（xiǎng de kāi）
   気にかけない、諦められる、思い切りがよい。否定は"**想不开**"。
   ① 他是一个想得开的人，遇到那么多挫折，他还是那么乐观。
      彼は思い切りのよい人で、あんなにたくさんの挫折にあったのに、相変わらず物事に対して楽観的だ。
   ② 听说好朋友去世了，他难过得吃不下饭，我们都劝他想开一点儿。

③ 看见我为了旅行的事特别生气，他对我说："为这么点儿小事没必要想不开，这次去不成下次再去嘛，气坏了身体不值得。"

10. **得了吧**（dé le ba）
    もういい。もうやめて。
    会話に用いる。相手の言うことを「そんなことはない」と否定する。
    ① "怎么样？你妈妈不让你去吧？我猜的不会错的。"
    "得了吧，爸爸！你们俩都商量好了的。"
    「どうだったかい。お母さんは行かせないと言っただろう。私の推測に狂いはないよ」。
    「もうやめて、お父さん！ あなたたち二人で示し合わせていたんでしょう」。
    ② 小王说："没有没有，我没哭。我只是有点难过。"
    "得了吧，我们都看见了，别不好意思了。"我笑着说。
    ③ "你有女朋友了？真的？她叫什么？在哪儿工作？长得什么样儿？"小王问。大山说："目前还不能告诉你。到时候你一看就知道了。""得了吧，根本没这么一个人，你一定是在吹牛呢。"小王笑着说。

11. **没心没肺**（méi xīn méi fèi）
    （人の言動に）思慮がない。深く考えない。けなす意味合いがある。
    ① 他有点儿没心没肺，什么话都说，不管该说不该说，也不管别人爱听不爱听，可他人倒是不坏。
    彼はちょっと思慮が足りない。どんなことでも口にする。言うべきかどうか、人が聞きたいかどうかもかまわずに。しかし、人柄は別に悪くない。
    ② 那些人对他很不好，常常捉弄他，可他还是整天跟他们在一起，真是没心没肺。

12. **小聪明**（xiǎocōngming）
    抜け目なく立ち回ること。こざかしさ。けなす意味合いがある。
    ① 要想干好一件事，靠小聪明可不行，得花力气，得努力。

何かをきちんとやろうとするなら、こざかしくてはいけない。力を惜しまず、努力をしなければならない。
② 他有点儿小聪明，虽然学习不太努力，可每次考试成绩都还不错，所以他很得意。

## 13. 往心里去（wǎng xīn li qù）
気に留める、気にかける。
① 我听到一些人在背后说我的坏话，可我没往心里去。
   ある人たちが陰で私の悪口を言うのを耳にしたが、気に留めなかった。
② 有的时候她在外面跟别人生气，回家后，丈夫就劝她别往心里去，不值得。

## 14. 往好里说（wǎng hǎo li shuō）是认真，往坏里说（wǎng huài li shuō）就是爱钻牛角尖
"往好里说"：「よく言えば」「よいほうに言うと」、"往坏里说"：「悪く言えば」、「悪いほうに言うと」。物事に対していい面と悪い面の両方から評価する。重点は後半に置くことが多く、批判や不満などの気持ちを表す。
① 那位太太，往好里说，是长得很丰满；往坏里说呢，简直就像一个啤酒桶。
   あの奥さんはね、よく言えばふくよかだが、悪く言えばまるでビール樽のようだ。
② 一见面不要问人家那么多问题，这往好里说，是关心人家；往坏里说，就是干涉人家的隐私，让人讨厌。

## 15. 钻牛角尖（zuān niújiǎojiān）
（「牛の角の先にもぐり込む」の意から）つまらないことや解決のしようのない問題に思い悩む。袋小路に入り込む。
① 老王回到家后，越想越生气，连晚饭都没吃，他爱人就劝他别想那么多，老这么钻牛角尖，只会让自己更烦恼。
   王さんは家に帰って考えれば考えるほど腹が立ってきて、夕飯も食

べなかったので、奥さんは、あんまり気を回さないほうがよい、いつもこのようにつまらないことにこだわっているとますます自分で悩み事を抱え込むことになるよと忠告した。

② 你应该好好养病，别老想那些不愉快的事，要是什么事都钻牛角尖，没有病也会想出病的。

## 16. 跟（gēn）我们过不去（guò bu qù）

"跟～过不去"：(ある人またはあるもの)を困らせる、～につらくあたる。

① 看见他要去踢那条狗，妈妈说："你是不是跟谁生气呢？有什么不高兴的就说出来，别跟狗过不去，它又没惹你。"
彼がその犬を蹴ろうとするのを見て、母親は言った。「誰に腹を立てているっていうの。なんかいやなことがあれば口に出して言えばいい。犬に当り散らしなさんな。犬がおまえに逆らったわけでもないでしょう」。

② 爸爸对她说："这么好吃的饭怎么不吃？因为生气不吃饭，你这不是自己跟自己过不去吗？"

③ 因为我批评过老张，他就处处有意和我过不去。

## 17. 说白了（shuō bái le）

はっきり言ってしまえば。

① 我近几年写小说挺不顺利，说白了就是不大受欢迎，这让我很头疼。
ここ数年、小説の執筆が滞ったままだが、はっきり言ってしまえば、あまり受けがよくなくて、それで頭が痛いのだ。

② 她是个很敏感的女人，说白了，就是有点儿小心眼儿。

③ 他是个对任何人都很冷漠的人，说白了就是没什么感情。

## 18. 打不起精神来（dǎ bu qǐ jīngshen lai）

"打不起精神来"：元気が出ない。興味がわかない。
"打起精神（来）"：気持ちを奮い立たせる。

① 这一连串的失败让他消沉了好长时间，做什么都打不起精神来。
この一連の失敗は、長い間、彼を意気消沈させて、何をしても元気

が出なかった。
② 这几天不知道怎么了，我干什么都打不起精神来，连电视也不想看。
③ 整个一个下午她呆呆地坐在沙发上，什么也不想干，看看到了六点了才打起精神去准备晚饭。

## 19. 拖（tuō）了全班的后腿（hòutuǐ）

"拖～（的）后腿"：～の（うしろ）足を引っ張る、～の前進を妨げる、～の邪魔をする。"拉后腿"とも言う。

① 小王的爱人说："他干什么我都没拖过他的后腿，可这次我不能让他去，你们不知道，他正发烧呢！"
王さんの奥さんは言った。「彼が何をしようと彼の足を引っ張ったことはないけれど、今回は彼を行かせることはできない。あなたたちは知らないでしょう、彼は熱を出しているのよ。」
② 现在一定要解决好交通问题，否则交通就会拖了城市经济发展的后腿。

## 20. 抬不起头来（tái bu qǐ tóu lai）

顔をあげられない。恥ずかしくてたまらない。

① 她不敢把卖血的事告诉孩子们，怕他们将来找对象都抬不起头来。
彼女が血を売ることを子供たちに打ち明けることができないのは、将来子供たちが恋人を探すときに恥じ入るのを心配するからだ。
② 丈夫的无能、懦弱，让将军的女儿很觉得抬不起头来。

## 21. 亏（kuī）

（皮肉に用いる場合の）よくもまあ、～のくせに。

① 她生气地说："我们都在努力工作，你却在这儿睡觉，亏你睡得着！"
彼女は怒って言った。「私たちはみんな一所懸命に仕事をしているのに、あなたはここで居眠りなんかして、よくも眠れたものだ」。
② 小王说："你要是觉得这样安排不好，你就别去了。""什么？不去？"老张气得脸都红了，"亏你想得出来！"
③ 亏他还是个有文化的人，这种话也能说出口。

## 22. 小菜一碟儿（xiǎocài yì diér）
簡単にできる事、朝飯前、おちゃのこさいさい。
① 一年级的功课很简单，对上过幼儿园的孩子更是容易，只要细心，考试时拿个一百分小菜一碟儿。
一年生の授業はとても簡単で、幼稚園に通ったことのある子供にとってはさらに簡単だ。注意深くさえあれば百点を取るのは朝飯前だ。
② 人家是乒乓球世界冠军，从小就开始练球，教这几个小孩子还不是小菜一碟儿。

## 23. 一把好手（yì bǎ hǎoshǒu）
（技芸に長じている）名人、腕利き。"好手"とも言う。
① 说学习他不行，要说踢足球他可是一把好手。
勉強はだめだけど、サッカーについて言えば彼は名手だ。
② 小王是修车的一把好手，因此认识了不少开出租汽车的司机。

## 24. 露（lòu）了一手（yì shǒu）
腕前、手並みを披露する。"露两手"、"露几手"とも言う。
① 听说你做回锅肉做得不错，什么时候给我们露一手啊？
君の回鍋肉（「ホイコーロー」：豚肉料理のひとつ）の腕前はなかなかのものだそうだが、いつかちょっと披露してくれないか。
② 我最近学会了一套太极拳，你们要是想看，我就给你们露几手。

## 25. 整个一个（zhěnggè yí ge）
まるきり、まったく、100パーセント。
① 他说自己是艺术家，头发比女人的还长，老穿着奇奇怪怪的衣服，说一些谁也听不懂的话，整个一个疯子。
彼は自分は芸術家だと言うが、髪は女よりも長いし、いつもきてれつな服を身に着けてわけの分からないことを口にしている、まったくのフウテンだ。
② 她生完孩子以后变化很大，原来瘦瘦的姑娘现在整个一个胖大妈。

26. 没的说（méi de shuō）

もちろんいける、まったく問題がない。また、申し分がないという意味も表す。

① 咱们是朋友，不就是去机场接个人吗？没的说！
私たちは友達でしょう、空港まで人を出迎えるぐらいのことじゃないか。まったく問題はないよ。

② 别的我帮不了你，要说搬个东西呀，跑跑腿儿呀什么的，没的说，只要你说一句话就行。

③ 老张对朋友那可是没的说，朋友们有什么事，他总是热心帮忙。

④ 这家公司的产品虽然质量说不上是最好的，可他们的售后服务真是没的说。

一、左側の解釈と右側の対応する言葉を線でつなげなさい。

①情况越来越不好　　　　A．一把好手
②关键时刻　　　　　　　B．拖后腿
③不让某人去做什么　　　C．走下坡路
④做某事做得很好的人　　D．小菜一碟儿
⑤认为做某事非常容易　　E．节骨眼儿
⑥没问题，可以　　　　　F．没的说
⑦头脑简单，没有心计　　G．没心没肺
⑧没有兴趣，没有精神　　H．打不起精神

二、適当な言葉を選び、空欄を埋めなさい。
①说白了　②没戏　③一把好手　④钻牛角尖　⑤露一手
⑥小菜一碟儿　⑦往心里去　⑧走下坡路　⑨抬不起头来　⑩过不去

(1) 他对我说："你生气了？真对不起，我们昨天是跟你开玩笑的，你别＿＿＿＿＿＿。"

(2) 自从去年得了那场大病以后，他的身体就开始＿＿＿＿＿＿了，人也好像

一下子老了十几岁。
(3) 长江他都游过，让他游这条小河那还不是_____？
(4) 在我们这里，离婚是很丢人的。所以她离婚的事让家里人在村子里_____。
(5) 妈妈常常说："当时家里有七八口人，我天天洗衣做饭，忙个不停，我呀，_____，就是个不要钱的保姆。
(6) 我们一看见他的脸色就知道去旅行的事_____了，大家都很失望。
(7) 老张是个爱_____的人，什么事都要弄个一清二楚。
(8) 他批评你，你别生气，他不是成心跟你_____，他是个对工作非常认真的人。
(9) 刘老汉是种西瓜的_____，人们有什么技术上的难题都来找他问。
(10) 爸爸的拿手菜是拔丝苹果，可我们不是经常能吃到，只有家里来了客人的时候他才会_____。


三、指定した言葉を使って、日本語の部分を中国語に訳しなさい。
(1) 弟弟：要是让我去参加比赛，我一定能得第一名，我跑得最快了。
　　哥哥：_____。（得了吧）
　　　　　［やめろよ、お前は走るのがちっとも速くない］
(2) A：昨天你真不该那么说话，王丽都快气哭了。
　　B：_____。（只不过～罢了）
　　　　　［ぼくは冗談を言っただけだ。彼女が本気にするなんて思ってもみなかった］
(3) A：我的病不用去医院，_____。（只不过～罢了）
　　　　　［すこし風邪気味なだけだ］
　　B：还是去吧，要是重了就麻烦了。
(4) 妈妈：听儿子说他将来要去当老师。
　　爸爸：别听他的，_____。（不是～那块料）
　　　　　［あの子こそ教師には向いていない］
(5) A：别看小张干别的不行，做生意还挺行。
　　B：是啊，_____。（是～那块料）

　　　　［彼はほんとうに商売に向いている］

(6)　A：_____，这么大的新闻都不知道？（亏你～）
　　　　［きみは新聞記者のくせに］
　　　B：我感冒了，在家躺了好几天。

(7)　儿子：爸爸，这个字怎么念？什么意思？
　　　爸爸：_____，这个字小学生都认识。（亏你～）
　　　　　［おまえは中学生のくせに］

(8)　A：你怎么喝醉了？有什么难事吧？说出来，也许大家能帮帮你呢，
　　　　_____。（跟～过不去）
　　　　［自分につらくあたりなさんな］
　　　B：这事谁也帮不了我。

(9)　妈妈：小明的腿好了以后不爬树了吧？
　　　哥哥：哪儿啊，_____。（照～不误）
　　　　　［相変わらず木登りをしているよ］

(10)　A：我给小张讲了半天怎么用电脑，他就是不明白。
　　　B：他呀，_____。（整个一个）
　　　　［まるっきりパソコンオンチだ］

# 第三课

## 这 60 块钱就打水漂儿了
その六十元が泡のように消えてしまう

近くの個人商店で買ったラジオが不良品とわかり、返品、取り換えに行っても相手にされなかった張さんは怒りが収まりません。領収書はどうしたのか、直接メーカーに問い合わせればよいではないかと、陳さんがとりなしますが、後の祭りです。

（老张气呼呼地走进了办公室）

老　张：这种女人太不像话了，睁着眼说瞎话，真是只认钱不认人。

老　陈：怎么啦，老张？是不是跟谁吵架了？看把你气的。

老　张：咳，别提了。我前天在路边的小店买了个收音机，刚听了一天就没声儿了，这不，我就又去了，想换一个。

老　陈：没换成？

老　张：没换成不说，还受了一肚子气。那个女的真够可以的，明明就是她卖给我的，可她一口咬定压根儿不是他们店卖的，我说一句，她有十句等着我，话里话外的意思就是我想占便宜。

老　陈：你把发票拿出来给她看不就行了？

老　张：要是有，我不就不跟她多费口舌了！

老　陈：闹了半天，你没有发票啊，这就怪不着人家了。

老　张：可我就是在那儿买的呀，我都这把年纪了，还能骗她不成？

老　陈：得了，你快消消气吧。说到底，你就不该上那儿买东西，小店的东西能好到哪儿去？

老　张：那个小店就在我家胡同口儿，我老去那儿买东西，跟他们都半熟脸儿了，按理说应该好说话，唉，没想到啊。

老　陈：现在买什么东西都得留一手，发票可不能不要，万一有什么问题，那些票什么的就能派上用场了。吃一堑长一智吧，你要实在气不过，就告他们去，要不，你就按照上面的地址直接找厂家。厂家是哪个？

老　张：你看，上面只写着"广东生产"，广东那么大，我上哪儿找去呀？算了，为这么个小玩意儿东找西找的不值得，要是再惹一肚子气，更划不来了。得，算我倒霉吧。

老　陈：那你这60块钱就打水漂儿了？不过，你也是，家里又是录音机又是音响，买什么收音机呀？你看看现在谁还买收音机呀！你可真想一出是一出。

老　张：我就图个方便，听听新闻，听听京戏，可以走到哪儿带到哪儿，想的挺好，唉，现在这些个个体户啊，我是真不敢去他们那儿买东西了，不知道什么时候就吃亏上当。

老　陈：可不，那些私人商店都是说的一套，做的一套，你买的时候，他好话能跟你说一大车，可你要想退呀换呀，他就翻脸不认人了。所以说，要买东西还得去国营商店。

上次我在王府井买的那双皮鞋穿了半个月，坏了拿去换，人家二话没说就给换了。

老　张：行了，老陈，你别在这儿放马后炮了！

1. 消（xiāo）气：怒りを和らげる。腹の虫がおさまる。
2. 吃一堑（qiàn）长（zhǎng）一智（zhì）：ことわざ。一度つまずけばそれだけ利口になる。
3. 告：訴訟を起こす。訴える。
4. 惹（rě）：（人の言動が相手を刺激して）ある感情を引き起こす。
5. 图：図る。ねらう。
6. 翻脸：がらりと態度を変える。

 例文解釈　

1. **不像话**（bú xiànghuà）
   話にならない、ひどい。話し手の不満や咎める気持ちを表す。
   ① 妻子一边开门一边说："你真是越来越不像话了，这么晚才回来。"
   妻がドアを開けながら「あなたはますますひどくなったわ、こんなに遅く帰ってくるなんて」と言った。
   ② 刘太太不好意思地说："真对不起你，李小姐，您第一次来，怎么能让您给我们做饭呢？这个老刘，实在太不像话了！"
   ③ 这种不像话的人到哪儿都不受欢迎。

2. **这不**（zhèbú）
   それで、ほら、〜。ある情況や事実を述べてから、"这不"の後に裏付けする事柄を加える。会話のみに用い、あとに休止が入る。"这不是

とも言う。

① 他小声说："那个人刚进去，就是这院，我看着他进去的。这不，他的自行车还锁在院外呢。"
彼は小さい声で「あの人が入っていったのはこの家です。この目で彼が入るのを見ました。それで、ほら、彼の自転車がまだ外に止めてあるじゃないですか」と言った。

② 听到我批评他天天打麻将，他说："我哪儿是打麻将啊，我是手上打着麻将心里想着我的小说。这不，两个长篇的基本构思都出来了。"

3. 够可以的（gòu kěyǐ de）
（善、悪いずれの場合も、人の行為などがかなりの程度に達して）大変なものである。

① 你的手艺还真够可以的，快告诉我们，你从哪儿学来的？
君の腕はなかなかのものですね。早く教えて、どこで学んだの。

② 你英语说得够可以的，要是闭着眼听，还真以为是美国人说的呢！

③ 哥哥真够可以的，把我的书拿走连句话也不说，让我找了半天。

4. 一口咬定（yì kǒu yǎo dìng）
言い張る。

① 小马坚持说，他这样做只是指出老刘错的地方，而老刘则一口咬定小马从一开始就是别有用心，成心让他在大家面前出丑。
馬さんは彼がこうしたのはただ劉さんの間違いを指摘しただけだとあくまで主張したが、劉さんは馬さんは最初からたくらむところがあって、わざとみんなの前で彼に恥をかかせたのだと言い張った。

② 任北海确实有嫌疑，但在没最后弄清事实前，您不要一口咬定人就是他杀的。

③ 他并没有亲眼看见那个孩子是被哪条狗咬的，可他却一口咬定是我家的大黄狗咬的。

5. 话里话外（huà lǐ huà wài）
話に言外の意味が含まれている。言葉のはしばしに。

① 王经理在昨天的会上发了言，虽然没直接对这事做什么评论，可话里话外都流露出不满。
王支配人は昨日の会議で発言して、直接このことには触れなかったけれど、言葉のはしばしに不満を滲ませていた。
② "为什么不行？老赵没说不同意呀？"小梅不解地问，老高回答："他是没说不同意，可他话里话外的意思你还听不出来吗？"
③ 这两天李二嫂一看见邻居就说起这事，话里话外都透着幸灾乐祸的意思。

6. 费口舌（fèi kǒushé）
（ある目的を達するために）口数を費やして言う、骨を折って説明する。
① 我们跟看门的老大爷费了不少口舌，总算挤了进去。
私たちは門番のお爺さんを口が酸っぱくなるほど説得してようやく中へ割って入れた。
② 你别跟他多费口舌，他才不会听你的呢。
③ 我在张老师那儿费了半天口舌，最后张老师总算同意我去了。

7. 闹了半天（nàole bàntiān）
（話の最後になって真相が判明して）実のところ、要するに。
① 开始的时候我很纳闷儿，怎么没人来呢？闹了半天问题出在这儿。
初めのうち、私はどうして誰も来ないのかと腑に落ちなかったが、要するに、問題はここにあったのだ。
② 闹了半天你是在问我呀，我还以为你问我哥哥呢。
③ 我以为你们都知道了，闹了半天，你们不知道啊。

8. 这把年纪（zhè bǎ niánjì）
こんないい年をして。"一大把年纪"とも言う。ここの"(一)把"は年齢など抽象的なものを形象化して数える。
① 你都这么一大把年纪了，怎么还跟小孩子一样？
あなたはもうこんないい年をして、どうしてまだ子供っぽいのか？
② 我这头发就交给你了，你就放心地剪吧，剪什么样是什么样，我都这

把年纪了，有什么好看不好看的。

9. **说到底**（shuōdàodǐ）

   （とことんつき詰めて言う、考える）本質的には、詰まるところ。
   ① 我们也劝过他们夫妻俩，可说到底，那是人家的家务事，外人不好插手太多。
   私たちも彼ら夫婦を説得したが、なんと言ってもそれは人さまの家庭のことなので、とやかく口出しすることはできないのだ。
   ② 现在各公司之间的竞争，说到底，就是质量和服务的竞争。

10. **好到哪儿去**（hǎo dào nǎr qu）

    "形容詞+**到哪儿去**"：反語の形で"**不**+形容詞"の意味を表す。平叙文では同じ意味で"形容詞+**不到哪儿去**"とも言う。
    "**好到哪儿去**"：そこまでいいはずがない。
    ① 不就是爬了个香山吗？那能累到哪儿去？
    香山に登っただけじゃないか。そんなに疲れるはずがない。
    ② 小学一年级的功课能难到哪儿去？用不着请家庭教师。
    ③ 就在这儿买吧，去西单买也便宜不到哪儿去。

11. **半熟脸儿**（bànshúliǎnr）

    顔見知り程度で、よくは知らない。
    ① 我跟王经理不太熟，也就是个半熟脸儿，让他帮这个忙有点儿不合适吧？
    私は王支配人とはあまり親しくない、せいぜい顔見知りと言ったところなので、彼のお世話になるのはちょっと具合が悪いのでは。
    ② 他的交际面儿很广，哪儿都有他的朋友、哥儿们，半熟脸儿的就更多了。

12. **好说话**（hǎo shuōhuà）

    （人柄がやさしいので）頼みやすい、気さくである、融通がきく。
    ① 其实，房东平时也是挺好说话的人，可在这件事上，房东变得不那么好说话了，非让他们搬家不可。没办法，他们只好四处找房子。
    実は大家さんはふだんは気さくで頼みやすい人なんだが、この件で

はちょっと融通がきかなくてね、どうしても彼らに引っ越してもらうって言うんだ。仕方なく、彼らはあちらこちら家を探しまわった。
② 他想，女人一般都比较心软，好说话，就朝靠东边的那个出口走去，那儿站着个中年妇女。
③ 要是遇到不好说话的工作人员，你写错一个数字也不行，都得重写。

## 13. 留一手（liú yì shǒu）

奥の手を残しておく。言いたいことを全部言ってしまわない。（将来起きる事態のために）含みのある措置をとっておく。

① 其实早在分东西的时候，他就留了一手，没把那两个戒指放进去，而是藏了起来。
実は物を分ける時、彼は考えるところがあって、あの二つの指輪を加えずに隠しておいたのだ。
② 过去师傅教徒弟手艺，都留起一手，怕徒弟学会了，抢自己的生意。
③ 我老觉得这人不太可靠，就留了一手，没把电话号码和住址告诉他。

## 14. 派上用场（pài shang yòngchǎng）

役に立つ、役に立てる。"用场"：使い道。"派得上用场"：～に利用できる。その否定は"派不上用场"。

① 这老屋子一到下雨就漏，妈妈只好拿盆盆罐罐接，有时连饭盒都能派上用场。
この古い部屋はすぐ雨漏りがする。母は仕方なくたらいや缶などでしのごうとし、時には弁当箱さえも持ち出された。
② 他早年在上海学过徒，上海话学得相当地道，这在以后他演戏时都派上了用场。
③ 我们在学校里学的那些理论、知识，到了这儿好多都派不上什么用场。

## 15. 气不过（qì bu guò）

腹が立って仕方がない、怒りを抑えきれない。

① 她不想跟人说这件事，只是埋头干活，但她气不过，还是打电话全告诉了爱容。

彼女はこのことについては他人に話したくなかった。ひたすら仕事に専念した。しかし悔しくて仕方がなく、結局電話ですべてを愛容さんに話した。
② 开始他还不吭声，心想忍忍算了，可她还在骂个不停，他终于气不过，抄起桌子上的碗就扔了过去。

## 16. 划不来（huá bu lái）
引き合わない、割にあわない。肯定は"划得来"。
① 妈妈觉得，费那么多钱，就为尝个新鲜，划不来。
母はただ初物を食べるためにあんなにお金をかけるのは割にあわないと思った。
② 到了那儿，大家很失望，都说花了两个多小时，划不来。
③ 您要是为这么点儿小事气坏了身子，那可就太划不来了。

## 17. 打水漂儿（dǎ shuǐpiāor）
水切り。小石を水面に投げ、水の上を何回もはずませる遊び。(気ままに)金銭、財貨を浪費する、無駄遣いすることのたとえ。
① 李厂长一下台，我送他的那500块钱算是打水漂儿了。
李工場長が退陣すれば、彼に渡した五百元は水泡に帰してしまう。
② 当时说是过一年就还，可现在四年都过去了，一块钱也没见着。一千块钱就这么打水漂儿了。

## 18. 你也是（nǐ yě shì）
君も君だよ。
"（某人）+也是"：ある人にたいして批判したり、責めたりする。会話のみに用いる。
① 大伯抢下爸爸手里的棍子，骂爸爸太狠心，转过身来对我说："大军，你也是，干什么不好，干吗跟人打架呀。"
伯父さんは父の手から棒を取り上げると、父が手厳し過ぎると叱った。そして僕に向き直って言った。「大軍君、君も君だよ。何をしたっていいが、どうして人とけんかをするんだ？」

〔干什么不好：反語。何をしていけないということがあるだろうか→何をしてもよい〕
② 我也是，说什么不好，偏偏提起大牛，惹得李大妈不住地擦眼泪。
③ 你们不该这么说老张，不过，老张也是，提前打个招呼不就没这事了吗？

19. **想一出是一出**（xiǎng yì chū shì yì chū）
思いついたことをすぐに行動に移し、勝手気ままにふるまう。ここの"出（齣）"は芝居の演目を数える量詞。
① 那个电视机不是还挺好的吗？干吗又要买新的？你真是想一出是一出。
あのテレビはまだいけるじゃないか？どうして新しいのを買わなきゃいけない？本当に、思いついたらそうしないと気がすまない人だね。
② 我们都说他是想一出是一出，在总公司多舒服啊，干吗非要去下面的工厂呢？
③ 哥哥想一出是一出，把院子里的花都拔了，说要练习打篮球，气得妈妈骂了他好几天。

20. **说的一套，做的一套**（shuō de yí tào, zuò de yí tào）
言うこととすることが別だ、言うことはきれいだが実際はそうしない。"说的是一套，做的是另一套"とも言う。
① "我答应你还不行吗？哪天有空儿我一定陪你去。"
"不行，你老是说的一套做的一套，你今天就得陪我去。"
「承知したと言ってるんだからいいでしょう？いつか暇があれば必ず付き合いますよ」。
「だめだ。君はいつも言ったことを実行しない。今日は絶対付き合ってもらわないと」。
② 你怎么能相信他的话呢？他一向是说的一套做的一套。

21. **二话没说**（èrhuà méi shuō）
二つ返事で〜する、あれこれ言わずに〜する。
① 看见小张走了进来，老王二话没说，一把抓住他就往外跑。
張さんが入ってきたのを見ると、王さんはすぐにぐいと彼をつかん

で外へ走って出ていった。
② 他听完我们的话，二话没说，就同意了我们的建议。
③ 上次一个朋友跟他借车，他二话没说就把车借给了人家。

22. 放马后炮（fàng mǎhòupào）
　　後の祭り。後知恵。中国将棋で"马"の駒の後に"炮"で攻める一手。
① 事情都发生了，说什么也没用了，你也别在这儿放马后炮了，该干什么就干什么去吧。
　　事がもう起こってしまったんだから何を言っても無駄だよ。君もここで後知恵を出さなくていい、するべきことをしたらどうだ。
② 你要早说不就没这事儿了吗？现在放什么马后炮！
③ 你问他也没有用，他就会放马后炮。

## 練習問題

一、適当な言葉を選び、空欄を埋めなさい。
　　①留一手　②划不来　③打水漂儿　④不像话　⑤放马后炮
　　⑥派不上用场　⑦二话没说　⑧这把年纪　⑨想一出是一出
　　⑩说的一套，做的一套

(1) 您都＿＿＿＿＿＿了，怎么能跟年轻人比呢？
(2) 住在大山里，都是山路，自行车在这儿根本＿＿＿＿＿＿，买了也没用。
(3) 我去的时候张大夫正在吃饭，听我说完他＿＿＿＿＿＿就跟我往外走。
(4) 你要是为了多挣两个钱把自己的身体累坏了，那就太＿＿＿＿＿＿了。
(5) 有的人太＿＿＿＿＿＿了，用过的饭盒随便乱扔，把这儿弄得很脏。
(6) 如果没有十分的把握，她不会拿出钱的。她可不干那种拿钱＿＿＿＿＿＿的事。
(7) 小张说："我早就看出这里面有问题。"老王笑着说："你少＿＿＿＿＿＿吧，当时你可没这么说。"
(8) 你既然答应了，就一定尽力去做，如果＿＿＿＿＿＿，会失去朋友的信任的。
(9) 原来他要去公司，我们开始不太同意，想来想去也就同意了，可没干两天，

现在他又_____，说什么要自己开公司，我们真不知道他是怎么想的。

(10) 我们几个人怕事后没有证据，别人不相信我们，就_____，把他们跟我们说的悄悄地用录音机录了下来。

二、指定した言葉を使って、日本語の部分を中国語に訳しなさい。

(1) A：其实这都是我听我姐姐说的。
　　B：_____。（闹了半天）
　　　　［結局は、全部お姉さんの言うことを聞いたのね］

(2) 孩子：王奶奶家的花盆儿是我踢球的时候不小心踢坏的。
　　妈妈：_____。（闹了半天）
　　　　［実のところは、おまえがやったんだね］

(3) 妈妈：这儿的鞋不好，别在这儿买，等星期天咱们一块儿去王府井再买吧。
　　爸爸：_____。（A 到哪儿去）
　　　　［王府井の靴がそこまでいいはずもない。もういいよ、ここで買おう］

(4) 爸爸：那些女孩儿_____。（够可以的）
　　　　［こんな寒い日にスカートをはくなんて、たいしたものだ］
　　妈妈：女孩子爱美，为了漂亮，冷点儿也没关系。

(5) A：你真_____。（够可以的）
　　　　［たいしたものだね。ここに来たってゆっくりもしていかない］
　　B：我怕耽误你们的时间，你们都挺忙的。

(6) A：我不就是晚到五分钟吗？王经理干吗对我说话那么不客气？
　　B：王经理的态度是不太好，不过，_____。（你也是）
　　　　［君も君だよ。どうして遅刻したりするんだ］

(7) A：您刚搬来的时候，您家老二才上中学。
　　B：是啊，现在都成大人了，_____。（这不）
　　　　［それで、ほら、先月結婚したばかりだ］

(8) A：刘明不是借过那本书吗?
　　B：_____。(一口咬定)
　　　[しかし借りてないって言い張るんだ]

(9) A：你还是再跟老张好好说说吧，也许他能考虑考虑。
　　B：_____。(费口舌)
　　　[これ以上言っても無駄だ。もう骨を折って説明する気がなくなった]

(10) A：唉，为什么咱们找个工作那么难呢?
　　B：_____。(说到底)
　　　[詰まるところ、我々の努力が足りないってことだ]

# 第四课 CD1-4

## 你可真是个马大哈
君は本当に粗忽者だね

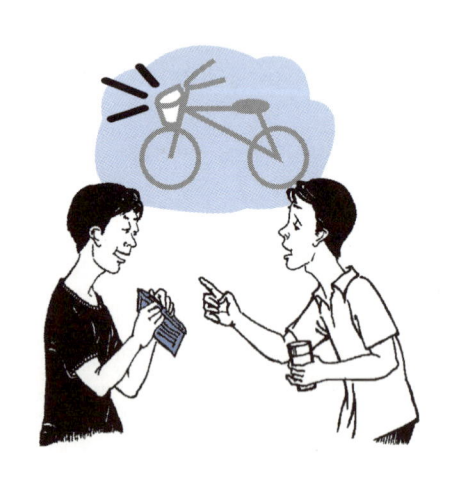

自転車のかごの中に財布を忘れた李さん、その財布を偶然見つけて届けてくれた王さん、しかし、その王さんも自分の自転車に鍵をかけるのを忘れてきてしまいました。自転車がひんぱんに盗まれる世相を映した対話のご当人ふたりとも粗忽者です。

（小王气喘吁吁地跑进来）

小　王：李明，李明！

李　明：看你跑得上气不接下气的，什么事这么急？

小　王：你看看少了什么东西没有？

李　明：哎呀，我的钱包！钱包不见了。

小　王：这是你的吧？我在你的自行车车筐里发现的。你可真是个马大哈，钱包都不拿好。

李　明：刚才我光顾着锁车了，你看，一个月的工资都在这钱包里，身份证也在里面，要是丢了，我就该抓瞎了。哎，怎么那么巧让你看见了？

小　王：真是<u>歪打正着</u>，我放车的时候不小心碰倒了一辆车，扶起来一看，正好是你的车，再一看，你的钱包放在车筐里，你说巧不巧？要是我晚来一步，让别人拿走了，那就麻烦了。哎，李明，给我点儿水喝，我都快渴死了。

李　明：<u>你看我这人</u>！都忘了给你倒水了，来，给你一瓶冰镇的，<u>解渴</u>。哎，对了，小王，上星期咱们不是说好一块儿去参加舞会吗？你怎么<u>说话不算数</u>啊？害得我们昨天等了你们半天。

小　王：我是真想去，可这不是我一个人<u>说了算</u>的事呀。

李　明：怎么？丽丽不想去？是你们俩闹别扭了还是丽丽不愿意跟我们一起去啊？

小　王：看你<u>想到哪儿去了</u>。她还在为丢车的事生气呢，昨天我<u>好说歹说</u>，劝她跟我去，可她就是不去，说丢了车，没有心情跳舞。她不去，我也没法儿去呀。

李　明：<u>可也是</u>，<u>一口气</u>丢了三辆自行车，谁不生气呀？不过你劝劝她，生气也没用啊。

小　王：我没少劝她，我跟她说，别那么想不开，丢了就丢了吧，<u>只当</u>是学雷锋、献爱心了。可她<u>一个劲儿</u>地埋怨我，一会儿怪我给她买的锁不结实，一会儿又怪我放错了地方，你看，我倒落了个一身<u>不是</u>。唉，<u>到头来</u>还得我向她<u>赔不是</u>，你说这事闹的！那些小偷啊，真<u>不是东西</u>！

李　明：<u>也别说</u>，他们也够有本事的，你用再结实的锁，他都根本<u>不在话下</u>，几下儿就能把锁弄开，比你拿钥匙开还快。

小　王：听说老赵家的四辆车让小偷来了个<u>连锅端</u>，气得老赵好几天吃不下饭。

李　明：咱们这儿早该下大力气好好管管，太乱了，大白天的，有人看着，竟然还时不常地丢东西，真不知道那些门卫是干什么吃的，简直就像是聋子的耳朵。

小　王：对，那天我在气头上，也这么骂他来着。骂了半天，虽说出了气，可该丢还是丢。所以我现在每天用两道锁把车锁在树上，看还丢不丢。你看我这把锁，据说是高科技产品，双保险的，结实得不能再结实了。

李　明：在哪儿买的？真结实！哎，锁怎么在这儿？你的车？

小　王：哎呀，刚才我光顾追你，忘了锁了。我走了。

李　明：哎，你的帽子，小王……

### 注　释

1. **歪打正着**（wāi dǎ zhèng zháo）：適切な方法ではないが意外にもいい結果が得られたこと。
2. **冰镇**（bīngzhèn）：食べ物や飲み物を氷で冷やす。
3. **解渴**（jiěkě）：のどの渇きをいやす。
4. **雷锋**：人名。熱心に人々を助け、他人によいことをして有名になった。
5. **门卫**：入り口の警備にあたる人のこと。守衛。

### 例文解釈　CD2-4

1. **上气不接下气**（shàng qì bù jiē xià qì）
   息せき切って走り、息が続かない様子。
   ① 小王跑上四楼，上气不接下气地对我说："不好了！你儿子让狗给咬了！"

王さんが四階に駆け上がってきて息を切らして私に言った。「大変だ。息子さんが犬に噛まれたよ」。
② 我们几个人绕着操场跑了五六圈，一个个累得上气不接下气的，可是王老师没说停，所以我们谁也不敢停下来。
③ 都八点多了，她才上气不接下气地跑进教室来。

2. 马大哈（mǎdàhā）
   いい加減で、そそっかしく、勝手気ままな人間。
   ① 他是个马大哈，钥匙、钱包什么的经常丢，这次带儿子出去玩，竟然把儿子给丢了。
   彼は粗忽者で、鍵やら財布やらをしょっちゅうなくします。この前は息子を連れて遊びに出かけてなんと息子まで見失なったのです。
   ② 王强这个马大哈前几天闹了个笑话，他分别给女朋友和爸爸写了一封信，可寄的时候装错了信封，结果大家就可想而知了。
   ③ 我在百货大楼工作的时候，常遇到一些马大哈把买的东西忘在柜台上。

3. 你看我这人（nǐ kàn wǒ zhè rén）
   話し手の自責の念を表し、"看我这人"、"你看我"とも言う。
   ① 你看我这人，跟你站这儿聊了半天，也没请你进去坐坐。
   私ったら、あなたとここに立ってずいぶんおしゃべりをしているのに、家の中へお誘いしていませんでした。
   ② 看我这脑子，刚才我说到哪儿了，噢，对，说到出发的时间。
   ③ 看我，一忙，把这么大的事都忘了，这是你的信，给你。

4. 说话不算数（shuō huà bú suàn shù）
   何かをすると言って実際にはやらないか、やらなかったことを指す。反対語は"说话算数"。
   ① 你说过好几次要带我去动物园玩儿，可一次也没带我去过，你老是说话不算数。
   何回も私を動物園に連れて行ってくれると言ったのに、一度も連れて行ってくれたことがない。あなたってあてにならないわ。

② 你放心吧，我说话算数，说明天还你就明天还你。
③ 你别怕，男子汉大丈夫，说话算数，到时候我要是说话不算数，你怎么骂我都行。

5. 说了算（shuōle suàn）
   決定権があり、言ったことが最終決定となる。逆は"说了不算"。
   ① 这事儿你别问他，在他们家什么事儿都是他爱人说了算。
   このことについては彼に聞く必要はない。家では何でも奥さんが決めるんだ。
   ② 现在我是这儿的老板，我说了算，你们都听我的。
   ③ 妈妈说："到底搬不搬家，哪一个人说了也不算，得大家说了算，现在同意搬的举手。"

6. 想到哪儿去了（xiǎng dào nǎr qù le）
   勘違いをする。
   ① 小张问："我做了对不起你们的事吗？ 为什么你们老躲着我？""没有，"老王说，"你想到哪儿去了，没人躲着你，大家都工作了，各有各的事。"
   「何かみんなに済まない事でもしたか。どうして君たちはいつも私を避けているのか」と張さんが聞くと、「そんなことはない」と王さんが答えて、「何か勘違いをしているんじゃないか。誰も君を避けてはいないよ。みんな仕事に就いてそれぞれ用があるだけだ」。
   ② "有人看见你俩在一起，你跟她又好上了？"妈妈不满地说。
   "没有，"我笑了笑，"您想到哪里去了，我们只是聊了会儿天。"
   ③ "怎么你一个人回来了，你们俩吵架了？"妈妈不安地问。
   大海笑着说："您想到哪儿去了，她今天晚上值班，所以不回来了。"

7. 好说歹说（hǎo shuō dǎi shuō）
   理由を尽くしてあの手この手で繰り返し説得すること。
   ① 饭做好了，可他不肯吃，他还在生气。大家好说歹说的，连老奶奶也过来劝慰，他才勉强地吃了一碗饭。

ご飯ができたが、彼は食べようともせずに、まだ怒っていた。みんながあの手この手で説得し、おばあちゃんまでやってきてなだめたので、彼はしぶしぶ一杯食べた。
② 我们几个人好说歹说，最后老张总算答应了，可是他也提了个条件。
③ 船长说，坐船可以，可每个人得交二百块，我们几个好说歹说，最后他答应每人收八十块。

8. 可也是（kě yě shì）
会話のみに使われ、自分とは異なる意見ややり方に対する同意を表す。「それもそうだ」。
① 开始我还觉得老王的做法不太公平，生了一肚子气，听妻子这么一说，我想可也是，这事要是换了我，我可能做得还不如人家呢。
最初は王さんのやり方は不公平だと思って、大変腹が立ったが、妻の言い分を聞くと、なるほどそれもそうだと思い直した。このことはもし僕がやったら王さんに及ばないかもしれないよ。
② 妈妈不解地说："我去劝劝他们两口子，这又有什么错？"我耐心地说："这不像在老家，家家情况您都知道，您了解人家的情况吗？"妈妈听了后，点了点头，"可也是，我连人家叫什么都不知道。"

9. 一口气（yì kǒu qì）
同じ動作や情況が続けて起こり、途中止まったり休んだりしない。「一気に」。
① 我转身就跑，一口气上到六层，进了家门才算放了点儿心。
私は身を翻すと一気に六階まで駆け上がり、家に入ってやっと少しほっとした。
② 这个孩子一口气讲完了故事，中间没让别人提醒。
③ 他端起酒杯，一口气喝光了杯子里的酒，然后大声地说："再满上！"

10. 只当（zhǐ dàng）
ただ～とする、みなす。
① 他稳稳地坐在那儿，别人说什么他只当没听见。

彼は落ち着いてそこに座っていて、他人が何を言おうと聞こえない様子をしていた。
② 从此她是她，我是我，她要走就让她走，只当我没有生过这么个女儿。
③ 好好好，我不再出声了，只当我没长着嘴，行不行？

## 11. 一个劲儿（yí ge jìnr）

あることをし続ける。「ひっきりなしに」、「いつまでも」。

① 回到家，他谁也不理，只是坐在椅子上一个劲儿地抽烟，孩子们都不敢大声说话。

家に帰ると、彼は誰にも声をかけずに、椅子に座ってひたすらたばこを吸い続けるだけなので、子供たちはみんな大きな声を出せなかった。

② 小王一进来就一个劲儿地问比赛的结果怎么样。

## 12. 落（lào）了个一身不是（búshì）

"落（个）不是"：非難され、とがめられる。

① 我们好心好意帮他，没想到倒落了个不是，他说我们给他添了很多麻烦。

私達は親切に彼を助けてあげたのに、思いがけず恨みを買って、彼は私達が彼に大変迷惑をかけたと言った。

② 四奶奶笑着说："我替你们接待了这些贵客，还落个不是。下次我可不管了。"

## 13. 到头来（dào tóu lái）

最後には、結局のところ（よくない結果の場合が多い）。

① 奶奶说："为儿女辛苦了一辈子，操心了一辈子，到头来一个个地全离开了我。"

おばあちゃんは言った。「子供のために一生苦労もし、心配もしてきたが結局一人又一人みんな私から離れていきました」。

② 老张提醒我们说："你们可得小心点儿，做生意不是小事，闹不好到头来别人发财，自己却两手空空。"

## 14. 赔不是（péi búshì）

人に謝る。人の過ちを指摘するのは"派不是"。

① 婆婆逼着儿子向惠芬赔不是，弄得惠芬不知道怎么才好。
姑が息子に無理矢理恵芬に謝らせたものだから、恵芬はどうしたらいいかわからなかった。

② 老刘想了一路的词，准备回家去给妻子赔不是。

## 15. 不是东西（bú shì dōngxi）

"（某人）不是东西"：人を罵る言葉で、強い不満や怒りを表す。「ろくでもないやつだ」。

① 他一边喝酒一边说："小李真不是东西，表面对我笑嘻嘻的，可在背后老说我的坏话。"
彼はお酒を飲みながら言った。「李さんは本当にろくでなしだ、表では僕にニコニコしているくせに、陰では僕の悪口ばかり言う」。

② 尽管听到有人在背后骂他不是东西，可他照样每天往那个女人家跑。

③ 老人低声说："老二不是东西，可他毕竟是我的儿子啊。"

## 16. 也别说（yě bié shuō）

（前節を受けて）そうではあるが、たしかにこうも言えると、別のある事実を認める。"还别说"とも言う。

① 他笑着对我说："我当初下厨房那是没有办法的事，可也别说，现在我的手艺还真不错。"
彼は笑いながら私に言った。「初めは厨房に入るのは仕方がないことだったんだ。たしかにそうなんだけど、でも、今は僕の腕前もなかなかのものだよ」。

② 四嫂小声对我们说："你瞧他现在神气的，好像当了多大官似的，还别说，有了这个工作后他倒是不那么喝酒了。"

## 17. 不在话下（bú zài huà xià）

（ある人にとって）難しくない、たやすいことである、あるいは問題にならない。

① 对她来说，只要每天都能看见他，就什么困苦贫穷都不在话下了。
彼女にとっては、毎日彼に会えさえすれば、どんなに貧しく苦労しようが何でもないのだ。
② 你要是把这本书读懂了，别的书就不在话下了。
③ 别说买张火车票了，就是去偷、去抢，只要是你让我做的，我都不在话下。

## 18. 连锅端（lián guō duān）

全部、根こそぎ持っていく。

① 那个箱子放在路口，第一天有人拿走根绳子，第二天有人拿走两块木板，第三天有人干脆连锅端，把箱子都搬走了。
あの箱は道の角に置かれていた。一日目は誰かに縄を一本持っていかれ、二日目は板を二枚持っていかれ、三日目にはあっさりと箱ごと全部持っていかれた。
② 家里没什么东西，搬起来省事，一辆卡车就可以连锅端了。

## 19. 时不常（shí bù cháng）

しばしば。

① 有了点儿钱后，妈妈也会时不常地买些肉带回家来，给我们包饺子吃。
少しお金ができると、お母さんもしばしば肉を買ってきて私達に餃子を作ってくれます。
② 由于靠近郊区，所以时不常地有农民来这儿卖些自己家种的菜。

## 20. 在气头上（zài qìtóu shang）

怒りで頭に血がのぼって。腹立ちまぎれ。

① 他现在正在气头上，谁的话也听不进去，等他冷静下来我们再劝劝他吧。
彼は今頭に血が昇っているので、誰の言うことも聞き入れません。落ち着くのを待ってまた説得しましょう。
② 昨天我们两个人吵了一架，在气头上，互相说了不少难听的话。

## 21. 该（gāi）丢还是（háishì）丢

"该 A 还是 A"：A という状況が変わっていない、または変えられない。

① 我们劝他好多次了，他也答应说要戒烟，可第二天他就忘了他说的话，该抽还是抽。
私達は何回も彼をいさめ、彼もたばこを止めると承知するのだが、翌日になると自分の言ったことをころりと忘れて、相変わらずたばこを吸うのだ。

② 她试过很多方法，锻炼、节食，还练过气功，可该胖还是胖，气得她干脆不减肥了。

③ 打这种预防针没有什么用，到时候该感冒还是感冒。

## 22. 结实得不能再（de bùnéng zài）结实了（le）

"形容詞＋得不能再＋形容詞＋了"：程度が極度に、極端な。

① 没想到一下子来了这么多人，礼堂里挤得不能再挤了。
急にこんなにたくさんの人が来るなんて思いも寄らなかった。講堂の中は立錐の余地もないほど込み合っていた。

② 我们都不愿意跟他一块儿吃饭，因为他吃起饭来慢得不能再慢了。

③ 这几年我们这儿旱得不能再旱了，连人每天喝的水都不能保证。

## 練習問題

一、適当な言葉を選び、空欄を埋めなさい。
①一口气　②一个劲儿　③说了算　④说话不算数　⑤好说歹说
⑥赔不是　⑦时不常　⑧到头来　⑨在气头上　⑩不在话下
⑪马大哈　⑫闹别扭

(1) 开始的时候李老师不让我们晚上去看球赛，后来我们几个_____，他才同意。

(2) 这事挺重要的，得让个又细心又认真的人去做，你可别交给小张那个_____。

第四课

(3) 妈妈问："最近怎么没看见你跟小丽一块儿玩儿，你们俩是不是＿＿＿＿＿＿了？"
(4) 昨天我们去游泳了，游泳池里人不多，我们＿＿＿＿＿＿游了一个多小时才上来。
(5) 自己过生日儿子张福都没回来，妈妈很生气，连晚饭也没吃。张福回家后，连声向妈妈＿＿＿＿＿＿："妈，我真的是有事没赶回来，您别生气了。"
(6) 别忘了他以前是游泳运动员，这条河也就二十几米宽，这对他来说根本＿＿＿＿＿＿。
(7) 老厂长大声说："你们都出去，这儿的事我＿＿＿＿＿＿，让他们有事就来找我！"
(8) 他们俩搬出来后，妈妈不太放心，所以＿＿＿＿＿＿过来看看，有好吃的也带过来。
(9) 他知道父亲是为他好，那些难听的话都是他＿＿＿＿＿＿说的，他不会为此恨父亲的。
(10) "他说要带我去广州玩。""你别信他的，他经常＿＿＿＿＿＿，我最了解他了。"
(11) 他卖过衣服，也卖过水果，干了好几年，可＿＿＿＿＿＿没挣下什么钱，到现在还住在父母家。
(12) 两个人为送礼的事吵了一架，气得小丽在屋里＿＿＿＿＿＿地哭，眼睛都哭红了。

二、指定した言葉を使って、日本語の部分を中国語に訳しなさい。
(1) A：给你打电话你怎么不给我回电话，是不是生我的气了？
　　B：你＿＿＿＿＿＿＿＿。（想到哪儿去了）
　　　［勘違いをしてはいけない。わたしはこの二日忙しくて、ひまがなかったんだ］
(2) A：大老远地跑到这儿，原以为能有点儿收获，可这儿什么也没有，太气人了。
　　B：气什么呀，你看天气这么好，咱们＿＿＿＿＿＿＿＿。（只当）
　　　［散歩をして、新鮮な空気を吸いにやって来たと思いましょう］
(3) 妹妹：你说我不学习，天天去看电影，你有什么证据？拿出来让我看看。

哥哥：好了，你别急，＿＿＿＿＿＿。（只当）
　　　［わたしが言い間違ったと思えばよい］

(4) 爸爸：上回我批评完小刚以后，他现在是不是不玩游戏机了？
　　妈妈：哪儿啊，＿＿＿＿＿＿。（该A还是A）
　　　［相変わらず遊んでいるわ］

(5) 邻居1：你们给那两口子提意见以后，他们还常常唱到半夜吗？
　　邻居2：＿＿＿＿＿＿。（该A还是A）
　　　［そうなんです。相変わらず歌っています］

(6) A：你的病怎么样了？去医院看了吗？
　　B：没有，你看我现在＿＿＿＿＿＿，一点时间也没有。（A得不能再A了）
　　　［これ以上ないほど忙しい］
　　A：再忙，也得去看病啊，可不能耽误了。

(7) A：李明打电话让咱们今天去他家玩，你想去吗？
　　B：我很想去，可是恐怕不行，我今天＿＿＿＿＿＿。（A得不能再A了）
　　　［宿題が山ほどある］

(8) A：我明天要是看见他，再劝劝他。
　　B：我看你劝也没有用。
　　A：＿＿＿＿＿＿。（可也是）
　　　［それもそうだ。彼はわたしの言うことなど聞いたためしがない］

(9) A：他做得不对，我就批评了他两句，他干吗发那么大的火？
　　B：批评得对也得注意方式方法。把他换成你，你愿意吗？
　　A：＿＿＿＿＿＿。（可也是）
　　　［それもそうだ。すこし言いすぎたかもしれない］

(10) A：听说你帮老王家介绍了个小保姆，是吗？
　　B：唉，别提了，我是好心帮忙，没想到，＿＿＿＿＿＿。（落不是）
　　　［王さんの家は気に入らなくて、逆にわたしがとがめられたよ］

(11) A：你每天跟外国人打交道，英语练得不错了吧？
　　B：我的英语水平你还不知道吗？不过，＿＿＿＿＿＿。（还别说）

第四课 | 51

　　　　　［たしかに、私の英語は以前よりずいぶん話せるようになった］
⑿　A：我穿的衣服好多都是我妈妈给我做的，你看，这件也是。
　　　B：＿＿＿＿＿＿。（还别说）
　　　　　［たしかに、買った物よりずっと入念な作りだわ］

## 第五课 CD1-5

# 这事让我伤透了脑筋
これには随分悩まされた

ルームメイトとの生活は、お互いの性格、習慣が異なり、うまくいく場合もいかない場合もありますが、相手からしょっちゅう金の無心があるとなるとやっかいなことになります。さて、どうしたものか。

（周强和老朋友刘威一边吃饭一边聊天）

周　强：你和你的同屋处得怎么样？

刘　威：我那个同屋啊，懒<u>到家了</u>，他的床上老是乱得让人<u>看不下去</u>，脏衣服也不洗，而且从来没打扫过宿舍，又不是小孩子了，我说<u>也不是</u>，不说<u>也不是</u>。

周　强：遇见这种不自觉的同屋可真倒霉，不过，乱点儿就乱点儿吧，不能跟自己的家比，<u>睁一只眼闭一只眼</u>算了。

刘　威：是啊，反正也没别人去。我总是想，每个人生活习惯都不一样，为一些<u>鸡毛蒜皮</u>的小事伤了和气不值得。

周　强：说实话，我们几个好朋友里数你有肚量。

刘　威：有肚量倒谈不上。仔细想想，生活中的好多矛盾，其实说起来没有什么大不了的，没必要过于认真，这也是我一贯的原则。

周　强：要是大家都像你这样就好了。

刘　威：我很讨厌那种爱在背后说别人不是的人，不过，有一件事，跟我的同屋有关系，不说吧，心里不舒服，说吧，又有点儿说不出口。

周　强：咱们俩是谁跟谁呀？有什么就说吧。

刘　威：我的同屋做事有点儿太那个了。

周　强：别吞吞吐吐的，到底是怎么回事？

刘　威：你知道，食堂的饭菜不好，所以隔三差五我们俩就下馆子，每次都是我掏腰包，不过，这也没什么，谁让我比他大呢！可他三天两头跟我借钱，这一来二去的，数目也不算小了，可他跟没事人似的，还钱的事只字不提，我又不好意思跟他要。我估计他这几天又该跟我借钱了，你说，借他吧，我不是什么大款，不借他吧，又不好意思。这事真让我伤透了脑筋，左右为难。

周　强：这有什么为难的？你现在要是不给他个硬钉子碰碰，以后他更得寸进尺了，你还得吃苦头。你太好心了，我看，也就是你才这么一而再，再而三地让着他，这种人在别处绝对没有市场。

刘　威：话是这么说，可我真拉不下脸来。算了算了，不说我的事了。哎，你的同屋好像有点儿不合群儿吧？

周　强：对，他人倒不坏，可我们俩说不到一块儿去，所以每天他干他的，我干我的，这样挺好，不会闹意见。

刘　威：这样倒也好，不过，你这个炮筒子可得改改脾气了，别动不动就跟人脸红脖子粗的。

周　强：对，我得向你学习。

刘　威：对了，昨天我看见王老师把你叫到办公室去了，是不是又捅了什么娄子了？

周　强：就是跟班长吵了一架，他可真是个软硬不吃的家伙！

刘　威：噢，是这样啊，吓了我一跳，我还以为怎么了呢！

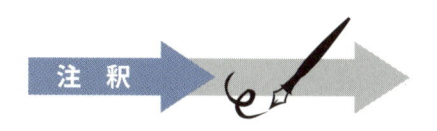

### 注　释

1. **处**（chǔ）：人と一緒に暮らす、交わる、付き合う。
2. **鸡毛蒜**（suàn）**皮**：とるに足りない、つまらない事柄の喩え。
3. **一贯**（yíguàn）：これまでずっと、変わらない。
4. **左右为难**（wéinán）：どのようにしてもやりづらい、処理しにくい。
5. **得寸进尺**：貪欲で、満足を知らない喩え。
6. **合群儿**：人とうまく付き合えて、みんなと仲が良い。

### 例文解释　CD2-5

1. **懒到家了**（dào jiā le）
   "形容詞＋到家了"：程度が極めて高いレベルに達する。
   ① 小张那个人坏到家了，总是找我的麻烦，让我不舒服。
   あの張さんという人は本当に悪いやつです。いつも僕にうるさくからんで、僕を不愉快にさせるのです。
   ② 几个孩子不满地叫着："这么好的球你们都踢输了，真臭！臭到家了！"
   ③ 他把话说得清楚到家了，不怕那几个人听不出来。

2. **看不下去**（kàn bu xiàqù）
   行き過ぎた状態で、見るに耐えない、それ以上見られない。"听不下去"、"说不下去"、"呆不下去"などの言い方もある。
   ① 那个男人喝酒喝多了，回到家就打孩子。邻居们看不下去了，打电话把警察找来了。
   あの男はお酒を飲みすぎて、家に帰ると子供を殴った。近所の人たちが見かねて電話で警察を呼んだ。
   ② 老人们都说，现在的年轻人太开放了，有的男女在大街上就能做出一些特别亲密的动作，真让人看不下去。
   ③ 两个人又为孩子的事吵了起来，说的话都很难听，奶奶听不下去了，从屋里走了出来。

3. **我说也不是**（yě búshi），**不说也不是**（yě búshi）
   "A 也不是，不 A 也不是"：あることをしてもしなくても困惑する。"A 也不是，B 也不是"ともいう。
   ① 看着他们夫妻俩你一句我一句地吵，我站在旁边，走也不是，不走也不是，难受死了。
   かれら夫婦が売り言葉に買い言葉で喧嘩しているのを見ていて、そばにいた私は、その場を立ち去ることもできず、かといってその場にいるのも気まずく、実につらかった。
   ② 听到这句话，二姐伸出的手僵在半空中，看着桌上的钱，拿也不是，不拿也不是。
   ③ 小云突然见到屋子里这样的情形，站在门口，进也不是，退也不是。

4. **睁一只眼闭一只眼**（zhēng yìzhī yǎn bì yìzhī yǎn）
   よくない事やすべきではないことに対して、無関心、かかわり合わない態度を取る。
   ① 她多少也知道一些丈夫跟别的女人的事，可她又能怎么样呢？只好睁一只眼闭一只眼。
   彼女は夫とよその女のことは多少知らないでもなかったが、それをどうすることができただろう。ただ見て見ぬふりをするほかなかった。

② 那么多不公平的事你都管得了吗？算了，睁只眼闭只眼吧。
③ 他对办公室的事一向是睁一只眼闭一只眼，只管做好自己的事。

5. **没有什么大不了**（méiyǒu shénme dàbuliǎo）
   何も大したことではない。
   ① 大民说："不就是丢了辆车吗？没什么大不了的，再买一辆就行了。"
   「たかが自転車を一台なくしただけのことじゃないか。たいしたことじゃない、もう一台買えばいいじゃないか」と大民が言った。
   ② "你们为什么打架？" 小王说："其实没什么大不了的事，就是为了一句话。"
   ③ 他满不在乎地说："这有什么大不了的，不就是弄错了个数字吗？"

6. **说不出口**（shuō bu chū kǒu）
   きまりが悪くて言い出せない。
   ① "分手"这两个字就在我嘴边，可看她高兴的样子，我说不出口来。
   「別れよう」この言葉が口から出そうだったが、彼女の嬉しそうな顔を見ると言えなかった。
   ② 在外人面前，"我爱你"这三个字他怎么也说不出口。

7. **咱们俩是谁跟谁呀**（zánmenliǎ shì shéi gēn shéi ya）
   普通以上にとても親密な関係を示す。
   ① 她笑着说："这里的每样东西都是我辛辛苦苦做出来的，当然不容易，不过咱们俩谁跟谁呀？ 你喜欢什么，随便拿。"
   「ここの品物はすべて私が苦労して作ったもので、もちろん簡単じゃなかったけど、私とあなたの仲だから、好きなものがあったら何でもどうぞ持っていって」と彼女が笑いながら言った。
   ② 不就是那一百块钱吗？ 早还晚还都没有关系，咱们是谁跟谁！
   ③ 你们俩是谁跟谁呀，你上他那儿，他上你那儿，不是一样吗？

8. **太那个**（nàge）**了**
   "那个"は直接に言いづらい事（あまりよくないこと）を代替して形容

する語。
① 第一次见面就跟人家说钱的事，是不是太那个了？
初めて会ってすぐにお金のことを言い出すなんて、ちょっとあれじゃないか。
② "我并没有说他们这样就是不礼貌，"他解释说，"不过孩子用这种口气跟大人说话总有点那个……"
③ 我拥护男女平等，可我这么个大男人去给一个女领导当秘书我老觉得有点那个。

9. 掏腰包（tāo yāobāo）
お金を支払う。
① 车票他们说可以给你买，可吃饭的钱你就得自己掏腰包了。
バス代は彼らが持ってもいいと言っているけど、食事代は自分で支払わなきゃいけないよ。
② "请我们来还让我们自己掏腰包买午饭，没听说过！"小林气哼哼地说。

10. 谁让（shéi ràng）我比他大呢（ne）
"谁让～呢"：実際の情況はこうなんだから、如何ともしがたい、仕方がないという意味を表す。
① 在家里，父母管我，哥哥姐姐也管着我，没有我说话的地方，谁让我小呢！
家では、両親がうるさいし、兄や姉も私のことに口を出すしで、自由にものが言えない。わたしが一番年下だから仕方ないけど。
② 这事怪不着别人，谁让我没本事呢，只会写小说。
③ "其实，老人骂两句也没什么，谁让我是他儿子呢！"小李笑着说。

11. 一来二去（yī lái èr qù）
そうこうするうちに、だんだんと。
① 我喜欢看戏，有时候去后台看她，请她吃饭，一来二去就成了无话不谈的好朋友。
私は芝居を見るのが好きで、時々楽屋に彼女を訪ねたり、ご馳走し

てあげたりしていた。そのうちに何でも話す親友になった。
② 以前，别人给他介绍女朋友，他也去见过，可不是人家看不上他，就是他看不上人家，总是不合适，一来二去的，他就失去了信心。

## 12. 跟没事人（méishìrén）似的
"没事人"：ある事と関係がない、あるいは影響を受けない、いつものように振舞う人。常に"跟没事人似的"と言う。
① 因为他的粗心，公司损失了一大笔钱，他心里很难受，可表面还是跟没事人似的。
彼の不注意のために、会社が多額の損失を出し、彼はとても辛かったが、表面では何事もなかったかのように振舞っている。
② 妈妈说："明天就要考试了，你怎么跟没事人似的还天天玩啊？"
③ 我跑了三千米就再也跑不动了，可他跑完五千米，跟没事人似的。

## 13. 伤（shāng）透了脑筋（nǎojīn）
"伤脑筋"：悩む、頭が痛い。
① 刚忙完了房子的事，他们俩又为孩子上幼儿园的事伤开脑筋了。
やっと家のことが解決したと思ったら、二人はまた子供を幼稚園に入れることで頭を悩ませ始めた。
② 看见妈妈又在为他下学期的学费伤脑筋，他心里很不好受。

## 14. 给他个硬钉子碰碰（yìng dīngzi pèngpeng）
"碰钉子"：断られる、挫折する。"碰硬钉子"：きっぱり断られる。"碰软钉子"：遠回しに断られる。
① 老高确实很有钱，可你要是向他借钱，那肯定要碰钉子。
高さんは確かに金持ちだが、しかし彼に貸してほしいというと、絶対断られる。
② 他想，他跟老王是多年的朋友了，老王不会不答应的，可没想到碰了个软钉子，这让他好几天心里都不痛快。

15. 吃苦头（chī kǔtóu）

つらい目にあう、ひどい目にあう。苦労する。

① 那时候，父亲为了一家人的生活，什么活儿都干过，吃了不少苦头。
その頃は、父は一家の生活のためにどんな仕事でもし、ひどい苦しみを味わった。

② 他从十多岁就开始练拳击，吃了数不清的苦头，终于有了今天的成功。

16. 一而再，再而三（yī ér zài, zài ér sān）

何度も何度も、繰り返し（何かをする）。

① 她这么一而再，再而三地骗你，你怎么还相信她的话？
彼女はこのように何度も何度も君を騙してきたっていうのに、どうしてまだ彼女の言うことを信用するの？

② 他一而再，再而三地让我去找那个当官的舅舅，让他帮我安排个工作，我都没答应。

17. 没有市场（méiyǒu shìchǎng）

歓迎されない、受け入れられない。

① "我看咱们还是讨论讨论现代派的特色吧。""得了吧，现代派先锋派在中国没市场。"小宣说完转身走了。
「やはりモダニズム派の特徴についてすこし討論してみましょう」。「しなくてもいいんじゃない、モダニズムや前衛派は中国では受け入れられないよ」。宣さんはそう言うなり踵を返して立ち去った。

② 那些男人都喜欢漂亮而没有头脑的女孩子，所以你不要太聪明了，要不你在男人那里可没有什么市场。

18. 拉不下脸来（lā bu xià liǎn lai）

情にほだされ（～するのが）気がひける。

① 我知道这样做不太好，可他是我的老师的儿子，所以我拉不下脸来拒绝他。
こうするのはよくないと分かってはいたが、彼は私の先生の息子なので、断りきれなかった。

② 这件事让我们心里很不痛快，可他是我们的老邻居了，怎么也拉不下脸来跟他说。

## 19. 说不到一块儿（shuō bu dào yíkuàir）
話が合わない、気が合わない。"说不到一块儿去"とも言う。
① 在外面我没什么朋友，在家里也不十分快乐：父母和我根本说不到一块儿。
外では友達もあまりいないし、家でもそんなに楽しくない。両親は私とはまったく話が合わないのだ。
② 他对我说："我们虽说是亲兄弟，从小一起长大，可我们说不到一块儿！"

## 20. 闹意见（nào yìjian）
意見が合わないためお互いに不満を持つこと。
① 他们俩经常为一点儿小事闹意见，可过不了两天就好了。
彼ら二人はよく小さなことで喧嘩するが、二、三日もしないうちにすぐ仲直りします。
② 夫妻之间没有不闹意见的，关键是要处理好，要不然会影响夫妻感情的。

## 21. 炮筒子（pàotǒngzi）
相手の気持ちや場所柄などをわきまえずに、思ったことをずけずけ言ってのける人のこと。
① 他是我们这儿有名的炮筒子，为此得罪了不少人。
彼の歯に衣着せぬ無鉄砲さはここらでは有名で、そのせいで多くの人から恨みを買った。
② 明天开会的时候，你别又跟炮筒子似的，想好了再说。

## 22. 动不动就（dòngbudòng jiù）
（多くは望ましくないことに用い）ややもすれば、〜しがちである。
① 王经理动不动就发脾气，我们都很不喜欢他。
王支配人は何かと言えばすぐに怒り出すので、私達はみんな彼のこ

第五课 | 61

とが嫌いだ。
② 他的身体现在很糟糕，动不动就感冒，不能上班。

## 23. 脸红脖子粗（liǎn hóng bózi cū）
かんしゃくを起こして興奮するさま。
① 吃完饭，几个人为由谁来付饭钱争得脸红脖子粗的，别人还以为他们在吵架呢。
食事が終わり、数人が誰が支払うかで声高に争い、人から喧嘩しているのかと思われた。
② 为了这棵树，老张站在院子里脸红脖子粗地跟他吵了半天。

## 24. 捅（tǒng）了什么娄子（lóuzi）
"捅娄子"：厄介なこと、面倒なことを起こす。間違いをしでかす。
① 人们赶快把老人送进了医院，看见自己捅了这么个大娄子，两个孩子吓哭了。
人々は急いで老人を病院に運び込んだ。自分たちがこんなたいへんなことをしてしまったのを見て、二人の子供はびっくりして泣き出した。
② 他小时候非常淘气，没少给爸爸妈妈捅娄子，也没少挨爸爸的揍。

## 25. 软硬不吃（ruǎn yìng bù chī）
どう言われてもどう対処されても自分の立場を変えない。
① 那几个人也想进去，他们说了一大堆好话，也骂了一大堆难听的话，可老张软硬不吃，就是不让他们进去。
あの数人も中に入ろうと思い、機嫌をとるようなことを山ほど言い、罵声も山ほど浴びせたが、張さんは頑として、彼らを入れようとしない。
② 我各种办法都试过了，可他是软硬不吃，就是不同意。

## 練習問題

一、次の文を下線を引いた部分に注意して訳しなさい。
(1) 他极慢地往家走去，不敢把被学校开除的事情告诉妈妈，妈妈这几天不大舒服。可是又不能不告诉，这不是丢了一支铅笔那样的事。怎么告诉呢？他思前想后，越想越糊涂。不必想了，先看看妈妈去，假若正赶上妈妈高兴呢，就告诉她。于是，他假装<u>没事人</u>似的进了妈妈的屋中。
(2) 在父母过世后的那些日子，我十分寂寞，就招朋友们来玩。后来，我也闹不清究竟谁那儿有我家的钥匙，反正我每次回家，房子里总是一大堆不认识的人又玩又闹，有几次我都不得不睡在地板上，可我又<u>拉不下脸</u>来赶人家走，不管怎么说，都是朋友嘛。
(3) 三婶知道他没事不来，来了肯定是有事，就问他："什么事？说吧！"立秋把事情一说，"就这么点事儿呀？嘻！<u>没什么大不了的</u>！行了，等老头子回来，我跟他说说！"事情就算办成了。


二、適当な言葉を選び、空欄を埋めなさい。
　①伤脑筋　②掏腰包　③脸红脖子粗　④一来二去
　⑤一而再，再而三　⑥闹意见　⑦说不出口　⑧睁一只眼闭一只眼
　⑨吃苦头　⑩那个　⑪捅娄子
(1) 他们俩差不多总是在这个时间坐这趟车，_____就认识了，一聊起来才知道，两家住得还真不太远。
(2) 上级要求大家都得为扶贫做一件实在事，老张正为这事_____呢。
(3) 性方面的知识，中国的妈妈们是绝对不会告诉他们的孩子的，她们觉得在孩子面前，"性"这个字_____。
(4) 两个人常常为看哪个电视节目争得_____，最后谁也看不好。
(5) 老人说："年轻人的生活习惯跟咱们老人不一样，他们怎么样你别管，遇到看不惯的，你就_____，没必要生气。"
(6) 开始我并不想去骑什么马，可钱经理_____地请我去，我也就不好意思推辞了。
(7) 周末的时候，女朋友想去游泳，可小王想去爬山，为这事，女朋友跟他

　　　　　_____了，一个星期都没给他打电话。
(8) 人家难过得要死，你们却在这儿又唱又跳的，是不是太_____了？
(9) 为了能进国家队，李扬天天在球场上练球，腿受了好几次伤，没少_____。
(10) 上次妈妈被你气得差点儿进了医院，你就老实点儿吧，别再_____了。
(11) 他是大老板，有的是钱，跟他出去玩儿还用咱们自己_____？

三、指定した言葉を使って、日本語の部分を中国語に訳しなさい。
(1) A：老张人长得高高大大的，工作上也挺有能力的。
　　B：是啊，不过，他_____，真让人受不了。（动不动就）
　　　[何かというとすぐに腹を立てる]
(2) A：那个孩子_____，我最烦这种孩子。（动不动就）
　　　[すぐに泣く]
　　B：我也不喜欢这样的孩子。
(3) A：他们几个就会说，说得比谁都好听，可一干起事来就都不行了。
　　B：_____。（没有市场）
　　　[こういう輩はどこでもけっして受け入れられない]
(4) A：怎么样，他们答应帮我们了吗？
　　B：唉，_____。（碰钉子）
　　　[それほど易しくはない。やんわりと断られたよ]
(5) A：这事经理一定不会同意的，_____。（碰钉子）
　　　[彼に頼んでも無駄だよ。断られるに決まっている]
　　B：不，我得试试，不试怎么知道就不行呢？
(6) A：爸爸要是发现你把他的电脑弄坏了，那可怎么办哪？
　　B：_____。（没什么大不了的）
　　　[たかがパソコン一台じゃないか。大したことはない]
(7) 妈妈：你退休也不能老在家里呆着呀，你去找老张他们聊聊天嘛。
　　爸爸：_____。（说不到一块儿）
　　　[張さんらは日がな一日やることといえば、マージャンだけ。彼

らとは話が合わない]

(8) A：你看，我老是给你添麻烦，我这心里真是……
　　B：_____。（～是谁跟谁呀）
　　［そんな水くさいことを言って。君とぼくの仲じゃないか］

(9) A：入学考试是不是挺难的？
　　B：可不，_____。（A 到家了）
　　［数学がとびきり難しいらしい］

(10) 奶奶：挺大的姑娘怎么说话这么没礼貌啊，我得好好说说她。
　　 爸爸：算了，_____。（睁一只眼闭一只眼）
　　　　　［言っても無駄だ。見て見ぬふりをすればいいでしょう］

(11) A：那些人太过分了，怎么能把错儿都推到你身上呢？你干吗不解释清楚呢？
　　B：唉，_____。（谁让～呢）
　　［私が上司だから仕方がない］

(12) A：他们也不是小孩子了，_____。（A 也不是，不 A 也不是）
　　　［言ってもだめ、言わなくてもだめ。本当に手が焼ける］
　　B：跟这样的人打交道你得多点儿耐心。

## 第六课　CD1-6

## 有的路口都乱成一锅粥了
ある交差点ではもう蜂の巣をつついたような騒ぎだ

北京のひどい交通事情の中で、食事は簡素にすませ、汗水たらして稼いだお金は子供の教育費など肝心なところに使うためのものと語るタクシー運転手、乗客と会話しながらの運転は時折ひやりとさせます。

（在出租汽车上）

司　　机：我刚从那边过来，前边路口出事了，人围得<u>里三层外三层</u>的，车根本过不去，我看咱们最好走<u>三环</u>，虽说绕一点儿远，可不堵车。您说呢？

乘　　客：行，您<u>看着办</u>吧，反正是越快越好，哎，您认识我说的地方吧？

司　　机：不瞒您说，我的外号叫"活地图"，全北京没有我不认识的地方，您放心好了，保证耽误不了您的事儿。

乘　　客：那太好了。哟，这三个包子就是您的午饭哪！

司　　机：可不，一天到晚在路上跑，中午饭从来都是瞎凑合，谁

舍得把辛辛苦苦挣来的血汗钱花在吃喝上？这钱得花在刀刃上，您说是不是？

乘　客：是啊，现在挣钱都不容易啊。

司　机：干我们这行的，天天起早贪黑不说，还老担着心，您看现在的街上，车多人多路窄，还有不少二把刀司机，真让人头疼。

乘　客：北京的交通一直是个老大难问题。

司　机：这路上动不动就堵车，有的时候明明知道前面堵车，可乘客非要那么走，咱也得硬着头皮往前开，堵就堵吧，乘客是上帝嘛。

乘　客：有的路口都乱成一锅粥了，看来没有警察是真不行。

司　机：是啊。警察就是厉害，上回我停车停得不是地方，那个警察鼻子不是鼻子脸不是脸地训了我一顿。可人家乘客非要在那儿停，唉，我们这些出租车真没办法，一边是乘客，一边是警察，哪边儿都不敢得罪，唉，常常里外不是人，闹不好本子就扣了。

乘　客：警察也不容易啊。

司　机：是啊，我们每天都和警察打交道。现在交通一不好，就有人说应该拿出租车开刀，说我们这个那个的，其实我们最守规矩，最怕交通不好，老堵车的话我们连饭钱都挣不出来。

乘　客：我看你们都特别能说，山南海北知道的挺多，有的还特别幽默。

司　机：其实我们知道什么呀，还不是现买现卖？一聊起天儿就忘了烦了，要不，整天一个人坐车里，这心里要多烦有

多烦。不过这聊天儿也得看人，要是人家乘客不愿意聊，咱就赶紧闭上嘴，别找不自在。

乘　客：您开出租什么人都能碰上吧？

司　机：可不。我见识过的人多了去了，有好的，也有差劲儿的。

乘　客：看样子您开车有年头了。

司　机：小六年了。要不是供孩子上学，手头儿紧，我早不干了。不过，话说回来，就咱这大老粗，要学问没学问，要技术没技术，比睁眼瞎强不了多少，不开车又能干什么呢？

乘　客：哎哟，小心！呵，吓我一身冷汗！

司　机：放心，咱的技术顶呱呱。

乘　客：还是小心点儿好！不怕一万，就怕万一嘛。

### 注　释

1. **三环**：北京の 3 号環状線のこと。
2. **起早贪黑**：朝早くから夜遅くまで勤勉に働くことの形容。
3. **训**（xùn）：厳しく叱る。
4. **得罪**（dézuì）：人の機嫌を損なうあるいは恨みを買う。
5. **本子**：車の免許証を指す。
6. **扣**（kòu）：（警察が）人または物を差し押さえる、取り上げる。
7. **不怕一万，就怕万一**：ことわざで、万が一のためにちゃんと備える意。

### 例文解釈　CD3-1

1. **里三层外三层**（lǐ sān céng wài sān céng）
幾重にも重ねて。

① 卖火车票的窗口被人们里三层外三层地围着，后面的人根本看不见牌子上的字。
列車の切符売り場の窓口は幾重もの人だかりに取り囲まれているので、後ろのほうの人にはまったく表示板の字が見えません。
② 入学那一天，学生们把办公室围得里三层外三层的。
③ 老奶奶对我说："现在还没那么冷，别给孩子穿得里三层外三层的。"

2. **看着办**（kànzhe bàn）
情況を見計らってやる。
① 这件事就交给你们了，你们看着办吧，能帮多大忙就帮多大忙，别太为难。
この件は君たちに任せるから、自分たちで様子を見てやってくれ。やれるだけのことはやってほしいが、あまり無理をしないことだ。
② 买礼物的事你看着办吧，花多少钱都无所谓，只要他喜欢就行。
③ 反正邀请信我放在这儿了，去还是不去，你看着办。

3. **血汗钱**（xuèhànqián）
苦労して稼いだお金の喩え。
① 我去英国留学的时候，父母把他们全部的钱都给了我，这可是他们的血汗钱哪！
私がイギリスに留学する時、両親はすべてのお金を私にくれました。それは彼らが血と汗で稼いだお金なんです。
② 为了救儿子的命，他们不仅花光了几十年积攒下的血汗钱，还借了很多钱。

4. **花在刀刃上**（zài dāorèn shang）
（動詞＋）**在刀刃上**：いちばん必要とされ、最も効果を発揮するところの喩え。
① 咱们的钱不多，所以不该买的东西一定不能买，要把这些钱花在刀刃上。
我々のお金は多くない。だから買うべきでないものは絶対買ってはならない。この金はいちばん大切なことに使わなければならない。
② 那些不重要的事可以不管它，我们要把力量用在刀刃上。

5. **二把刀**（èrbǎdāo）

   低水準、あるいはそれほど技能のない人間。

   ① 画画儿虽然学了几年，但毕竟没进过专门的学校，所以只能算是个二把刀。

   絵は何年か勉強したけれど、しょせん専門的な学校で学んだわけではないから、二流としか言えない。

   ② 看你找来的二把刀厨师，顾客越来越少了。

   ③ 本来电视只是没有声音，可这个二把刀师傅一修，连图像也没有了。

6. **老大难**（lǎodànán）

   複雑で解決しにくい問題。

   ① 流动人口多，环境卫生差，一直是我们这儿的老大难问题。

   流動する人口が多く、衛生面がよくない。私達がここでずっと悩んできた問題です。

   ② 这是我们公司的一个老大难问题，要想解决可不是容易的事。

7. **硬着头皮**（yìngzhe tóupí）

   いやいやながら、無理遣り（～をする）。

   ① 为了找工作，他硬着头皮去找亲戚、朋友和过去的同学，求他们帮忙。

   仕事を探すために、彼はいやいやながら親戚や友人、昔の同級生を訪ねて、助けを求めた。

   ② 听到这个消息，她急得不得了，可在这儿她一个亲戚也没有，只得硬着头皮去找前夫。

   ③ 他知道父亲叫他准没好事，可又不能不去，只好硬着头皮走进父亲的屋子。

8. **一锅粥**（yì guō zhōu）

   とても混乱しているさま。

   ① 主持人的话还没说完，会场已经乱成一锅粥了。

   司会者の言葉が終わらないうちに、会場はすでに大混乱に陥った。

   ② 远远地看见汽车来了，顿时车站上等车的人们挤成了一锅粥。

9. 停得不是地方（bú shì dìfang）

"動詞＋得＋不是地方"：場所やタイミングが間違っている、あるいは適当でない。

① 这个沙发放得真不是地方，出来进去特别碍事。
　このソファーは本当に置き場所が悪い。出入りするのに邪魔で仕方ない。
② 写小说不怕用通俗的词语，可就怕这些词语用得不是地方。
③ 这句话本身并没有错，可你说得不是地方，所以让人家不高兴。

10. 鼻子不是鼻子脸不是脸（bízi bú shì bízi liǎn bú shì liǎn）

機嫌をそこねて、顔をしかめる。嫌な顔をする。

① 我一说要去跳舞，他就鼻子不是鼻子脸不是脸的，以后我就不跳了。
　ダンスに出かけると言うと、彼の顔つきが怖くなったので、その後二度とダンスをしたことがない。
② 他最怕农村的亲戚来，他们一来，妻子就鼻子不是鼻子，脸不是脸的，让他很难受。

11. 里外不是人（lǐ wài bú shì rén）

双方の怒りを買い、板挟みになって責められる。

① 他希望家里不要有争吵，他拼命跟妈妈说好话，跟妻子说好话，可常常不知道哪句话没说好，妈妈生气，妻子也生气，让他里外不是人。
　彼は家の者が喧嘩しないことを願っているので、一所懸命に母の機嫌をとったり、妻の機嫌をとったりするのだが、いつもどの言葉が気に障ったのか分からないままに、ちょっとしたことで母の機嫌を損ね、妻も腹を立てる始末で、板挟みになる。
② 老王既不想得罪经理，又不愿意在工人那儿当恶人，他觉得这个工作让他里外不是人。

12. 拿（ná）出租车开刀（kāidāo）

"拿～开刀"：ある人や事柄を典型あるいはきっかけとして批判し、処置する。やり玉に挙げる。

① 批评我的人，全都拿我的这篇小说开刀，说这篇小说的内容是完全不可能存在的。
私を批判する人はみんな私のこの小説をやり玉に挙げて、この小説の内容がまったく現実にはありえないことだと言うのです。

② 小王今天迟到让厂长看见了，厂长在全厂大会上点名批评了她，还要扣她的奖金。大家都明白，厂长这是拿小王开刀，以后谁要是迟到，就跟小王一样。

## 13. 现买现卖（xiàn mǎi xiàn mài）

学んだり見聞したばかりのことをすぐに口にしたり、ひけらかしたりする。会得した腕をすぐにふるう。にわか仕込み。

① 明天见面你就跟她侃普希金，给你一本书参考参考，现买现卖也来得及。
明日会った時に君は彼女とプーシキンの話題に花を咲かせなさい。一冊参考のためにあげるから、にわか仕込みでも間に合うよ。

② 你别在这儿现买现卖了，你说的我在你哥哥那儿刚听过。

## 14. 要多（yào duō）烦有多（yǒu duō）烦

"要多＋形容詞＋有多＋形容詞"：程度のきわめて高いことを表す。

① 他很喜欢唱歌，可他唱得要多难听有多难听，所以他一开始唱歌我们就捂耳朵。
彼は歌を歌うのが大好きなんだけど、なにしろ聞くに堪えないので、彼が歌い始めると私達はみんな耳をふさぐのです。

② 你想想，在农村，一个女人带着三个孩子，还得供我上学，那日子要多难有多难。

③ 妈妈非让我去向她道歉，我这心里是要多别扭有多别扭。

## 15. 找不自在（zhǎo bú zìzài）

自ら面倒なことや不愉快なことを引き起こす。

① 老王这会儿正生气呢，你这时候去跟他说这件事，他肯定会把你大骂一顿的，我看你别去找不自在，有什么事过两天再说。
王さんは今頃怒っているから、今この件で彼を訪ねたら、きっと君

に当り散らすだろう。わざわざ嫌な目にあいに行くことはない、用があるのなら二、三日してから訪ねたらどうだい。

② 李老师最不喜欢听见学生们打架、骂人，你在他面前跟小胖打架，那不是找不自在吗？

## 16. 多了去了（duō le qù le）

"形容詞＋了去了"：程度の高いことを表す。形容詞は普通一音節語で、"大、高、贵、深、远、多"などがよく用いられる。

① 村子南边的那个山沟深了去了，还从没有人下去过呢。
村の南側のあの谷は大変深く、これまで誰も下りたためしがない。

② 以前，树林里野兔、山鸡什么的，多了去了，后来树林越来越小，里边什么动物也看不见了。

③ 这几十年我遇到的倒霉事多了去了，所以这件事对我来说根本算不了什么。

## 17. 有年头（yǒu niántóu）了

長い年月が経過した。

① 这把椅子有年头了，修过好多次，可妈妈还是舍不得扔。
この椅子は長年使い、修理もするだけしたしろものだが、母はやはり惜しんで捨てられない。

② 他在这儿住可是有年头了，大人小孩没有不认识他的。

## 18. 手头儿紧（shǒutóur jǐn）

お金がない、あるいは足りない。

① 你要是手头儿紧的话，房租下个月再交也行。
もし手元不如意なら、家賃は来月払いでもかまわない。

② 那时候父母工资低，还要养两个孩子，月月手头儿紧，哪儿有钱给我买什么玩具呀！

③ 上个月我刚买了一台电脑，所以现在手头儿有点儿紧，旅行的事以后再说吧。

19. 话说回来（huà shuō huílai）

別の角度、あるいは相反する面から言うと。そうは言っても。

① 他人过于老实，不爱说话，不过话说回来，谁都会有缺点的。
彼は人がまじめすぎるし、無口です。とは言え誰にだって短所があります。

② 有的人很不自觉，你看，那片草地让人踩出了一条小道，不过，话说回来，他们要是不把办公室的窗口开在那儿，谁又去踩草呢？

20. 大老粗（dàlǎocū）

無学な人間。無教養な人。

① 我是一个普通的工人，大老粗，哪儿知道什么国家大事啊？
僕は普通の労働者で、無学だ。天下国家のことなど知るはずがないじゃないか。

② 别看他没上过学，是个大老粗，可肚子里的故事真不少。

21. 睁眼瞎（zhēngyǎnxiā）

字が読めない人、文盲。

① 老奶奶找到我，对我说："孩子，帮我念念这封信，奶奶不识字，是个睁眼瞎。"
おばあさんがやってきて、「どうか、この手紙を読んでくれないかい。おばあちゃんは字が読めないのでね」と言った。

② 过去在农村，女人们大都是睁眼瞎。

22. 顶呱呱（dǐngguāguā）

すばらしい。とびっきりよい。

① 就算你的外语顶呱呱，可要是没有一个好专业，也不一定能找到好工作。
君の外国語が立派なものだとしても、なにかいい専門を身につけなければいい仕事が見つかるとは限らない。

② 他在厂子里是个顶呱呱的技术能手。

③ 杨军踢了好几年足球了，他的球技顶呱呱，我们就选他当队长吧。

## 練習問題

一、適当な言葉を選び、空欄を埋めなさい。
　①二把刀　②有年头　③顶呱呱　④看着办　⑤大老粗　⑥一锅粥
　⑦硬着头皮　⑧多了去了　⑨里三层外三层　⑩鼻子不是鼻子脸不是脸
　⑪手头儿紧　⑫不是地方

(1) 这儿的房子都_____了，破得不成样子，所以一到下雨我们就紧张，要是哪儿倒了，砸着人，我们的责任就大了。

(2) 我毕业分配的时候，问他的意见，他说："你_____吧，只要你觉得好我就觉得好。"

(3) 布料是从南方买回来的，本想做件旗袍，可碰上个_____裁缝，给我做坏了，真可惜。

(4) 通知上说让我两天之内报到，看到通知家里一下子乱成了_____，都忙着给我准备要带的东西。

(5) 姨妈看见我穿了这么一身破衣服，赶快打电话问我妈是不是_____，让我妈缺钱花就告诉她。

(6) 迷迷糊糊地走到东四牌楼，他很想偷偷地离开队伍。可是他又不敢这样办，怕蓝先生责骂他。他只好_____向前走，两个腿肚子好像要转筋似的那么不好受。

(7) 他妈偶尔到我们家来"视察"，总是"你的暖壶放的_____，毛巾该洗洗了"这些。所以他妈一来之前，我们就提前搞"爱国卫生运动"。

(8) 我妈妈比我爸爸小10岁，就在工厂里当工人，爸爸当官当惯了，总是训斥她，她要说点儿什么，爸爸就说："你_____懂什么！"所以家里的气氛一直不好。

(9) 喜欢文学、对文学感兴趣的人_____，可是有几个真的成了作家？

(10) 这时候看热闹的人早将那里围得_____的，他怎么挤也挤不进去，就大声喊："让我进去，我是死者的亲戚。"

(11) 老张脾气不好，他的脾气要是上来了，就连经理他也敢_____地训一顿。

(12) 我们厂生产的电视机不光外型好看，质量也是_____的，在市场上

第六课 | 75

卖得很火。

二、指定した言葉を使って、日本語の部分を中国語に訳しなさい。

(1) A：北京＿＿＿＿＿＿。（要多A有多A）
　　　［面白いところが山ほどある］
　　B：真的？那我今年放假一定去北京看看。

(2) A：昨天的篮球比赛怎么样？我昨天回来晚了，没看着。
　　B：＿＿＿＿＿＿。（要多A有多A）
　　　［実に残念だ。手に汗握る好ゲームだったよ］

(3) A：我让小杨来帮我搬点儿东西，可他没来，太不像话了。
　　B：不过，＿＿＿＿＿＿。（话说回来）
　　　［そうは言っても、彼はきみをずいぶん助けてきたぜ］

(4) A：你也认为父母不可以打孩子？
　　B：从法律的角度来说，不可以，可＿＿＿＿＿＿。（话说回来）
　　　［そうは言っても、時には子供はほんとうに聞き分けがない。親が子に手を上げる気持ちも分かるよ］

(5) A：你从来都没当过导游，人家导游到哪儿就得给游客介绍一大堆有趣的事，你行吗？
　　B：＿＿＿＿＿＿。（现买现卖）
　　　［王君にしっかり教えてもらって、にわか仕込みでやるしかない］

(6) A：你既然不同意王经理的安排，为什么不直接跟他说呢？
　　B：他从来没听过我们的意见，我＿＿＿＿＿＿。（找不自在）
　　　［どうして直接彼に言えるものか。わざわざ嫌な思いをしにいくようなものじゃないか］

(7) A：咱们家的电视都看了七八年了，换个大点儿的吧，也不太贵。
　　B：过两年孩子就要上大学了，咱们的钱不多，得＿＿＿＿＿＿。（在刀刃上）
　　　［肝心なところに使う］

⑻　A：你不跟我去，我怎么知道买什么合适呢？
　　B：你＿＿＿＿＿＿，买二百块钱左右的就行。（看着办）
　　　［任せるよ］

# 第七课 CD1-7

## 这都是看爱情小说看的

これはみんな恋愛小説を読み過ぎたせいよ

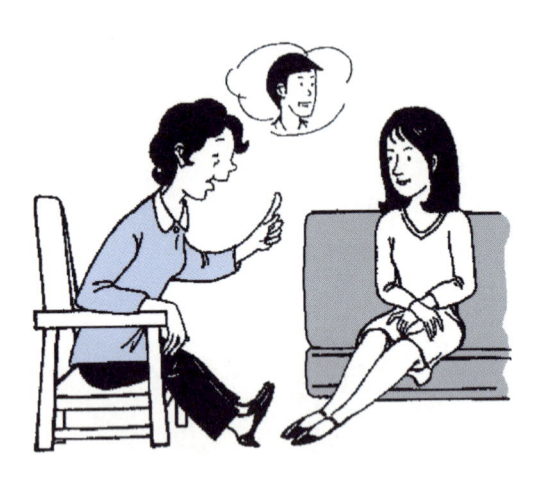

結婚は愛があってのもの、しかし、外見、お金にこだわる人もいます。李さんに結婚相手を薦められた張さん、最初は外見にこだわり、つぎは愛があればどんな人とでも、と言いますが、そんなこと言ってる間に逃げられてしまうわよと言われてしまいます。

(李美英正在和张丽红在房间里聊天儿)

李美英：小红，你和刘宁还谈得来吧？你有什么想法就跟我说，别脸皮薄不好意思，我又不是外人。

张丽红：刚见了两次面儿，怎么说呢？还算谈得来吧，就是他的个儿……

李美英：哦，你是嫌他个头矮呀。小红，大姐是过来人，跟你说句贴心话，看外表是最靠不住的，个儿高管什么用？绣花枕头似的，好看倒是好看，可跟那种人过日子，将来有你哭鼻子的时候。外表说得过去就行了，关键要看他是不是对你好。

张丽红：一时半会儿谁能看得出来呀。

李美英：那倒是。说真的，你们俩真是天生的一对儿，以后办喜事可别忘了我这个红娘啊，我为你们的事腿都跑细了。

张丽红：你别开玩笑了，八字还没一撇呢。不过，不管成不成我都得谢谢你这个热心肠。

李美英：有你这句话就行，到时候咱们就去王府饭店吃一顿。

张丽红：我没问题，那你还减不减肥了？

李美英：吃完再减。哎，说正经的，刘宁真是个打着灯笼也难找的小伙子，工作上是没的挑，性格也好，没看他跟谁红过脸，心里再不高兴，也没给谁脸色看过，年纪不大，模样不起眼儿，可说话办事特别有分寸。总之一句话，是个好小伙子。

张丽红：美英姐，俗话说"吃人家的嘴软，拿人家的手短"，老实说，刘宁给你什么好处了，你这么卖力地替他说好话？

李美英：你别冤枉我，我是觉得小伙子不错才把他介绍给你，我说的没有一句假话，我们那儿谁都夸他是个好样儿的，你可别糊涂，要是过了这村可就没这店儿了。

张丽红：开个玩笑。不过这是一辈子的大事，急不得，我得好好想想啊。

李美英：哎，我跟你说，我听说，他的存款少说也得六个数。

张丽红：我可不是冲他的钱去的，我要是图钱，早找别人去了。我也不是很在乎他的外表，只要有爱情，哪怕他是个穷光蛋我也嫁给他，没有爱情，他就是有金山银山我也不动心。

李美英：要真找个穷光蛋，连饭都吃不上，我看你还谈什么爱情。你成天爱情、爱情的，一点儿也不现实，这都是看爱情

小说看的，以后你少看那玩意儿，全是骗人的。

张丽红：你说话怎么跟我妈一个腔调？没有爱情的婚姻是不道德的婚姻，说实话，你现在幸福吗？当初你要是不听你妈的，跟你的那个大学生结婚，你今天……

李美英：说你的事，怎么扯到我身上了？不管怎么说，我告诉你，你得抓紧，别让这煮熟的鸭子飞了。

张丽红：什么鸭子不鸭子的，真难听。

李美英：难听就难听吧，你明白那个意思就行了。

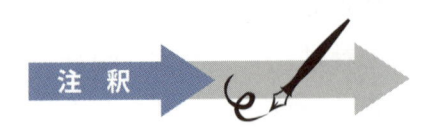

## 注 释

1. **外人**：親族友人関係がない人のこと。他人。赤の他人。
2. **靠不住**：当てにならない、信用できない。
3. **天生**：生まれつきの。
4. **办喜事**：結婚式を挙げる、結婚する。
5. **红娘**：仲人。

## 例文解釈　CD3-2

1. **谈得来**（tán de lái）
   趣味や興味を共有でき、一緒にいて話題にこと欠かない。気が合う。
   反対語は"谈不来"。
   ① 他们是在晚会上认识的，彼此很谈得来。
   　　彼らはパーティーで知り合い、お互いにとても気が合った。
   ② 我从很久以前就希望和钱老人谈一谈。在我的世界里，只有三个可以谈得来的人：弟弟、赵先生，还有就是钱老人。

2. 脸皮薄（liǎnpí báo）

恥ずかしがり屋で、羞恥心が強い。反対語は"脸皮厚"。

① 他跟老人说了半天，老人脸皮薄，不好意思拒绝他，只好说："那就试试看吧。"
彼が老人にしつこく話すと、老人は内気な性格で、断わるのも悪いと思い、仕方なく「それではやってみよう」と言った。

② 二姐心里喜欢李老师，就买了两张电影票想请李老师看电影，可脸皮薄，不好意思自己给他，非让我去。

3. 过来人（guòláirén）

ある物事を体験した人。経験者。

① 对这些年轻人她有办法，她是过来人，知道怎么说才能让他们都听进去。
こうした若者に対して彼女はちゃんとやり方を心得ている。彼女は経験を積んできたので、どう話せば彼らが聞き入れるか分かっていた。

② 你是过来人，你一定能理解我当时的心情。

4. 绣花枕头（xiùhuā zhěntou）

外見だけは立派で内実は無学無能な者。見かけ倒し。

① 他看上去像个电影演员，吸引了不少女孩子，可了解他的人都在背后叫他绣花枕头。
彼は見た目が映画俳優のようで、多くの女の子を引きつけたが、彼をよく知っている人はみんな陰で彼のことを見かけ倒しだと言っている。

② 我不喜欢绣花枕头似的男人，我要找个有本事、有能力的男人。

5. 哭鼻子（kū bízi）

すすり泣く。泣く。

① 爸爸回到家，看见小海正哭鼻子，忙问他发生了什么事。
お父さんは家に帰って、小海が泣いているのを見ると、慌てて何があったのかと問いただした。

② 阿姨也过来劝："你看你看，别人都看你了，穿得这么漂亮的小孩儿

还哭鼻子，多难看啊。"

6. **说得过去**（shuō de guòqù）

    理屈にあう。あるいはまあまあ何とかいける。

    ① 平时工作忙，离不开，不回家还说得过去，可春节大家都放假了，再不回去看看就有点儿说不过去了。

    ふだんは仕事が忙しく、職場を離れられないので家に帰らなくても申し訳が立つが、春節はみんな休みになり、帰らないとなるとちょっと具合が悪い。

    ② "可是我确实是因为有事，我……"马林还没来得及编出一个说得过去的借口，那位警察便微笑着打断了他。

7. **一时半会儿**（yì shí bàn huìr）

    ちょっとの間、しばらくの間。

    ① 我对姐姐说："孩子刚睡着，一时半会儿还醒不了，你赶快睡一会儿吧。"

    私は姉さんに言った。「子供は寝たばかりで、すぐには目が覚めない、今のうちにさっとひと寝入りしてください」。

    ② 看见大家都围在床边，奶奶说："我这病我知道，一时半会儿还死不了，你们别都守着我，该干什么干什么去吧。"

8. **八字还没一撇**（bā zì hái méi yì piě）**呢**

    "八字"（＝**庚帖** gēngtiě）：生まれた年、月、日、時間を干支で示した書き付け。八字で表される。縁談の際に交換して、相性や運勢を占う。物事にまだ目鼻がつかず、成し遂げるのはずいぶん遠い先であることの喩え。

    ① 小王说，第一次去女方家，要不要买点什么，要不要扎根领带。我说不用，八字还没一撇呢，不要搞得过于隆重，容易让人家也紧张，只当随随便便去串门就行了。

    王さんは初めて女性の家に行くので、何か買っていかなくてよいか、ネクタイはしたほうがよいかと聞いた。私はそんな必要はない。ま

だ目鼻もついていないのだから、あまり大層にすると相手も緊張してしまう、気楽に訪ねるだけでいいと答えた。

② "老赵真能给我找个工作吗？"天明问。
"那可没准儿。"
"要是找着事儿，咱们可就不用做买卖了，我就可以买套好衣服了。"天明越想越高兴。
"八字还没有一撇呢，先别美！"老杨头儿白了儿子一眼。

9. 热心肠（rèxīncháng）
親切で積極的に人を助ける人のこと。
① 老北京人，尤其是那些大妈、大婶，都是热心肠，谁家有事都少不了她们。
北京っ子、特にあのおばさんたちはみんな親切で、どの家も困った時は彼女たちが欠かせない。
② 那个姑娘虽然模样不怎么样，可绝对是个热心肠，你有什么事可以去找她。

10. 说正经的（shuō zhèngjing de）
ここでは、もう冗談はよして大切なことを話そうという意。
① 你们老爱开我的玩笑，说正经的，你们谁看见李眉了，我找她有事。
君たちはいつも私をからかってばかりだ。まじめな話、誰が李眉さんを見かけんだい？　私は彼女に用があるんだ。
② 不懂我可不敢瞎说，说错了让人家笑话，说正经的，咱们得好好看看这方面的书。

11. 打着灯笼也难找（dǎzhe dēnglong yě nán zhǎo）
きわめて得がたいことの喩え。金のわらじで探しても見つかるまい。
① 他以前花钱请人给他写剧本，有时还请不到，眼前这个人，愿意白给他写，还愿意教他的孩子。这样的好事，打着灯笼也找不着啊。
彼は昔お金を出して人に脚本を書いてもらっていて、書き手が見つからないこともあった。目の前のこの人は、ただで書いてくれるし、

彼の子供を教えもしようという。こんないいことは、金のわらじで探してもなかなか見つかるものではない。

② 我妹妹这样的人，你打着灯笼也找不到第二个。

## 12. 没的挑（méi de tiāo）

すばらしい。（けちのつけようがなく）申し分ない。

① 屋子里的家具都是进口的，质量没的挑，样式也很新潮。
部屋の中の家具はすべて輸入品で、質は申し分なく、デザインも流行の最先端だ。

② 他新找来的秘书办事没的挑，让他轻松了不少。

## 13. 没看他跟（gēn）谁红过脸（hóng guo liǎn）

"跟~红脸"：他人と喧嘩や仲たがいをする。

① 我们夫妻一起生活了三十多年，我从没跟他红过脸，他也从没跟我吵过架。
私達夫婦は三十数年一緒に暮らしてきたが、私は彼に腹を立てたこともないし、彼も私とけんかしたことがない。

② 李老汉老实了一辈子，长这么大没跟人红过脸，好人坏人都没得罪过。

## 14. 给（gěi）谁脸色看（liǎnsè kàn）

"给（某人）脸色看"：ある人に対して不愉快な表情や不機嫌な顔を見せる。"脸色"は"脸子"とも言う。

① 这次我的穷亲戚来了以后，她没像以前那样给人家脸色看，这让我松了一口气。
今回、私の貧しい親類が訪ねて来ても彼女は以前のように仏頂面を見せるようなことはなかったので、私はちょっとほっとした。

② 以前去商店买东西，我们不敢挑，现在好了，你怎么挑都行，挑了半天不买也不用担心售货员给你脸色看。

## 15. 不起眼儿（bù qǐyǎnr）

ぱっとしない。見栄えがしない。ごく普通である。

① 我们代表团住的宾馆地处僻静的小街，是一座在东京绝对不起眼儿的楼。
私達代表団が泊まったホテルは静かな横町にあり、東京では全く目立たない建物です。
② 侯家大院的门面极不起眼儿，可走进去就不一样了，丝毫不比王府差。
③ 在学校的时候最普通、最不起眼儿的小赵，现在却成了远近闻名的发明家。

## 16. 有分寸（yǒu fēncùn）
話をしたり仕事をするのに程合いを心得ている。分別がある。
① 在外面你说话可要有分寸，不能像在家里似的有什么说什么，不管别人怎么想。
外で話す時には分別というものがなければならない。家にいる時のように、他人の気持ちを構わないストレートな物の言い方をしてはいけない。
② 如果确实有这个必要,骂也是可以的,但骂得要有分寸,别把他骂急了。

## 17. 总之一句话（zǒngzhī yí jù huà）
要するに。
① 我已经跟你解释了半天了，总之一句话，出现这种事跟我们没有关系，我们没责任。
私はもうずいぶん君に説明してきた。要するに、こうした事が起きたのは私達とは関係ない。私達に責任はないのです。
② 那里的山美、水美，人更美，总之一句话，非常值得一去。

## 18. 好样儿的（hǎoyàngrde）
立派な人。
① 老王说："说别的人我不了解，要说小赵啊，那可真是个好样儿的！"
王さんは「ほかの人は知らないが、趙さんなら、本当にいい人だよ」と言った。
② 那个警察真是个好样儿的，一个人打倒了三个坏蛋。

## 19. 过了这村（guòle zhè cūn）可就没这店儿（méi zhè diànr）了

"过了这村没这店儿"：貴重なチャンスで、逃したら二度とないことの喩え。

① 他一边喝酒一边对我说："年轻的时候应该快活，该快活的时候不去快活，那是傻子。跟你说，过了这村便没有这店儿！到老了还不知道怎么样呢。"

彼はお酒を飲みながら私に言った。「若い時は楽しく過ごすべきだ。楽しく過ごせる時にそうしないのはばかだ。言っておくが、チャンスは一度しかない！　年を取ったらどうなるか分からないから」。

② "你说的这个价钱我得回家去商量一下！"
刘麻子不耐烦地说："告诉你，过了这村可没有这店儿，要是耽误了事你可别怨我！快去快回吧。"

## 20. 少说（shǎo shuō）

少なくとも。

① 王厂长问："厂里像这一家生活这么困难的工人，还有多少？"
我说："少说也有几百户。"

王工場長が尋ねて言った。「工場ではこの家族のように生活が苦しい工員がほかにどのくらいいる？」私は「少なくとも数百世帯はある」と答えた。

② 老太太少说也有七十岁了，可走起路来一点儿也不慢。

## 21. 穷光蛋（qióngguāngdàn）

大変貧乏な人。素寒貧。

① 我们觉得他是那么可怜，觉得他的老父亲更可怜。可我们是拿助学金的穷光蛋学生，没办法帮助他们，只能表示我们的同情而已。

私達は彼がかわいそうで、彼の父親はもっとかわいそうだと思った。しかし私達は補助金に頼っている貧乏学生なので、彼らを助ける手立てがなく、ただ同情を示すことしかできない。

② 他不愿意女儿嫁个又没地位又没钱的穷光蛋，可女儿一点儿也不听他的。这件事真让他头疼。

## 22. 是（shì）看爱情小说看的（de）

"是＋動詞＋目的語＋動詞＋的"：あることをした（動詞＋目的語）せいで、悪い結果になった。

① 你眼睛不好，就是躺着看书看的。
君の目が悪いのは横になって本を読んでいたせいだ。
② 他那么胖，就是吃肉吃的，他要是一个月不吃肉，肯定能瘦下来。
③ 妈妈说："你这次感冒发烧，就是穿裙子穿的。我没见过大冬天还有穿裙子的。"

## 23. 跟（gēn）我妈一个腔调（yíge qiāngdiào）

"跟（某人）一个腔调"：ある人の考え方や言い方と同じである。けなす意味を含む。

① 在我们家什么事问爸爸一个人就够了，因为妈妈从来都是跟爸爸一个腔调。
わが家では何でも父に聞けば十分だ。なぜなら母はこれまで何事も父に同調してきたから。
② 你这么年轻，怎么说起话来跟那些老太太一个腔调，思想那么不开放。

## 24. 煮熟的鸭子飞了（zhǔ shú de yāzi fēi le）

手に入れたチャンスやものを失うことの喩え。

① 为了儿子的婚事，他们已经花了不少钱，说好今年冬天就结婚，可现在这煮熟的鸭子飞了，你说他们能不着急吗？
息子の結婚のために彼らはずいぶんお金を使った。今年の冬に結婚すると話がまとまっていたのに、今になってご破算にされては慌てるのも無理はない。
② 给你的那笔钱我给你存在银行里了，你就放心好了，煮熟的鸭子飞不了。

## 25. 什么（shénme）鸭子不（bù）鸭子的（de）

"什么A不A的"：会話で、相手の言ったこと"A"に対して同意しない、賛成しない気持ちを表す。

① "这件颜色有点儿暗，样式也不太时髦，我看还是换件别的吧。"

"什么时髦不时髦的，能穿就行了，太时髦了我也穿不出去。"
「こっちは色がちょっと暗いし、デザインもちょっと流行おくれ、やっぱりほかのものに換えたら」。「流行であろうとなかろうと、着られればいいんです。流行を追いすぎても着て出かけられないよ」。
② "谢谢您，真是太麻烦您了。"
"什么麻烦不麻烦的，都是朋友，别那么客气。"

## 練習問題

一、次の文を下線を引いた部分に注意して訳しなさい。

(1) 现在，他的大儿子已经工作了，在一家大公司上班。二儿子也快大学毕业了，不久当然也能有个体面的工作。三儿子还在中学，将来也有入大学的希望。女儿呢，师范毕业，现在是个小学老师。看着他的子女，他心中虽然不是十二分满意，可是觉得比上不足比下有余，总算还<u>说得过去</u>，至少比他自己强得多。

(2) 有一种想法，据我看，是不大对的：有的人以为既是写快板，就可以手到擒来，用不着多思索，所以<u>八字还没有一撇</u>，就先写上"牡丹花，红又红"。这不大对。这是看不起快板。既看不起它，就用不着好好地去写，结果是写不好。

二、適当な言葉を選び、空欄を埋めなさい。
①过来人 ②谈得来 ③有分寸 ④哭鼻子 ⑤热心肠 ⑥脸皮薄
⑦不起眼 ⑧穷光蛋 ⑨一时半会儿 ⑩说正经的 ⑪绣花枕头
⑫打着灯笼也难找

(1) 妈妈：小红怎么还不过来吃饭？她怎么了？
爸爸：刚才我批评了她两句，这会儿可能在屋子里_____呢。

(2) A：我只是跟她开个玩笑，她怎么气成那个样子？至于吗？
B：你开玩笑也得_____，人家刚结婚，你开那种玩笑太不合适了。

(3) A：听说卡拉OK比赛小王得了第一名，没看出来他还真有两下子。
B：是啊，小王平时确实_____，我们还以为他根本不会唱歌呢。

(4)　A：咱们是不是早点儿下楼去？让老张等咱们恐怕不太好意思。
　　　B：别着急，他_____来不了，他爱人打电话说他现在还在路上呢。
(5)　A：小冯这个人真不错，每次我请他帮忙他都特别痛快。
　　　B：他是个_____，一向是把朋友的事当成自己的事。
(6)　妹妹：你和雨生哥不是挺_____吗？为什么你不和他结婚呢？
　　　姐姐：妹妹，你还小，感情的事你不懂。
(7)　A：你们第一天上街卖报纸，感想一定不少吧？
　　　B：可不，我们男生还好，很快就适应了，那几个女生_____，不敢大声喊，抱着报纸站在那儿，红着脸一声不出，半天一张也没卖出去。
(8)　A：老板再怎么不公平，我也不敢说什么，你知道找个工作有多难啊。
　　　B：我是_____，我知道当秘书的滋味，特别是有那么个不讲理的上司。
(9)　A：去美国进修？这样的机会可是_____啊，别人做梦都想去呢。
　　　B：我当然也想去，可我妈妈怎么办？她都那么大岁数了。
(10)　A：警察问我们，这么多钱是从哪儿来的？
　　　B：是啊，看你们穿得跟_____似的，哪儿去得起那么高级的地方啊。
(11)　A：你们就爱开我的玩笑，_____，明天谁愿意跟我一起去？
　　　B：还是你自己去吧，我们跟你去不合适。
(12)　A：光靠咱们俩肯定搬不动，我看找小刚帮咱们一把吧。
　　　B：他那个_____能有多大劲儿，不如把隔壁李大哥叫来。

三、指定した言葉を使って、日本語の部分を中国語に訳しなさい。
(1)　姐姐：你现在要是不努力，不好好学习，将来后悔都来不及。
　　　弟弟：_____。（跟～一个腔调）
　　　　　［どうしておふくろとそっくりなことを言うの］
(2)　A：表妹结婚，咱们送礼可不能凑合。
　　　B：是啊，_____。（少说）
　　　　　［少なくとも一万元かそこらはかかるね］
(3)　A：您真是帮了我的大忙了，这个箱子多少钱？您告诉我，我得给您。

第七课　89

B：＿＿＿＿＿＿。（什么A不A的）
　　　　［値段がいくらも何もあるものか。親友じゃないか、遠慮するな］

(4) A：这孩子怎么刚上中学就戴上眼镜了？
　　　B：＿＿＿＿＿＿。（是V＋O＋V＋的）
　　　　［すべてゲーム機で遊んだせいだ］

(5) 儿子：妈妈，您看我的球鞋又破了。
　　妈妈：你穿鞋太费了，＿＿＿＿＿＿。（是V＋O＋V＋的）
　　　　［サッカーボールを蹴ったせいでしょう］

(6) A：你看到那天我穿什么衣服合适？要不我再去买件新的？
　　　B：＿＿＿＿＿＿。（八字还没一撇）
　　　　［まだ何も分からないのだから、平服でけっこう。新しく買う必要などない］

# 第八课 CD1-8

## 在工作上他向来一是一，二是二
仕事の面では彼はいつも几帳面です

事業の提携に関するたいせつな文書が見当たらない趙さん、最近ものを失くしてばかりですが、家に親類が押しかけて夜も眠れない日が続いているようです。社長のきつい態度に愚痴をこぼしますが、肝心な文書はどこに。同僚のヒントに助けられるといいのですが……。

（小赵和同事庆春在办公室里）

小　赵：庆春，快来帮我一把吧，我把办公室翻了个底儿朝天也没找到那份文件。要是丢了，合作的事就得泡汤了，合作的事要是泡汤，我的饭碗也就砸了。

庆　春：你呀，怎么这几天老是丢三落四的，上班的时候还老打瞌睡，要是让经理看见了，有你好看的。

小　赵：你不知道，家里来了几个八竿子打不着的亲戚，一天到晚乱哄哄的，闹得我觉也睡不好。你说，他们早不来晚不来，怎么偏偏这时候来？要是我被炒了鱿鱼，我就找他们算账去。

第八课 | 91

庆　春：哎，经理为了那份合同急得热锅上的蚂蚁似的，昨天不知道为什么冲王秘书又发了一通脾气，让王秘书特别下不来台。你可别往枪口上撞，快好好找找吧，找不着麻烦就大了。

小　赵：唉，我都找了半天了，哪儿都找了，就是没有！要找不到，我可怎么向经理交代呀，经理还说事成之后请客呢。

庆　春：请客？你就别想了，这种事他说完就忘到脑后头了，我们早就摸透了他的脾气。再说，你看他每天忙得脚底朝天的，哪儿有时间啊。

小　赵：噢，闹了半天他是在放空炮啊，我还真当真了。

庆　春：不过，在工作上他向来一是一，二是二，一点儿不含糊。这点让人挺佩服的。

小　赵：就是有时候鸡蛋里挑骨头，认真过头了。要我说，他有点儿一根筋。那天，为了一个日期，好像要跟我没完，至于吗？当着那么多人的面儿，让我的脸都没地儿搁。

庆　春：不过，好在他这人说完就完了，不往心里去，工作起来也挺玩儿命的，常常是刀子嘴豆腐心，没有坏心眼儿，所以在咱们这儿还相当有人缘儿。

小　赵：昨天听小刘说他有个第三者，是吗？他大小也是个经理，怎么能这样呢？

庆　春：这事我不清楚，不敢乱说。听他们说得倒是有鼻子有眼的，不过我看不像。再说，自己的事还管不过来呢，甭管人家的闲事。

小　赵：哎，你说那份文件我能放在哪儿呢？事情要真砸在我手里，我在这儿就没法儿呆了。

庆　春：你想想带回家没有？要是放在办公室，肯定丢不了。好好想想。

小　赵：我们家现在都乱了套了，我哪儿敢带回家呀。办公室就这么巴掌大的地方，我能放在哪儿呢？

庆　春：那，昨天你看完报纸以后是不是顺手儿都卷在一起了？

小　赵：哎哟，亏你提醒我，对，十有八九就在那堆报纸里，我现在就去找。

## 注　释

1. **丢三落（là）四**：いい加減、あるいは忘れっぽくて、よくものをなくすこと。
2. **当真**（dàngzhēn）：真に受ける。
3. **过头**：度を超える、行き過ぎる。
4. **人缘儿**：周りの人々との関係。人づきあい。
5. **第三者**：不倫の相手。
6. **顺手儿**：ついでに。
7. **十有八九**：可能性が極めて高いこと。十中八九。

## 例文解釈　CD3-3

1. **翻了个底儿朝天**（fānle ge dǐr cháo tiān）
   あっちこっちひっくり返して物を探すさま。
   ① 奶奶说给我做饭吃，结果我把家里翻了一个底儿朝天也没找到可以吃的东西。
   おばあちゃんが私にご飯を作ってくれると言ったが、家中ひっくり返しても食べられそうなものが見つからなかった。

② 几个人把刘家翻了个底朝天，只找到几件破衣服和两本破书。

2. 泡汤（pào tāng）
   目標や計画などが達成、実現できないこと。ふいになる。だめになる。
   ① 他们几家凑了一笔钱想要一起开个商店，可谁都没经验，不到三个月商店就关门了，做生意的计划就这样泡汤了。
   彼ら数軒の家がお金を出し合って一緒に店を開こうとしたが、経験者が一人もいなかったため、三ヵ月経たないうちに店じまいになり、商いの計画はつぶれてしまった。
   ② 他们千万不要再喝酒闹事，要是那样的话，我们所做的工作和努力就算泡汤了。

3. 饭碗（fànwǎn）也就砸（zá）了
   "砸饭碗"：仕事を失くす、失業する。
   ① 工人们肚子里有气，可谁也不敢说什么，担心自己的饭碗砸了。
   工員たちは腹が立っていたが、首にされるのが心配で誰も口に出せなかった。
   ② 老张最近真倒霉，因为迟到三次，把饭碗砸了，看见他丢了工作，老婆要跟他离婚。
   ③ 老板大声对我们说："谁要是不好好干活儿，我就砸谁的饭碗！"

4. 打瞌睡（dǎ kēshuì）
   まどろむ、居眠りをする。
   ① 那几天我们看足球比赛总是看到后半夜，所以一到教室就开始打瞌睡。
   その何日間はずっと私達はサッカーの試合を深夜まで見ていたので、教室に行くとすぐに居眠りをしていた。
   ② 每天老人们有的聊天儿，有的坐在太阳底下打瞌睡。

5. 有你好看的（yǒu nǐ hǎokàn de）
   やっかいなことになる、つらい目にあう。脅しや警告のニュアンスが含まれている。"有你好瞧的"とも言う。

① 高个子的男人恶狠狠地对两个孩子说："你们俩都得听我的，要不有你们好看的！"
   背の高い男が憎々しげに二人の子供に言った。「二人とも俺の言うことをちゃんと聞け。さもなければつらい目にあわせるぞ」。
② 哥哥说："这是妈妈最喜欢的花瓶，你竟然给摔了，等她回来，有你好瞧的。"

6. 八竿子打不着（bā gānzi dǎ bu zháo）
   関係がとても遠いか、関係がないことの喩え。
   ① 老王说："没钱的时候也没那么多亲戚，现在有了点钱，八竿子打不着的亲戚都找上门来了。"
   王さんは「お金のない時はそんなにたくさんの親戚がいなかったが、今ちょっとお金ができたとなると、ほとんど関係のない遠い親戚までもが訪ねて来る」と言った。
   ② 听见她提到小丽，我有点儿不满，说："你别提小丽的事，我的事跟她的事八竿子也打不着，干吗把我跟她扯到一块儿去。"

7. 被炒（chǎo）了鱿鱼（yóuyú）
   炒鱿鱼：首にする、仕事をやめさせる。
   ① 那个不愿陪老板喝酒的女孩在第二天就被炒了鱿鱼。
   社長の酒にお供するのをいやがったその女の子は、次の日に首にされました。
   ② 我们每天小心地工作，总担心出点儿差错被炒了鱿鱼。
   ③ 因为我迟到半个小时，老板就炒了我的鱿鱼。

8. 找（zhǎo）他们算帐（suàn zhàng）
   "找～算帐"：悪い結果が出たときに、人とかたをつける。仕返しをする。
   "跟（某人）算帐" とも言う。
   ① 小王说："我把这件事就全交给你了，要是办不好，我可找你算账。"
   「この件を全て君に任せるよ。もしうまくやれなかったら、許さないからな」と王さんが言った。

② 老张低声对儿子说："这儿人多，我先不理你，等回家我再跟你算账。"然后就走了。

9. **热锅上的蚂蚁**（rè guō shang de mǎyǐ）
   いらだって居ても立ってもいられないさま。
   ① 一直到晚饭后，儿子小林还没回来，国香急得像热锅上的蚂蚁，不停地往楼下看。
   夕飯がすぎても息子の小林がまだ帰ってこないので、国香はそわそわして居ても立ってもいられず、しきりに階下に目をやった。
   ② 只剩下十分钟了，可还是看不见她的身影，小王急得就跟热锅上的蚂蚁似的。

10. **发**（fā）**了一通脾气**（píqi）
    "发脾气"：怒る。
    ① 老王看见儿子又跟那几个人一起喝酒，非常生气，可儿子他又管不了，所以只好回家去跟老伴儿发脾气。
    王さんは息子がまたあの数人と一緒にお酒を飲んでいるのを見て、とても腹立しかったが、息子には口を出せず、仕方なく家に帰って妻に当たり散らした。
    ② 近几年他很少关心母亲的情况，有时心情不好，他还对母亲大发脾气。

11. **下不来台**（xià bu lái tái）
    困惑する、ばつが悪い。面子が立たない。
    ① 他在朋友们面前又提起我被骗的事，这让我觉得很丢脸，下不来台。
    彼が友達の前で、また私が騙されたことを言い出したので、私はとても恥ずかしく、ばつが悪かった。
    ② 你有时候太不注意方法了，你那样批评小刘，不是让他下不来台吗？
    ③ 我想说，可又怕她会拒绝，使我下不了台。但最终我还是鼓起勇气，向她提出了请求。

## 12. 往枪口上撞（wǎng qiāngkǒu shang zhuàng）

人の機嫌の悪い時にその人に不快感を与える（当然まずい結果になる）ことを指す。"**撞在枪口上**"とも言う。

① 这事等过几天再说吧，你没看见爸爸这几天动不动就发脾气，我可不想往枪口上撞。

この事はしばらくしてからにしましょう。あなたはお父さんがこの数日何かと言うと怒るのを見ていない。寝た子を起こすようなことはしたくないわ。

② 经理这几天正为儿子的事生气，听小张说要请假去旅行，一下子就火儿了，把小张狠狠地批评了一顿。看见小张不高兴的样子，老王笑着说："我让你别去，你非要去，这可是你自己撞到枪口上的呀。"

## 13. 向（xiàng）经理交代（jiāodài）

"**向~交代**"：事柄などの結果について、関係者に説明する、報告する。

① 你最好给你妈妈写个条儿，证明是你自己非要退学，跟我没关系，要不我不好向你妈妈交代。

やはりお母さんにメモを残したほうがいい。君自身がどうしても退学したいのであって、私とは関係がないと証明してくれなきゃ、君のお母さんに説明しにくい。

② 我得按规定办，这关系着全公司的利益，不能马虎，不然出了问题我也没法向公司领导、职工交代。

## 14. 忘到脑后头（wàng dào nǎohòutou）

すっかり忘れてしまうこと。

① 别看他答应得好好的，可一出门就把自己说的话全忘到脑后头了。

彼は気持ちよく承知してくれたが、出かけるとすぐに自分の言ったことを全て忘れてしまった。

② 小强跟小朋友们玩得特别高兴，早把妈妈让他做的事忘到了脑后头。

## 15. 摸透了（mōtòule）他的脾气（píqi）

"**摸透了（某人的）脾气**"：(ある人の)性格がよく分かる。

① 他已经摸透了爱人的脾气，所以不管她怎么吵、怎么闹，他都一句话也不说，等她冷静下来再跟她解释。
彼はもう妻の性格をよく知っているので、彼女がどんなにわめいても、騒いでも、ひとことも言い返さず、彼女の気が静まるのを待って釈明する。

② 一起生活了这么多年，她早摸透了老头儿的脾气，在这时候，她最好什么都顺着他。

## 16. 忙得脚底朝天（máng de jiǎodǐ cháo tiān）

非常に忙しいさま。"忙得手脚朝天"、"忙得四脚朝天" とも言う。

① 大嫂的丈夫在城里工作，自己带着两个孩子过日子，里里外外，就她一个人，有时忙得手脚朝天，小马就经常去帮大嫂干活儿。
お姉さんの夫が町で働いているので、お姉さん一人で二人の子供を育てながら家事も仕事もなんでも一人でしなければならず、忙しくてどうしようもないときは、馬さんがよく手伝いに行ってあげます。

② 我们大家都忙得四脚朝天，你怎么能躺在这儿睡大觉呢？

## 17. 放空炮（fàngkōngpào）

えらそうなことを言うだけで何もしないことの喩え。ほらを吹く。空約束。

① 你说请我吃饭都说过好几次了，可你一次也没真请过，总是放空炮，现在你说什么我也不信了。
私にご馳走してくれるって何度も言っておきながら、一度もほんとにしてくれたことがない。いつも口だけで、もう何を言っても信用しません。

② 他的主意听起来不错，可我们怎么能弄到那么多钱呢？他只不过是在放空炮。

## 18. 一是一，二是二（yī shì yī, èr shì èr）

几帐面で、少しもいい加減にしない。

① 我说："老王，你介绍情况的时候，别什么都说，你要是说太多的问

题,领导会不高兴的。"可老王说:"我这个人干什么都一是一,二是二,不会专挑好听的说。"

私は言った。「王さん、情況を紹介する時は何でもかんでも言わないでくれ。あまり問題を持ち出しすぎると上司の機嫌を損ないかねないからね」。しかし王さんは「この私は何ごともまじめにやるタチなんだ。聞こえのいいことばかり言うのはごめんだ」と言った。

② 小王生气地说:"想不到你跑到厂长那儿去说我的坏话。"小张淡淡地说:"我只是一是一,二是二地汇报。"

### 19. 鸡蛋里挑骨头（jīdànli tiāo gǔtou）

欠点、誤りをわざわざ探す。あら探しをする。

① 学校领导都肯定了我们的做法,老师们也没有反对,你为什么非要鸡蛋里挑骨头呢?

学校の幹部はみんな私達のやり方を評価してくれたし、先生たちも反対していないのに、君はどうしてムリヤリあら探しをするのか?

② 你要是不让他们满意,那就麻烦了,就是再好的鸡蛋里他们也能挑出骨头来!

③ 老厂长对我们说:"我们要把产品质量放在第一位,对质量我们要有'鸡蛋里面挑骨头'的精神,这样才能在市场上站住脚。"

### 20. 一根筋（yì gēn jīn）

頑固で一度決めたらなかなか変えないことの喩え。一本気。

① 我笑着说:"人家说您执著,那是好听的,换句不好听的,那就是说您一根筋。"

私は笑って言った。「君は粘り強い、と言うとそれは聞こえがいいが、耳の痛い言い方に直せば、つまり融通がきかないということだ」。

② 老张是个典型的一根筋,他要是想干什么,谁也别想说服他,说多少话都是白费力。

### 21. 跟（gēn）我没完（méi wán）

"跟~没完":徹底的に責任を追及する。

① 他瞪起眼说道："要是你不告诉我，耽误了我的大事，我跟你没完！"
  彼はにらみつけて言った。「もし君が報告を怠って、私の大切な案件に支障が出るようなことがあれば、君をとことん追求するからな」。
② 老张一下子从椅子上跳了起来，说："他们竟然敢骗我，我现在就找他们去，今天的事我跟他们没完！"

## 22. 脸（liǎn）都没地儿搁（méi dìr gē）

"脸没地儿搁"：面目を失う。面目ない。
① 你干出这种让别人看不起的事，我们全家人的脸都没地儿搁。
  こんな人にさげすまれるようなばかなことをするなんて、家族みんなの顔がつぶれてしまうよ。
② 我才不去参加那个晚会呢，人家都是有地位的人，我就是个开车的，跟他们站一块儿，我这脸往哪儿搁呀。

## 23. 玩儿命（wánr mìng）

あることのためになりふり構わずにやる。命知らず。
① 他把自己关在房间里，除了吃饭睡觉就是写，差不多是玩儿命了，终于赶在年底以前写完了这本书。
  彼は自分を部屋に缶詰めにして、食事と睡眠をとる以外はただひたすら書き、ほとんど命がけでやって、ようやく年末前にこの本を仕上げた。
② 看见借出去的钱要不回来了，老头儿急得要跟我玩儿命，我只好跟朋友借钱先还上他。
③ 一看见那条黑狗，他们俩转身就玩儿命往家跑。

## 24. 刀子嘴豆腐心（dāozizuǐ dòufuxīn）

言葉はきついが心は優しい。
① 李老师说自己是刀子嘴豆腐心，批评学生还不是为了他们好。
  李先生は自分のことを口はきついけど心は優しい、学生を叱るのも良かれと思ってやっているのだと言った。
② 别看她嘴上说不管那个孩子了，其实她是刀子嘴豆腐心，比谁管得都多。

## 25. 大小（dàxiǎo）

大なり小なり。いずれにせよ。何といっても。

① 这儿虽然比不上人家大饭店，但大小也是个饭馆啊，你在这儿至少不用为做饭发愁。
ここは一流のレストランとは比べられないが、それでも料理屋には違いない。君はここにいれば少なくとも食事を作ることで悩まなくてすむ。

② 生了一会气，他自己先高兴起来，心想，自己大小也是个有文化的人，虽然没什么大出息，但总不至于跟那种人生气吧。

③ 老太太说："儿媳妇人好，会过日子，对我们也很孝顺，不过，这么多年没给我们生个孙子，大小也是个缺点。"

## 26. 有鼻子有眼（yǒu bízi yǒu yǎn）

（実際に見ていないが）話が真に迫っている喩え。

① 我想他说的不会是假的，有时间，有地点，有鼻子有眼的。
彼の言うことはうそじゃないと思う。だって時間も場所も、はっきり分かるもの。

② 就是她没亲眼看见的，让她一说，也有鼻子有眼的，跟真的一样。

## 27. 管（guǎn）人家的闲事（xiánshì）

"管闲事"：余計な世話を焼く。

① 老张特别爱管闲事，就连邻居两口子吵架他都要管，说来也怪，大家还都挺尊敬他。
張さんはことのほか世話を焼くのが好きで、近所の夫婦喧嘩にさえ口を出す。不思議なことに、そういう彼が皆からとても尊敬されている。

② 听见隔壁老王又在骂孩子，爸爸想过去看看，可妈妈不让他去，让他少管点儿闲事。

## 28. 乱了套（luànle tào）

秩序が乱れて、混乱してしまう。

① 大嫂走后，家里乱了套了，孩子没有人接送，老人也没有人照顾，这时我们才知道大嫂在我们家有多重要。
   兄嫁が去ってから家中が混乱に陥った。子供の送り迎えをする人もいないし、年寄りの面倒を見る人もいない、この時になってやっとみんな兄嫁の存在の大きさを思い知った。
② 你这么对待那些工人，万一他们真的不来了，我们的生产计划就会整个乱了套，到时候看你怎么办。
③ 一个家总得有个家的样子，爸爸就是爸爸，孩子就是孩子，要是爸爸不像爸爸，孩子不像孩子，那还不乱了套？

## 練習問題

一、左側の解釈と右側の対応する言葉を線でつなげなさい。

①被开除　　　　　　　　　　A．一根筋
②忘得很干净　　　　　　　　B．摸透某人的脾气
③非常了解某人的性格　　　　C．炒鱿鱼
④很丢脸，不好意思　　　　　D．忘到脑后头
⑤很固执，不轻易改变主意　　E．脸没地儿搁

二、適当な言葉を選び、空欄を埋めなさい。
①乱套　②发脾气　③放空炮　④找你算帐　⑤脚底朝天　⑥下不来台
⑦一是一，二是二　⑧热锅上的蚂蚁　⑨忘到脑后头　⑩有鼻子有眼

(1) 眼看火车就要开了，可还看不见姐姐他们的影子，连爸爸都急得_____似的，一个劲儿地看手表。

(2) 我问她我的工作定下来没有。她说不了解这件事。我火了，大声问："你们厂长在哪儿？我要见他！"她淡淡地说："你见不着他，在国外访问呢！"我又问："那你们书记在哪儿？"她说："不能告诉你。"我瞪起眼道："你不告诉我，耽误了我的大事我_____！"

(3) 谁走都行，就是白玲不能走，她是班长，这儿的事全靠她安排呢，她要一走，我们这儿非_____不可。

(4) 他心里有气，你就让他说两句吧，何必跟他顶嘴呢？还当着外人的面儿，这不是让他＿＿＿＿吗？
(5) 自从李荣出主意，预备圣诞大减价，小马和李荣就开始点缀门面，定价码，印说明书……天天忙得＿＿＿＿，可是他们不许老马动手。
(6) 我怕这里面有假，还仔细问了她半天，她说的时间、地点都对，连细节都说得＿＿＿＿，我们就相信了她说的。
(7) 看见奶奶来了，宝庆一下子高兴起来了，把一天的忧愁都＿＿＿＿了。
(8) 瑞文一句话也没说，他想，李师傅是有难处才来找他，他得给李师傅想个能解决问题的办法，光＿＿＿＿有什么用？
(9) 你到了警察那儿，得管好自己的嘴巴，人家问什么，你就＿＿＿＿地回答，要是瞎说，那可是犯法。
(10) 纪明正睡得香甜，被说笑声吵醒，气得不得了，来到客厅正想＿＿＿＿，一眼看见了在书店遇到的那个姑娘，他惊奇得半天没说出话来。

三、指定した言葉を使って、日本語の部分を中国語に訳しなさい。
(1) A：隔壁的大海怎么不上班，天天在家打麻将？
　　B：你还不知道吧，＿＿＿＿＿＿。（砸饭碗）
　　　［彼は人とけんかをしたため、職を失ってしまった］
(2) A：新来的技术员竟然说我的不合格，让我重新做，你看看我的怎么样？
　　B：＿＿＿＿＿＿。（鸡蛋里面挑骨头）
　　　［これはけっこういいじゃないか。まったくあら探しだよ］
(3) A：搬货这样的事还是让他们去干吧，＿＿＿＿＿＿。（大小～）
　　　［何といってもあなたは社長ですから］
　　B：经理干这个也不是什么丢面子的事啊。
(4) A：老板对我挺客气的，不像你们说的那么可怕。
　　B：你干得好那当然没的说，＿＿＿＿＿＿。（有你好看的）
　　　［もしやり方がまずかったら、ひどい目にあう］
(5) A：昨天在路口我被罚了五块钱，说红灯的时候我的自行车过线了，真倒霉！
　　B：现在正抓交通安全呢，＿＿＿＿＿＿。（往枪口上撞／撞在枪口上）
　　　［君は自分からつらい目にあいに行ったようなものじゃないか］

(6) A：怎么啦？吵架了？别欺负女孩子！
　　B：这是我和她两个人之间的事，＿＿＿＿＿＿。（管闲事）
　　　［余計なお世話だ］

# 第九课 CD1-9

## 为了孩子我们豁出去了
子供のためなら思い切ってやりますよ

大学受験をひかえて子供の英語力をのばすために家庭教師を探す父親、子供のためならすべてを投げ出す覚悟です。話相手の息子は大学には行かず個人経営の商売を始め、景気は悪くありませんが、父親をないがしろにする始末、親たる者の悩みは尽きません。

（孟师傅给孩子开家长会回来，在院门口遇到了邻居老张。）

老　张：回来了？小强这次考得怎么样？不用说，一定错不了。

孟师傅：别的科还行，就是英语<u>差点儿劲儿</u>。他们老师说现在是<u>冲刺</u>的时候了。说实话，竞争这么厉害，小强能不能考上，我这<u>心里</u>还真是<u>没底儿</u>。

老　张：小强是个<u>有头脑</u>的孩子，别看这孩子平时话不多，可干什么都<u>心里有数</u>，我敢说，小强考清华那是<u>板上钉钉</u>的事。

孟师傅：您快别这么说，能上个普通大学我们就<u>谢天谢地</u>了。哎，老张，您认识不认识教英语的老师？小强英语<u>底子薄</u>，有点儿<u>跟不上</u>了，所以我想给他请个<u>家教</u>。

第九课 | 105

老　　张：你够下本钱的，请家教可不是说着玩的，好老师一节课就得上百呢。

孟师傅：只要孩子能学好，砸锅卖铁我也愿意。为了孩子我们豁出去了，没本事挣大钱，咱们就省着点，您看，我连烟都戒了。

老　　张：好你个老孟！快三十年的烟龄了吧？一下子就戒了？真有你的！

孟师傅：我们两口子就吃了没文化的亏，这一辈子要什么没什么，吃苦受累不说，还净受气，说什么也不能让孩子走我们的老路。别看我们平时舍不得吃舍不得穿，可在孩子学习上花多少钱都不心疼。还好，小强学习没太让我们着急。

老　　张：我儿子要有小强一半就行了。那小子可不是个省油的灯，上学那会儿考试常常吃大鸭蛋，还老给我到处惹事儿。哼，现在刚有了几个钱就跟我没大没小的，那天竟然管我叫"老张"，气得我给了他一巴掌，让他妈惯得不像样儿。

孟师傅：大军挺有本事的，虽然没上大学，可做生意有两下子呀，连汽车都有了。

老　　张：嗨，破二手车，值不了几个钱。他那叫什么本事啊？说得好听点儿是做生意，说得不好听就是个"倒儿爷"，个体户，我都懒得提他。现在我们爷儿俩是谁看谁都不顺眼。还是你们有眼光，等以后儿子上了大学你们就好了。

孟师傅：能不能考上还难说呢，谁敢打保票呀？走到哪儿算哪儿吧，咱们做父母的不图别的，将来别落埋怨就行了。

老　　张：哎，我想起来了，我的一个朋友的邻居给孩子请过英语家教，听说教得挺不错，后来那孩子考上了北大。

孟师傅：那您赶紧帮我问问，钱的事好说，时间地点什么的也都

好说。您可千万别忘了。

老　张：你就一百个放心吧。

## 注釈

1. **冲刺**：トラック競技などのスポーツで、ゴールに向かってスパートをかけること。最後の大事な時期に頑張る。ラストスパート。
2. **家教**：家庭教師。
3. **惹事儿**：面倒を起こす。
4. **二手车**：中古車。
5. **倒儿爷**（dǎoryé）：(投機を目的として) 売り買いする人のこと。ブローカー（けなす意味がある）。

## 例文解釈　CD3-4

1. **差点儿劲儿**（chà diǎnr jìnr）
   やや劣る。
   ① 要说干事细致，还得说小张，别的人都差点儿劲儿。
   仕事の丁寧さについて言えば、やはり何と言っても張さんが一番だ。ほかの人はみんな見劣りがする。
   ② 这几本书挺有意思，那两本差点儿劲儿。

2. **心里**（xīn li）**还真是没底儿**（méi dǐr）
   "心里没底儿"：自信がなく、確信できない。反対語は"心里有底"。
   ① 我也写了一个申请，但是领导能不能同意，我可是心里没底儿！
   私も申請書を出したが上司が認めてくれるかどうか自信がない。
   ② 他也想试一试，可老刘他们会支持他吗？他心里没底儿。
   ③ 我虽然没直接问过她，可我心里有底儿，她一定会站在我这一边的。

3. 有头脑（yǒu tóunǎo）
   自分の意見や考えを持っていて、賢い。
   ① 郑老师是一个有头脑的人，他不会让自己的女儿去干那种傻事。
   鄭先生はしっかりとした考えの持ち主なので、自分の娘にあんなばかなことをさせるわけがない。
   ② 这些人认为，漂亮的姑娘都没有什么头脑，做不了大事。
   ③ 别人让你干什么你就干什么，连想都不想，你有没有头脑啊？

4. 心里有数（xīn li yǒu shù）
   ちゃんと分かって、理解している。"肚子里有数"とも言う。反対語は"心里没数"。
   ① 我想你们应该先去了解一下情况，看看到底是怎么回事，做到心中有数。
   君たちはまずは情況を知るべきなんだ。いったいどういうことなのか、確信が持てるように。
   ② 我对你怎么样，你应该自己肚子里有数，干吗听人家的？
   ③ 到底去哪儿找，怎么找，我心里一直没数。

5. 板上钉钉（bǎn shàng dìng dīng）
   すでに決まっていて、変えられない。
   ① 对我来说，毕业后回家乡已经是板上钉钉了，所以我不用着急在北京找工作。
   私については卒業後故郷に戻るのはもう決まっているので、あせって北京で仕事を探す必要はない。
   ② 家里的事只要父亲点头同意，那就是板上钉钉的事了，谁再说什么也没用了。

6. 谢天谢地（xiè tiān xiè dì）
   この上なくありがたい。喜ばしい。
   ① 老张说："他学习不好倒不是什么大问题，只要他不给我们惹麻烦我们就谢天谢地了。"
   張さんは「彼は勉強がだめでも別にたいしたことじゃない。面倒さ

え起こしてくれなければそれでもう十分ありがたい」と言った。
② 小王看见我来了，说："谢天谢地，可把你等来了，我还以为你不来了呢。"

7. **底子薄**（dǐzi báo）
   基礎がちゃんとできていない。
   ① 这些学生虽然学习很刻苦，但年龄大，底子薄，做研究工作不合适。
   この学生達は骨身を惜しまず勉強しているが、年がいっている上に基礎もしっかりとしていないので研究の仕事には向いていない。
   ② 我们厂刚建好，技术人员少，底子薄，还没有能力考虑这些问题。

8. **跟不上**（gēn bu shàng）
   人に比べて遅れている、ついていけない。
   ① 他走得很快，我走得慢，又穿着高跟鞋，所以我跟不上他。
   彼は歩くのがとても速い。私は歩き方が遅い上にハイヒールを履いているので彼についていけない。
   ② 他讲完几句，就停一会儿，怕我的记录速度跟不上，等等我。
   ③ 当时的铁路发展远远跟不上国民经济发展的需要，所以他一毕业就去了铁路部门。

9. **下本钱**（xià běnqián）
   ある目的のためにお金や時間や精力などを惜しまない。
   ① 大家都说，小王为了学习英语，连那么好的工作都不要了，真舍得下本钱。
   みんなが言った、王さんは英語の勉強のために、あんないい仕事を惜しげもなく捨てるなんて、思い切ったことをやるな、と。
   ② 你不是要去面试吗？这身衣服可不行，要想通过面试，你就得下点本钱，先去买套名牌时装，再买套高级化妆品。

10. **说着玩**（shuō zhe wán）
    冗談を言う。本気じゃない。

第九课 | 109

① 她笑笑说："不结婚的话是我说着玩的，你还真生气了？我是非你不嫁呀。"
彼女は笑いながら言った。「結婚しないって冗談のつもりで言ったのよ。本気で怒ったの？　あなたでなきゃ結婚しないわ」。
② 现在冰还不结实，可不能去滑冰，要是掉进去，那可不是说着玩的！
③ 开饭馆的事我可没说着玩，要干就真干，而且要干好。

## 11. 砸锅卖铁（zá guō mài tiě）
自分の所有するすべてのものを投げ出す喩え。
① 小雨知道家里没有钱，不想去看病，可爸爸说，就是砸锅卖铁也要治好小雨的病。
小雨は家にはお金がないのが分かっているので診察を受けに行きたくない。しかし、父はすべての財産を投げ出しても小雨の病気を治してやりたいと言った。
② 老李说："那辆车是进口的，我可不敢修，万一弄坏了，砸锅卖铁我也赔不起呀！"

## 12. 豁出去（huō chuqu）
決意が固くどんな代価を払っても惜しくない。
① 我一直认为跟别人借钱是最丢脸的事，可现在实在是没有办法了，我只能豁出去了，什么脸面不脸面的，先给父亲看病是最要紧的。
これまでは人にお金を借りることはもっとも恥ずべきことだと思っていたが、今はもう本当に打つ手がなくなった。何もかも投げ出してやるしかない。面子があろうがなかろうが、まずは父に診察を受けさせることが一番肝心なことだ。
② 小王是个球迷，一听说有足球比赛，就说："我豁出去明天不上班，也得看这场球。"
③ 他们等了半天也不见有船过来，小张有点着急地说："老这么等也不行啊，我看咱们豁出去吧，自己游过去，你们看怎么样？"

## 13. 好你个（hǎo nǐ ge）老孟

"好你个～"：話し手が相手の意外な言動にびっくりした時の気持ちを表す。会話のみに使う。

① 姐姐有点不高兴地说："好你个志平！结婚这么大的事到今天你才告诉我。"

お姉さんは不機嫌そうに言った。「ひどいわ、志平さん！ 結婚のような大事なことを今日まで私に黙っているなんて」。

② 我看见老赵来了，就跟他开玩笑说："好你个老赵，搬新家了也不告诉我一声，是不是怕我去你家呀？"

③ 奶奶说："好你个小强，骗钱竟然骗到我头上了！"

## 14. 真有你的（zhēn yǒu nǐ de）

感嘆表現。話し手の称賛あるいは批判や不平などを表す。

① 你一个人抓住了两个小偷？真有你的！

君は一人で泥棒を二人も捕まえたんだって？ たいしたものだ。

② 放着工作不做，躲到家里睡大觉，真有你的！

③ 真有你的！钱包丢了三天了自己还不知道。

## 15. 吃了（chīle）没文化的亏（de kuī）

"吃了～的亏"：あることのために、あるいはある面で、損害にあい、ばかを見る。

① 王老师说："她的文章内容很好，但是在语言上却吃了不够精炼的亏。"

王先生は言った。「彼女の文章は内容はいいのだが、言葉が洗練されていないのが玉に瑕だ」。

② 以前租房子的时候，他吃过中间人的亏，所以现在他不相信他们的话，他宁愿多跑点儿路自己去找。

③ 大姐说："我让你小心一点儿，是怕你吃了那个男人的亏，没有别的意思。"

## 16. 走（zǒu）我们的老路（lǎolù）

"走老路"：従来の方法や他人のやり方を繰り返す。

① 你哥哥现在的样子你都看到了，你要是不想走他的老路，就得从现在开始努力学习。
君の兄さんが今どんな様子なのかすっかり見ただろう。もし君が彼の轍を踏みたくないのなら、今から一所懸命に勉強に励むことだ。

② 以前搞平均主义，干好干坏一个样，现在我们可不能走过去的老路，那样是没有任何出路的。

## 17. 不是（bú shì）个省油（shěng yóu）的灯（dēng）

"不是省油灯"：対応しにくく、よく面倒を引き起こすことの喩え。けなす意味を含む。

① 三班那几个男孩子，个个不是省油的灯，三天两头闹事，老师们一提起三班就头疼。
三組のあの数人の男子はどいつもこいつも手を焼く連中で、しょっちゅう騒ぎを起こしているので、先生たちは三組のことになると頭が痛い。

② 那个老张是市长的亲戚，他可不是个省油的灯，虽说只是个科长，可谁都不敢惹他。

## 18. 吃（chī）大鸭蛋（yādàn）

"吃鸭蛋"：試験で零点（アヒルの卵）を取る喩え。

① 他小时候特别不爱学习，每天就知道玩儿，考试的时候没少吃鸭蛋，因此也没少挨爸爸的打。
彼は小さい頃は極めつきの勉強嫌いで、毎日遊んでばかりいた。テストではよく零点を取ったので、そのためによくお父さんに殴られた。

② 自从上次考数学吃过一回鸭蛋后，他就下决心一定要把数学学好。

## 19. 没大没小（méi dà méi xiǎo）

年長者をあまり尊重しない、礼儀に欠ける。

① 张老师虽然只比你们大几岁，可他是你们的老师，你们得管他叫老师，别没大没小地叫他的名字。
張先生は君たちより何歳か年上にすぎないけれど、彼は君たちの先

生なんだから、ちゃんと先生と呼ばなければだめです。礼儀も知らずに呼び捨てにしてはなりません。

② 大力跟他爸爸老是没大没小的，跟他爸爸说话就像跟他的同学说话似的，别人都看不惯，可他爸爸还挺高兴。

20. 像样儿（xiàngyàngr）

ちゃんとかっこうがついている、あるいはあるべき様子。反対語は"不像样儿"。

① 快到老人的八十岁生日了，他们打算给老人办个像样儿的生日宴会。
もうすぐ老人の八十歳の誕生日なので、彼らは老人のためにちゃんとした誕生日パーティーを開く予定です。

② 老太太病到现在，已经瘦得不像样儿了。

③ 你的字写得太不像样儿了，还不如小学生写得好。

21. 说得好听（shuō de hǎotīng）点儿是（shì）做生意，说得不好听就是（shuō de bù hǎotīng jiùshì）个"倒儿爷"

"说得好听是 A，说得不好听就是 B"：ある人またはあることに触れて、よく言えば A だが、悪く言えば B だ。話し手が言いたいのは B。

① 谈到现在的一些女孩子，老张说："这些女孩子，说得好听是思想开放，说得不好听就是不知道什么是羞耻，你看看她们穿的衣服，越来越少。"
今時の若い女性たちに触れて、張さんは言った。「こうした女の子たちは、よく言えば考え方が開放的だが、悪く言えば羞恥心がない。ほら、彼女たちの着る服を見てみたまえ、ますます少なくなっているじゃないか」。

② 我哥哥他们两口子现在都在家待着呢，说得好听那叫下岗，说得不好听就是失业。

③ 他从来都是有什么说什么，不管别人爱不爱听，说得好听他这是坦率、直爽，说得不好听就是有点儿傻。

22. 有眼光（yǒu yǎnguāng）

物事の観察力や判断力に長けている。

① 当初你们选择教师这个工作真是有眼光，现在教师的地位越来越高，工资也越来越高。
あの時、君たちが教師という職業をえらんだのは本当に見る目があった。今は教師の地位がますます上がり、給料もますます高くなった。
② 我妈妈特别有眼光，她给我买的衣服总是又便宜又好看，我就不行。
③ 以前不少女孩子找男朋友只找本地的，现在有点儿眼光的女孩子都找外地的，她们认为这些外地的年轻人更努力，更肯干，对感情更专一。

## 23. 打保票（dǎ bǎopiào）

あることの発生を予測し、保証する。
① 明天他肯定会去找你的，我可以打保票。
明日彼はきっと君を訪ねに行く。保証するよ。
② 我们的产品，质量是一流的，价格也是最低的，这我可以很负责地向您打保票。
③ 明天的事谁知道会怎么样，我可不敢打保票。

## 24. 走到哪儿算哪儿（zǒu dào nǎr suàn nǎr）

情況の展開、変化に合わせて物事を考え、決める。成り行きに任せる。
① 情况变化太快了，原来的计划全都不管用了，我看现在也不必做什么计划了，谁知道还会发生什么事，咱们走到哪儿算哪儿吧。
情況の変化が早すぎて、もともとの計画は全部だめになった。今はもう計画を立てる必要もなくなったと思う。また何が起こるか分からない、成り行き次第で考えることにしましょう。
② 在去她家的路上，我心里很不安，不知道会有什么结果，小王看我那样子，笑着说："别胡思乱想了，走到哪儿算哪儿，她要同意一切都好办，要不同意咱们再想办法。"

## 25. 落埋怨（lào mányuàn）

恨みを買う。
① 你要是愿意去，那你就去吧，不过，你记住，这是你自己的决定，是好是坏都跟我没关系，我不想落埋怨。

もし行きたいなら行けばいい。だが、忘れるなよ、これは君自身が決めたことで、よくても悪くても私には関係ないことだ。私は恨みを買いたくない。

② 他说我们影响了他的工作，你看，我们好心好意地帮他，反倒落埋怨，这不是让人生气吗？

## 練習問題

一、適当な言葉を選び、空欄を埋めなさい。
　①打保票　②好你个　③说着玩　④落埋怨　⑤真有你的　⑥心里没底
　⑦砸锅卖铁　⑧没大没小

(1) 王老师拿起大木尺，笑着说："谁不听话，我就拿这木尺子打！"小刚以为王老师这就要开始打，嘴唇都吓白了,直往爸爸身后躲。王老师一看，赶紧说："别怕，孩子，老师这是＿＿＿＿＿呢。"

(2) 快走到门口，门后忽然"咚"地一声，吓了他一大跳。一看，原来是妹妹小香在门后埋伏着呢，这会儿小香早笑得直不起腰来。"＿＿＿＿＿小香，你敢吓唬我，看我怎么收拾你！"大虎假装生气地说。

(3) 那位代表又说："在这样的厂里，拿的差不多是世界上最低的工资，造出的差不多是世界上一流的步枪，这个厂的工人们都很可敬啊！"张化的心头一热，"对对。您说的对极了！我们厂的工人，个个都是好工人！绝非一半儿素质好，一半儿素质不好。这一点我可以很负责地向您＿＿＿＿＿！"

(4) 回到家，爸爸就批评他，说："不管怎么说，小张是我的同事，你得叫他'叔叔'，不叫倒也没什么关系，可你怎么＿＿＿＿＿地管人家叫'哥们儿'？太不像话了！"

(5) 小林告诉我，能帮忙的也先说不能帮忙，好办也先说不好办，不帮忙不好办最后帮忙办成了，人家才感激你。你一开始就满口答应，如果中间出了岔子没办成，本来答应人家，最后，没办成，出了力也会＿＿＿＿＿。

(6) 李老三见了爱社不好意思得很，说得吞吞吐吐。爱社十分热情，十分大方，说，远亲不如近邻，干脆说吧，您想借多少？李老三说，真是说不出口，

第九课 | 115

太多了，要能借就借个五百元。爱社哈哈大笑，什么叫能借不能借，不就是两个二百五嘛，我就是_____也要给你凑齐。

(7) 那几个人都说好，只要请他们吃顿饭，就什么事都解决了，可老张头能不能帮他的忙，他可_____，老张头的坏脾气他领教过。

(8) 大民，_____，外面闹成那个样子，你还能在这儿睡得着觉，你怎么不去劝劝哪？


二、指定した言葉を使って、日本語の部分を中国語に訳しなさい。

(1) A：咱们工作这么多年，能力也不算低，可还不如那些年轻人挣钱多，这心里真不平衡。
　　B：人家英语好，随便进一个外企一个月就能挣好几千块，你行吗？_____。（吃了～的亏）
　　[我々は皆、外国語が出来ないせいでばかを見たんだ]

(2) A：听说票很不好买，有的人排了一夜队才买上。
　　B：_____。（豁出去）
　　[私はなんだってやる。今夜も列に並びに行く]

(3) A：那些年轻画家的作品倒挺有特点，不过有的我看了半天都闹不明白画的是什么。
　　B：_____。（说的好听是～，说得不好听是～）
　　[よく言えばモダン・アート、悪く言えばでたらめな殴り書きだ]

(4) A：我已经报名参加电脑培训班了，不学不行啊。
　　B：是啊，现在是信息社会，_____。（跟不上）
　　[勉強しないと時代についていけないよ]

(5) 妈妈：孩子实在不愿意学就算了，他没兴趣，你这么硬逼着他也不好啊。
　　爸爸：现在不学以后能干什么！_____。（走A 的老路）
　　[私はあの子に私の轍を踏ませたくないんだ]

(6) A：你就忍下这口气吧，哪儿都有不公平的事，你要是辞职，能找到更好的工作吗？
　　B：_____。（走到哪儿算哪儿）
　　[そんなにいろいろかまっていられない。成り行きに任せるよ]

(7) 医生：你母亲现在脱离危险了，再住院观察几天，没问题就可以出院回家了。

爸爸：＿＿＿＿＿＿。（谢天谢地）

［これほど嬉しいことはありません。先生、本当にありがとうございます］

(8) A：我们小时候，老师说什么是什么，现在的孩子可真不一样，小小年纪就有自己的看法，还什么都不怕。

B：可不，＿＿＿＿＿＿。（不是省油灯）

［どの子も扱いやすい人間じゃない］

## 第十课 CD1-10

### 这事儿八成儿得黄
この件は多分おじゃんになる

孫さんの父親は、後添いにと思った方と一、二度会っただけで病に倒れ、この話は立ち消えになりました。張さんは、相手の女性の社会的な地位が高くて自分とは釣り合いがとれないことを理由に、再婚に踏み切れずにいます。

（中午休息的时候老张和老孙在办公室聊天）

老　张：听说你父亲又住院了，现在不要紧了吧？

老　孙：这两天基本稳定了，我们总算是松了一口气，上岁数的人说病就病，住上院就放心了。这些日子白天在单位忙得团团转，恨不得多长两双手，晚上还得赶到医院陪床，天天这么连轴转，累得我都快散了架了。

老　张：你还头疼吗？注意点儿身体，什么事都悠着点儿。

老　孙：我这头疼是家常便饭了。唉，年轻那会儿开几天夜车玩儿似的，现在呢，怎么也歇不过劲儿来。这些我不敢跟老人说，怕他担心。

老　张：大伙儿都说你父亲有福气，有你这么个孝顺儿子。

老　孙：人总得讲点儿良心，老人一把屎一把尿地把我们拉扯大不容易，不孝敬老人那可说不过去。说实话，咱们也得给儿子做个榜样啊，上梁不正下梁歪嘛。

老　张：是啊。要我说，孝敬老人不在天天山珍海味，老人最怕的是孤单。

老　孙：是啊，可我们家，上学的上学，上班的上班，谁也抽不出多少时间来。我找人给我父亲介绍个老伴儿，那个大妈人还挺好，可刚见过两回面儿，我爸爸就病了。昨天我爱人去那个大妈家，想听听人家的想法，结果吃了个闭门羹，我估计，这事儿八成得黄。你想，谁愿意找个病老头儿啊。

老　张：别着急，等你父亲病好了再说。哎，医院还不错吧？

老　孙：医生、护士都挺和气的，就是饭菜不对老人的胃口。所以每天我爱人在家做好，然后我往医院送，还好，儿子大了，可以给他妈妈打下手了。

老　张：我真羡慕你啊，有个好儿子，又有个贤内助。你看我，孩子还小，我是又当爹又当妈，连个帮手也没有，真叫苦啊。

老　孙：还说呢，上次给你介绍的那个，人家对你还真有点儿意思呢，你怎么跟人家见了两面就打退堂鼓了？

老　张：我想来想去，主要是怕我儿子受苦。

老　孙：这个理由可站不住脚。后妈多了，也没听说个个都坏。

老　张：跟你说心里话，人家是大学老师，我呢，一个半路出家的小编辑，人家能看上我？我别自找没趣了。

老　孙：你老这么想，就不怕自己打一辈子光棍儿？

老　张：唉，等孩子大点儿再说吧。

## 注釈

1. **陪床**：病人の家族が付き添いで看護する。
2. **良心**：良心。物事に対する内心の正しい認識。
3. **上梁不正下梁歪**：上の梁が曲がっていると下の梁も曲がってしまう。上に立つ人（父母）が正しくなければ下にいる人（子女）も悪くなる喩え。
4. **山珍海味**：山海の珍味。
5. **八成**：多分、恐らく。
6. **编辑**（biānji）：編集者。

## 例文解釈　CD3-5

1. **松了一口气**（sōngle yì kǒu qì）
   安心した、ほっとした。
   ① 开始我们都很担心他的病，听了医生的话，我们才松了一口气。
   　最初は私たちみんな彼の病気を心配していたが、医者の言葉を聞いてやっとほっとした。
   ② 听了李老师的话，我松了口气，因为我一直担心儿子经常参加比赛会影响他的学习。

2. **说**（shuō）**病就**（jiù）**病**
   "说＋動詞＋就＋動詞"：〜と言えば、すぐ〜。
   ① 你既然想去看电影，行啊，没问题，咱们说去就去。
   　映画が見たいというなら、いいよ、かまわない、すぐに行きましょう。
   ② 他真是个急脾气，说走就走了，连个招呼也不打。
   ③ 小女孩儿特别可爱，就是有一样让我头疼，那就是爱哭，说哭就哭。

3. 团团转（tuántuánzhuàn）

てんてこ舞いするほど非常に忙しい、あるいは焦るさま。

① 急诊室里人来人往，医生护士个个忙得团团转，根本没时间管我们。
救急診察室はたくさんの人が出入りしていて、医者や看護婦が忙しく立ち働いており、私たちを構う暇などまったくない。

② 家里人为了这个婚礼，上上下下都忙得团团转，只有婚礼的主人公，我大哥，好像这些都跟他没关系，一个人躲在屋子里看书。

③ 客人们明天就要到了，可住的地方还没有安排好，急得老张团团转。

4. 连轴转（liánzhóuzhuàn）

昼も夜も休まずにし続けることの喩え。

① 机器运来以后，这几个技术员白天晚上连轴转，不到三天就把机器修好了。
機械が運ばれてから、この数人の技師は昼も夜も休まず働き、三日もせず機械の修理を終えた。

② 老张白天跟那些朋友一起喝酒、侃大山（＝聊天儿），晚上回来又开始翻译稿子，老这么连轴转，真不知道他哪儿来的那么大的精神。

5. 悠着点儿（yōuzhe diǎnr）

控えめにする、やり過ぎないようにする。

① 你岁数不小了，不能跟年轻人比，干什么都得悠着点儿，要是累倒了就麻烦了。
もう若くないんだから、若者のようにはできない。何をするにもちょっと控えめにやらなきゃ。倒れたらやっかいなことになるんだから。

② 小白笑着说："悠着点儿喝，顺子，你一口气都喝光了，一会他们来了喝什么呀？"

③ 这个月咱们的钱得悠着点儿花了，别像上月似的没到十五号钱包就空了。

6. 家常便饭（jiācháng biànfàn）

日常茶飯事で、特別なことではない。

① 丈夫是搞地质的，出差是家常便饭，总是背包一背就走了，所以她从来不送。
夫が地質畑なので、出張は日常茶飯事、いつもリュックサックをひょいと背負うと出かけてしまうので、彼女は見送ったためしがない。
② 在过去，女人被丈夫打骂是家常便饭，就是因为女人在经济上不独立，要靠着丈夫。

7. 开 (kāi) 几天夜车 (yèchē)
"开夜车"：(仕事や勉強のために）徹夜する。
① 我们班大部分同学都喜欢在考试前开夜车，考完以后大睡三天。
私達のクラスでは大部分のクラスメートが好んでテストの前に徹夜をし、テストが終わると三日間爆睡します。
② 他动作慢，又特别认真，所以常常开夜车，闹得白天老打瞌睡。

8. 玩儿似的 (wánr shìde)
遊びのように気楽で、たやすい。
① 学校里学的内容对我来说非常简单，尤其是数学，我学起来跟玩儿似的。
学校の勉強は私にとってはとてもやさしくて、特に数学は、遊んでいるようなものでした。
② 大壮从小就力气大，一百多斤重的袋子，一只手提起就走，玩儿似的。

9. 歇不过劲儿来 (xiē bu guò jìnr lai)
休んでもなかなか回復できない。"歇不过来"とも言う。反対語は"歇过劲儿来"または"歇过来"。
① 昨天在外面跑了一天，累得我连饭都不想吃了，到现在我也没歇过劲儿来，所以今天不想再出去了。
昨日は外で一日中かけずり回り、疲れて食欲もわかないほどだった。まだ回復していないので今日はもう出かけたくない。
② 虽然很累，可他们睡了一觉就歇过劲儿来了。

10. 一把屎一把尿（yìbǎ shǐ yì bǎ niào）

    苦労して子供を育てる喩え。

    ① 他三岁的时候父母就病死了，是奶奶一把屎一把尿把他拉扯大的。

    彼は三歳の時に両親が病気で亡くなり、おばあちゃんが苦労して彼を育ててくれたのです。

    ② 她是你妈妈，从小一把屎一把尿地把你养大，你怎么能这样对她呢？

11. 说不过去（shuō bu guòqù）

    申し開きができない。理屈が立たない。人情味がうすい。反対語は"说得过去"。

    ① 我已经有八年没去看望他了，等写完这本书以后，一定去看看他，要不就太说不过去了。

    もう八年も彼を訪ねていないので、この本を書き終えたら必ず彼に会いに行こう。そうしないと、大変失礼にあたる。

    ② 我们是从小一起长大的朋友，现在正是他需要朋友安慰和鼓励的时候，我不去怎么说得过去呢？

12. 吃（chī）了个闭门羹（bìméngēng）

    "吃闭门羹"：門前払いを食らう。

    ① 昨天我亲自去他家请他，没想到吃了个闭门羹，真让人生气。

    昨日は私が自ら彼の家にお願いにあがったのに、門前払いを食わせるなんて、まったく腹立たしい。

    ② 你就是再讨厌他，烦他，人家毕竟是客人，你也不能给人家吃闭门羹呀。

    ③ 姐姐说："你要是不喜欢他，下次他再来，我就给他个闭门羹吃，怎么样？"

13. 对（duì）老人的胃口（wèikǒu）

    "对胃口"：好みに合う。"合胃口"とも言う。

    ① 虽然她人长得不漂亮，也不太聪明，可做的菜对老太太的胃口，所以老太太喜欢她。

    彼女は美しくもなくそれほど賢くもないけど、作る料理がお婆さん

の好みにぴったりなので、お婆さんは彼女のことが気にいっている。
② 她说："我给她介绍过几个男朋友，个个都不错，可就是不对她的胃口。"
③ 这些建议都很好，可不知道为什么不对他们的胃口，一条也没被采用。

## 14. 打下手（dǎ xiàshǒu）

下働きを勤める。

① 你做菜真不错，以后可以开个饭馆了，到时候我给你打下手，怎么样？
君は料理が本当に上手ですね、これならレストランでも開けますよ。その時は私が下働きで手伝うっていうのはどうですか。

② 听说让他当副经理，他心里很不高兴，心想，自己是从美国回来的留学生，在这里竟然给人家打下手，真是笑话。

## 15. 又当爹又当妈（yòu dāng diē yòu dāng mā）

一人で父親と母親の二役をつとめる。

① 妻子去世后，他又当爹又当妈，牺牲了自己的全部爱好和业余生活，学会了做饭洗衣服等女人干的活儿。
妻が亡くなってから、彼は父とも、母ともなり、自分の趣味や余暇をすべて犠牲にして、料理や洗濯など女性の仕事を習い覚えた。

② 大姐很要强，与丈夫离婚后，一个人又当爹又当妈，把三个儿子培养成了大学生。

## 16. 还说呢（hái shuō ne）

会話に用い、相手の話題への不満、怒りを表す。

① 我问小顺："爸爸没带你们去北海吗？"
"还说呢！"红梅答了话："爸爸是要带我们去，可奶奶不让，小顺都哭了半天了。"
私が小順に「お父さんは君たちを北海に連れて行ってくれなかったの」とたずねると、「そうじゃないのよ」と紅梅が答えて言うには「お父さんは私たちを連れて行きたかったけど、おばあちゃんがそうさせなかったの。小順はもう随分泣き明かしたのよ」。

② 小红看见我，问："哎，你怎么不穿那条裙子了？"
我没好气地说："还说呢，就因为那条裙子，我妈说我说到半夜，非说裙子太短，不让我穿。"

## 17. 对（duì）你还真有（yǒu）点儿意思（yìsi）

"对(某人)有意思"：ある人のことが好き、または好きになる。気がある。

① 一个朋友问我："小刘是不是对你有点意思啊？我看他老往你家跑，还老给你送花。"
友達が私にたずねた。「劉さんは君に気があるんじゃないか？しょっちゅう君の家を訪ねているし、花束までプレゼントするんだから」。

② 我笑着对她说："我猜，你一定是对他有意思，要不干吗老跟我打听他的情况呢？"

## 18. 打退堂鼓（dǎ tuìtánggǔ）

困難にぶつかったり、うまく行かなかったりするとしり込みする。

① 会场气味很难闻，秩序很乱，什么人都有，文博士真不愿意给这些人做什么报告，可又不能临时打退堂鼓，只好在台上坐了下来。
会場には嫌なにおいがするし、秩序もなく乱れているし、得体の知れない人間もいるしで、文博士は心底この人たちに講演なんかしたくなかったが、急に取りやめることもできないので仕方なく壇上に腰をおろした。

② 来到车站，大家一片惊叹，公共汽车站排队等车的人排成了长龙，妈妈又是第一个打退堂鼓：我的妈呀，这么多人，什么时候才能轮到咱们上车？算了，别去了。

## 19. 站不住脚（zhàn bu zhù jiǎo）

理由、議論、観点などが成り立たない、批判に耐えられない。

① 他们认为当时汽车没有达到一定的速度。但是据专家分析，这种说法根本就站不住脚，因为汽车把墙撞开了个大洞，这就说明汽车当时的速度很快。

彼らは事故当時、車が一定のスピードに達していなかったと考えた。しかし、専門家の分析によれば、この論法は成り立たない。なぜなら、車が壁に大きな穴を開けたことが、車が当時かなりのスピードを出していたことを物語っているからだ。

② 王老师说："因为天气不好，所以你就没来上课，这么说可站不住脚。"

## 20. 半路出家（bànlù chūjiā）
途中から職業を換えてその分野に入る。

① 人家是专门的演员，从小练基本功，演起来一点儿不吃力。可小王是半路出家，所以费了不少劲儿。
ほかの人はプロの俳優で、小さい頃から基礎的な訓練を受けてきたので演じてもすらすらと演じるが、王さんの場合は途中からこの道に入ったので、かなり苦労した。

② 他原来是个老师，所以对他来说，在公司做管理工作是半路出家，得一边干一边学。

## 21. 找没趣（zhǎo méiqù）
自ら恥をかく、味気ない思いをする。"讨没趣"とも言う。

① 她说："他正为儿子的事生气呢，要是现在去找他，只能自讨没趣。"
彼女は「彼は息子のことで怒っているんだから、今彼に会いにいっても鼻であしらわれて恥をかくだけだわ」と言った。

② 我说完之后发现小王的脸色很不好，明白自己说得太直接了，我在心里直骂自己自找没趣。

## 22. 打（dǎ）一辈子光棍儿（guānggùnr）
"打光棍儿"：成人の男性が独身で暮らす。

① 妈妈为儿子的婚事没少着急，要是儿子打光棍儿，她就觉得对不起死去的丈夫。
母は息子の結婚のことが気がかりで仕方なかった。もし息子がずっと独身のままでいるようだと亡くなった夫に申し訳ないと思った。

② 那时候家乡太穷，没有姑娘愿意嫁过来，本地的姑娘全嫁得远远的，

所以，打光棍儿的人不少。

## 練習問題

一、次の文を下線を引いた部分に注意して訳しなさい。
(1) 潘进见陈松现在红起来了，很想让他帮忙解决儿子的工作问题，甭管怎么说，陈松能有今天离不开他的推荐，他打算挑个日子，准备些好酒好菜，请陈松来吃饭，可是今天早上看见陈松，他刚一开口就被陈松拒绝了，讨了一个没趣，气得他在心里骂了半天。
(2) 要是去远处，你那点儿钱可就差远了，来回路费都不够。我看你找个近郊玩玩得了，不过，就是在近郊玩儿你也得悠着点儿，别住什么高级的地方。
(3) 你假设的这个前提就是不真实、不可能的，所以你从这个前提得出的任何一个结论都是站不住脚的。

二、適当な言葉を選び、空欄を埋めなさい。
　　①连轴转　②团团转　③打下手　④歇过劲儿来　⑤打退堂鼓
　　⑥家常便饭　⑦说不过去　⑧松了一口气　⑨一把屎一把尿
(1) 要是在报名以前你说不参加还行，可现在什么都准备好了，人家也都安排好了，你怎么突然＿＿＿＿＿＿了？这不是让人家为难吗？
(2) 村长让本村里最干净最利落的几个女人当厨师，又派来几个年轻人来给她们＿＿＿＿＿＿，那些天全村上下都喜气洋洋的。
(3) 我们当警察的，经常跟各种各样的犯罪分子打交道，牺牲都是难免的，受伤就更是＿＿＿＿＿＿了，可我们从来没后悔过。
(4) 小吕说："我小，可我也是个男子汉啊，这么黑，这么冷，让两个姑娘去送信儿，这无论如何也＿＿＿＿＿＿啊，我路熟，胆子大，让我去吧。"
(5) 天都黑了，可爸爸他们还没回来，妈妈急得眼泪都快下来了，爷爷低头抽烟，一句话也不说，这时，外面传来爸爸说话的声音，全家人这才＿＿＿＿＿＿。
(6) 为了回家过年，工人们三天三夜＿＿＿＿＿＿，终于赶在春节前完了工，

第十课 | 127

拖着疲惫的身体回家去了。
(7) 大哥跟学海打在一起，从屋里打到屋外，我在一旁急得＿＿＿＿＿＿＿＿，跳着脚想帮大哥一把，可怎么也插不上去。
(8) 汪老汉指着儿子的鼻子骂道："我们＿＿＿＿＿＿＿＿把你养大容易吗？ 你的翅膀刚硬一点儿，我们的话你就不听了？"
(9) 爬到半山腰，导游看大伙儿实在是不行了，就建议说，先不着急往上爬，坐下歇一歇，等＿＿＿＿＿＿＿＿再走。

三、指定した言葉を使って、日本語の部分を中国語に訳しなさい。
(1) A：这小伙子是干什么的？看样子挺有劲儿的。
　　B：＿＿＿＿＿＿＿＿＿＿。（玩儿似的）
　　　［彼は重量挙げの選手だったことがある。これくらいの荷物を運ぶことなど遊びのようなものだ］
(2) A：他们俩是不是又闹别扭了？要不，你过去劝劝吧。
　　B：不用，＿＿＿＿＿＿＿＿＿＿。（说A就A）
　　　［彼らふたりはしょっちゅう仲たがいをしているが、仲直りをするのもはやい］
(3) A：你们好像都不愿意跟他在一起，为什么呀？
　　B：他的脾气太不好了，＿＿＿＿＿＿＿＿＿＿。（说A就A）
　　　［すぐに腹を立てる］
(4) 妈妈：奶奶给你的那件上衣是她亲手做的，怎么不见你穿了？
　　女儿：＿＿＿＿＿＿＿＿＿＿？（还说呢）
　　　［だって、あんなダサいデザインで、着て出かけられると思う］
(5) A：昨天晚上你的脚不是还好好儿的吗？ 怎么突然崴（wǎi）了？
　　B：＿＿＿＿＿＿＿＿＿＿。（还说呢）
　　　［そうじゃないよ、きみのあの椅子につまずいたんだ］
　　A：这么说来，这事全怪我。
(6) A：我发现你来这儿以后有点儿瘦了，是不是在减肥啊？你可真用不着减肥。
　　B：＿＿＿＿＿＿＿＿＿＿。（对胃口）
　　　［いやいや、ここの食事がまったく口に合わないんだ］

(7) A：老张当了经理，架子也大了，上回我去他家，我明明看见他进了家，可他老婆竟然说他不在家。

　　B：不瞒你说，＿＿＿＿＿＿。（吃闭门羹）

　　［私が何日か前に訪ねたときも、門前払いを食らったよ］

(8) A：小张，那个萍萍老来找你，＿＿＿＿＿＿。（对A有意思）

　　［きみに気があるんじゃないか］

　　B：别开玩笑了，我们是中学同学，再说，人家孩子都三岁了。

## 第十一课 CD1-11

### 谁都猜不出他葫芦里卖的什么药

誰も彼が何を考えているか分からない

家を新築した李師匠を訪ねてきた周さん、新工場長の話でもちきりです。工場の上層部が堕落しているために倒産寸前の工場を新工場長は立て直せるか、まだ工場長が何を考えているのかよく分かりません。はたしてその力量は？

（小周来到退休的李师傅家）

李师傅：小周，你可是稀客，来，这儿有瓜子、有橘子，随便吃。我给你倒杯茶。

小　周：您别忙了。李师傅，您的新家真漂亮啊，呵，连家具都换了。

李师傅：以前那些家具都老掉牙了，所以一搬家就让我儿子一股脑儿全处理了。开始我们还有点舍不得，后来也想开了，旧的不去新的不来，该扔就得扔，留着也没什么用。再说，雪白的新房子摆上些旧家具看着也确实不大对劲儿。

小　周：这个客厅真宽敞，得有三十多平方米吧？这下儿来十个

八个客人都坐得下了。

李师傅：可不，以前我们祖孙三代住一间房子，吃饭睡觉就那么一间。现在客厅是客厅，卧室是卧室，这在以前连想也不敢想啊。哎，小周，你头一回来，没<u>走冤枉路</u>吧？

小　周：还好，不过，这儿的楼看上去都一个模样，要是不知道门牌号，还真不好找。对了，李师傅，厂长让我来问问您能不能这几天抽空儿回厂一趟。

李师傅：没问题。哎，这个新来的厂长跟以前那些不是<u>一路货</u>吧？真盼着他别跟刘副厂长他们<u>坐一条板凳</u>，要那样咱们厂就<u>没救儿</u>了。

小　周：都说"新官上任三把火"，可这个新厂长来了以后，一次大会都没开，就是找这个谈话找那个谈话，大伙儿谁都猜不出他<u>葫芦里卖的什么药</u>。

李师傅：但愿这次上级没<u>看走眼</u>，派个有水平、有能力的厂长来。前几个厂长把咱们厂可害苦了，别的厂是越来越发展，咱们倒好，就差关门了。

小　周：听说刘副厂长他们请新厂长去卡拉OK却<u>碰</u>了<u>一鼻子灰</u>，那帮爱<u>拍马屁</u>的好像也<u>吃不开</u>了，新厂长<u>不吃那一套</u>。

李师傅：太好了。那些家伙太可恨，工人都快<u>揭不开锅</u>了，可他们整天<u>大鱼大肉</u>地吃，拿厂子的钱不当钱，天天不是什么OK就是什么海鲜，这群<u>败家子</u>！

小　周：是啊，大伙儿看在眼里，可谁都不敢<u>说半个不字</u>。二车间的张之明给他们提意见，他们就找茬儿让他下岗了，这不就是<u>杀鸡给猴儿看</u>吗？

李师傅：我就不信他们能老这样，这帮人是<u>兔子的尾巴，长不了</u>，

　　　　　別看他们现在笑得欢，早晚有他们哭的一天，走着瞧吧。
小　　周：据说新厂长学历挺高，可我觉得，这学历和能力不能画
　　　　　等号啊。他到底能不能收拾咱们厂这个烂摊子，现在还
　　　　　真是看不出什么眉目来。
李师傅：要是有个好厂长，工人们也就有盼头儿了。

### 注 釈

1. **稀客**：久しぶりに訪ねてきた客。
2. **旧的不去新的不来**：古いものや壊れたものを捨てないと新しいものは買えない。
3. **宽敞**：（庭園や家屋などが）広い、大きい。
4. **新官上任三把火**：新しい役人は着任早々いくつか人目をひく仕事に取りくみ、自分の能力を誇示する。
5. **但愿**：それだけを願う。話し手の願望を表す。
6. **找茬儿**（zhǎochár）：あら探しをする。因縁をつける。
7. **下岗**：仕事を失う、リストラされる。
8. **兔子的尾巴，长不了**：（しゃれ言葉で）長くはならない、続かないことの喩え。

### 例文解釈　CD4-1

1. **老掉牙**（lǎodiàoyá）
   年を取れば歯が抜けることから、時間がたって古くなること、時代遅れの形容。
   ① 屋子里的家具又古老又笨重，不论怎么擦洗都是黑乎乎的，可就这些老掉牙的东西妈妈也一件都舍不得扔，因为这全是她跟爸爸结婚的时候爸爸亲手做的。

部屋の中の家具は古めかしい上にかさばってばかでかい。いくら拭いても洗っても、黒々としている。でも、こうした古臭いものを母は惜しくて一つとして捨てられない。というのも、すべて彼女が父と結婚した時に父が自分で作ったものだから。

② 小丽说："又是你那老掉牙的爱情故事，你讲了快有八百遍了，我不想听。"

③ 这些图都是他用那台老掉牙的486（电脑）做出来的，整整花了他一个星期的时间。

2. 一股脑儿（yìgǔnǎor）

全部、すべて。残らず。"一古脑儿"とも書く。

① 他忍不住把这些想法一股脑儿全告诉了她。她眨着眼睛听着，觉得又新鲜又有趣。

彼は思わずこうした考え方をすっかり彼女に打ち明けた。彼女は瞬きしながら耳をかたむけ、新鮮で面白いと思った。

② 她带了几个人把屋子里的东西一股脑儿全搬走了，连双筷子也没留。

3. 不（bú）大对劲儿（duìjìnr）

"不对劲儿"：正常でない、しっくりこない。

① 我看见小王跟她的朋友又说又笑，和以前没什么两样，看不出她有什么不对劲儿的地方。

王さんが友人と談笑しているのを見ると以前とまったく変わらない。彼女に何かおかしなところがあるのか見てとれなかった。

② 她的这封信我越看越不对劲儿，我不记得什么时候我给她买过毛衣啊，她怎么说谢谢我送的毛衣呢？

4. 走冤枉路（zǒu yuānwanglù）

道を間違って遠回りをする。

① 我不善于认路。有时到一个朋友家去，或者是朋友自己带了我去，或者是跟别人一起去，第二次我一个人去，常常找不着。不过也好办，手里有地址，顶多是多问问人，走一些冤枉路，最后总还是会找到的。

第十一课 133

私はすぐに道に迷う。友達の家を訪ねるときには友達自身に連れていってもらうかほかの人と一緒に行くのだが、さて二回目に自分ひとりで行くとなるとなかなかたどり着けない。でも方法はある。手に住所があれば、せいぜい人に何度も聞くか遠回りするかすれば、最後にはやはりたどり着ける。

② 你去以前好好看看地图，省得走冤枉路。

③ 那个地方我以前从来没去过，问路又听不懂人家的地方话，所以走了不少冤枉路。

5. **一路货**（yílùhuò）

   同じ類の人間。"一路货色"とも言い、けなす意味を含む。

   ① 宝山不愿意跟他们家人来往，他早就知道，对桂珠来说，钱比友情更重要，她的爸爸唐四爷也是一路货。
   宝山は彼女の家族とは付き合いたくなかった。彼にはとっくに分かっていた。桂珠にとってはお金が友情よりずっと大切なもので、彼女の父唐四爺も一つ穴のムジナだと。

   ② 我以为老张能说句公道话，没想到，他跟那些人是一路货，都是只想着往上爬，根本不替我们工人说话。

6. **坐一条板凳**（zuò yì tiáo bǎndèng）

   立場や観点が同じであること。けなす意味を含む。

   ① 你刚才还说同意我的观点，怎么一眨眼就跟他们坐在同一条板凳上了？你这个人到底是站在哪一边的？
   きみはさっき私の考えに賛成すると言っておきながら、どうして一瞬の間に手のひらを返して彼らの側に立つんだい？　きみはいったいどっちの人間なんだ。

   ② 老李他们可不是什么好人，净干缺德事，你千万别跟他们坐在一条板凳上。

7. **没救儿**（méi jiùr）

   救いようがない。反対語は"有救"。

① 等到大伙儿七手八脚地把那个孩子从河里捞上来，那个孩子早就没救儿了。
みんなが慌ててその子供を川から救い上げてみると、その子はすでに死んでいた。
② 离比赛结束只有五分钟了，比分是３：０，现在青年队用什么方法也没救儿了。
③ 李爷爷把手指放在那个年轻人的鼻子底下试了试，说："还有救儿！快端碗酒来。"

8. 葫芦里卖的什么药（húlu li mài de shénme yào）
腹の中で何を考えているのか、何をたくらんでいるのか。
① 小王进来后，站在那儿不说话，眼睛看着自己的脚。她看见他半天不开口，笑了，说："你今天葫芦里卖的什么药，怎么不说话？"
王さんは入ってくると、黙ってそこに立ったまま、自分の足をじっと見ている。彼女は彼がずっと黙っているのを見ると、笑いながら、「何を考えているの、どうして黙っているの？」と言った。
② 王主任什么也没说，只是从包里拿出一本破书，放在桌子上。大伙儿你看看我，我看看你，都不知他葫芦里到底卖的什么药。

9. 看走眼（kàn zǒuyǎn）
見間違える。判断を誤る。
① 别看他是个专家，可也有看走眼的时候，上回花了很多钱，买回来一张假画，气得他三天没吃好饭。
彼は専門家とは言え、見間違える時もある。この間は大金をかけて手にした絵が偽物だと分かり、怒りのあまり三日間食事がのどを通らなかった。
② 奶奶笑着说："小强还是个孩子，干不了什么大事。"清莲说："那您可是看走了眼了，小强可是不简单哪，别的不说，您先看看这封感谢信吧。"
③ 你们可得仔细着点儿，要是看走了眼，让姓刘的跑了，咱们都没好日子过。

第十一课 | 135

## 10. 碰了一鼻子灰（pèngle yì bízi huī）

"碰一鼻子灰"：断られる。

① 他听说那个饭馆正缺人，就去试了试。在家呆了半年多，他真想有个工作，钱多钱少都没关系。没想到一去就碰了一鼻子灰，因为老板说他年纪太大。

あのレストランが人手不足だと聞き、試しに行ってみた。家で半年もぶらぶらしていたので、本当に仕事がほしかったし、給料の額にはこだわらなかった。ところが、いきなり断られてしまった。店主は彼は年齢が高すぎると言うのだ。

② 看到姐夫把他放在桌子上的钱扔到了地上，他的脸白一阵红一阵。他的确是一片热诚地来给姐夫送钱，为的是博得姐夫的欢心，谁知道结果会是碰了一鼻子的灰。

## 11. 拍马屁（pāi mǎpì）

ある目的があって人におべっかを使う、へつらう。

① 听到他夸我的儿子聪明，我心里知道，他是在拍我的马屁，就因为我是经理的秘书。

彼が私の息子を賢いと褒めるのを聞いて、内心、私におべっかを使っているのだと思った。ほかでもなく私が支配人の秘書だから。

② 厂长的老婆开了个饭馆卖早点，金桥就改成天天去那儿吃早点了。同事们在背后议论说，金桥真会拍厂长的马屁。

③ 老刘说："小张别的不行，可人家会拍马屁，上回院长写的那几个破字，他竟然拿回家挂起来了。"

## 12. 吃不开（chī bu kāi）

やり方や人間が受け入れられない、歓迎されない。反対語は"吃得开"。

① 时代变了，人们的思想也变了，没人愿意听您的大道理，您那一套在过去还行，现在可吃不开了。

時代が変わったし、人々の考え方も変わった。もう誰もあなたのお説教など聞きたくない。あなたのきまり文句は昔ならいざ知らず、今はもう通用しない。

② 轮到她上场，她唱了个黄色小调。但听众的爱国激情正高，不管她怎样打情骂俏，黄色小调还是吃不开，听众对她很冷淡。

③ 骗子们的手段并不十分高明，而居然能一帆风顺，到处吃得开，可以看出受骗的人头脑有多简单。

## 13. 吃那一套（chī nà yí tào）

"吃这/那一套"：あるやり方を好む、受け入れる。

① 他最喜欢听别人夸他的字写得好，你去了以后就夸他的字，他一高兴你的问题就能解决了，你放心按我说的去做，他就吃这一套。
彼は自分の字を人から褒められるのが一番好きだから、君は行ってまず彼の字を褒める、そうやって喜ばせてあげれば君の問題も解決されるってわけだ。安心して、私の言う通りにやりなさい。彼は乗ってくるから。

② 来人从包里拿出两块进口手表，放在桌子上，老王一下子就明白了他的意思，站起来说："把你的东西拿走，你这么做在别人那儿也许有用，可我不吃你这一套！"

③ 我跟她说了一大堆好话，又送给她好多女孩子喜欢的小玩意儿，可她就是不吃我这一套，说什么也不肯替我去送这封信。

## 14. 揭不开锅（jiē bu kāi guō）

食費にもこと欠くほど貧しい。三度の食事にもありつけない。

① 老王对那孩子说："有什么事就跟我说，怎么可以黑天半夜砸人家公家的汽车？你向来是个老实的孩子，是不是家里又揭不开锅了？我这儿有二十块钱，你先拿去。"
王さんがその子に言った。「何かあれば私に言いなさい。どうして真夜中に公用の車を壊したりするのか？ おまえはこれまでまじめな子だった。また家で食う物がなくなったのか。ここに二十元あるから持って行きなさい」。

② 就我所知，村子里的人家都不是很富裕，但并没有穷得揭不开锅的。

## 15. 大鱼大肉（dà yú dà ròu）

いろいろなうまい食べ物（主に肉類）。

① 现在人们有钱了，生活水平提高了，也开始注意起科学饮食，大鱼大肉都不爱吃了，所以各种蔬菜卖得特别好。

今は人々はお金ができたし、生活のレベルも上がったので、飲食を科学的に考えるようになった。肉や魚のうまい食べ物は敬遠されて、各種の野菜がよく売れている。

② 妈妈总是劝爸爸说："你的血压高，不能再大鱼大肉地吃了，多吃点儿青菜、豆腐。"

## 16. 败家子（bàijiāzǐ）

金銭を浪費する人間。道楽者。けなす意味を含む。

① 母亲像守护纪念品一样守护那些久远年代的破烂儿，所以她总是趁母亲不在家时，把家里的多年不用的旧东西扔掉。要是母亲看见她扔东西，又得说她是败家子。

母は記念品を大切に守るかのようにあの年代物のガラクタを大事にしているので、彼女はいつも母親が留守の時に、長年使っていない古いものを捨ててしまいます。もし母親に見つかれば、浪費家と言われるにきまっている。

② 他知道，变卖祖先留下的产业会被人看成是不肖子孙，他将在这十里八村的村民中落下败家子的可耻名声。

## 17. 不敢说半个不字（shuō bàn ge bù zì）

"说半个不字"：反対の意思表示をする。普通は反語や否定文の形をとる。

① 他是老板，他说行就行，他说不行就不行，我们这些打工的谁敢说半个不字？

彼は社長で、彼がよしと言えばよし、だめだと言えばだめなんだ。われわれのようなアルバイトが反対などできるものか。

② 那个男人拿着枪威胁说："我让你干什么你就干什么，要是敢说半个不字，我就打断你的腿。"

18. 杀鸡给猴儿看（shā jī gěi hóur kàn）

Aを処罰してBに警告し、威赫することの喩え。見せしめ。

① 我知道他们的用意，他们说是要开除杨波，其实是做给我看的，他们演了一出杀鸡给猴看的戏。

彼らの意図は分かっている。彼らが楊波を首にするというのは私に見せるためであって、彼らは見せしめを演じたのだ。

② 他一来就扣了我们俩的奖金，理由是上班迟到十分钟，他这是在杀鸡给猴看，让大家小心点儿，别不把他放在眼里。

19. 走着瞧（zǒuzheqiáo）

今に見ていろ。ある結果の発生をほのめかし、警告、威嚇する意味合いを持つ。

① 小顺子打不过他们几个，就一边往家跑，一边回头叫："你们别高兴得太早了，走着瞧，明天我把我哥哥找来。"

小顺子は彼ら数人を相手にしては勝てず、家へ走って帰りながら振り向いて叫んだ。「喜ぶのはまだ早いぞ、今に見てろ、明日兄さんを呼んでくるからな」。

② 他很看不起眼前这个张局长，自己是一个大学生（ここでは"大学毕业的人"の意），凭什么让这么个什么都不懂的家伙指挥来指挥去，走着瞧吧，有朝一日得把现在的位置颠倒过来。

③ 孟辉：甭说了，你们既然不愿意跟我合作，就别怪我不客气。
王大力：你敢怎么不客气呢？我告诉你，你要是去勾结那几个坏蛋干坏事，我就真去告发你！
孟辉：咱们走着瞧！

20. 这学历和（hé）能力不能画等号（huà děnghào）

"A和B画等号"：AとBが等しい、同一視する。

① 过去很多中国人把富裕、有钱和罪恶画上等号，想改变贫困又不敢提发财致富，最后只好消灭贫和富的差别，要穷大家一块儿穷，大家一起过那种艰苦的生活。

昔は多くの中国人が裕福であることやお金があることを罪悪と同一

視していて、貧困を変えようと思っても金銭的に豊かになろうとは言えなかった。結局貧富の差を無くすしかなく、貧しいのならみんな一緒に貧しく、一緒に苦しく辛い生活を強いられることとなった。
② 愚昧和落后常常是可以画等号的，甚至可以说，它们是一对孪生子。

## 21. 烂摊子（làntānzi）
手のつけられないほど乱脈を極めたさまの喩え。
① 产品全压在仓库里卖不出去，工人们懒懒散散，技术人员走得差不多了。面对这样一个烂摊子，他简直不知道该从哪儿下手。
製品はすべて倉庫に寝かせたまま売れないし、工員たちはだらけているし、技術者たちはほとんど離職してしまった。こんなめちゃくちゃな状態に直面して、彼はどこから手をつけたらいいのかまったく分からなかった。
② 当时公司还欠着银行几百万，他就把这么个烂摊子留给了他的下任。

## 22. 看（kàn）不出（bùchū）什么眉目（méimu）
"看不出眉目"：手がかりがつかめない、見当がつかない。反対語は"看出眉目"。
① 几个人凑到一起研究那张图，可看了半天，还是看不出什么眉目，不知道那几个符号到底表示什么意思。
数人が寄り集まってその図表を研究にかかったが、かなり時間をかけても手がかりがつかめず、そのいくつかの記号が何を意味するのかさっぱり分からなかった。
② 时间长了，朋友们慢慢地看出了点儿眉目，所以都有意给他们俩提供单独相处的机会，大家都觉得他们俩在一块儿挺合适。

## 23. 有盼头儿（yǒu pàntour）
見通しが明るい。希望が持てる。
① 女人们都安慰刘嫂说："孩子们再过两年就大了，能帮上你的忙，你就有盼头儿了。"
女たちが劉お姉さんを慰めて言った。「子供たちはあと二年もすれば

大きくなって、手伝えるようになる。そうすれば希望が持てるよ」。

② 连续三年大旱，别说庄稼了，就连人喝水都困难，老人们一到一起就摇头叹气，都说这日子没有一点儿盼头儿。

## 練習問題

一、適当な言葉を選び、空欄を埋めなさい。
①没救儿　②有盼头儿　③一股脑儿　④不对劲儿　⑤败家子
⑥烂摊子　⑦大鱼大肉　⑧吃不开　⑨葫芦里卖的什么药
⑩碰了一鼻子灰　⑪老掉牙

(1) 过去医学不发达，人要是得上肺炎，那肯定_____了，可现在这种病根本算不了什么。

(2) 家宝听说姐夫当上了经理，就想让姐夫在他的公司给自己安排个轻松的工作，可刚一开口就_____，姐夫说公司的人事安排不归他管。

(3) 别看老刘天天这么_____地吃，他还是那么又干又瘦，老像没吃过饱饭似的。

(4) 我对她说："您这回可_____了，张老师说连市长都知道您的事儿了，说一定要想办法解决您的困难。"

(5) 现在就是在农村剃光头的也少了，福大爷的手艺有点儿_____了，有时他想，看来这手艺也别往下传了。

(6) 一些小的电视台没钱买新的，只好翻来覆去地放那几个_____的电影。

(7) 老秦看见儿子花了不少钱，买回来个不能吃不能用的玩意儿，对儿子很不满，心里骂儿子是个_____，可没敢骂出来。

(8) 老张说："咱们公司眼看着就要倒闭了，这么个_____谁能收拾得了啊？"

(9) 他一句话也不说，把桌子上的东西都挪开，从包里拿出几双鞋摆在桌上，大家都看愣了，不知道老王_____，屋子里一下子安静下来。

(10) 我从医院回到家，把衣服从里到外全换了，然后把换下来的衣服_____全放进了洗衣机里，哗啦哗啦地洗起来。

(11) 走到门口，他觉出脚上穿的鞋有点儿_____，低头一看才发现两只鞋一样一只。

二、指定した言葉を使って、日本語の部分を中国語に訳しなさい。
(1) A：你怎么现在才到？晚了半个多小时了！
　　B：_____。（走冤枉路）
　　　［実にまずいことに、遠回りをしてしまったんだ］

(2) A：要是王经理不同意，你就去找老马说说，我觉得老马这个人还不错。
　　B：我看说也是白说，_____。（一路货）
　　　［かれらは同じ穴のムジナだ］

(3) A：你明明知道这个计划有问题，李主任说的时候你们怎么都不提出来啊？
　　B：_____。（说半个不字）
　　　［李主任に向かって、誰が反対できるというのか］

(4) 妈妈：你看见他以后别直来直去地忙着说事，先找他爱听的说几句，他一高兴没准儿事情就办成了。
　　爸爸：你的意思是_____？这我可不会，还是你去吧。（拍马屁）
　　　［おべっかを使えっていうのか］

(5) 乘客：你说错了，他不是南方人，他是韩国人，来北京学汉语。
　　司机：哎哟，对不起，_____。（看走眼）
　　　［見間違えました］

(6) A：别说是你一个，你这样的再来三个我也不怕！
　　B：_____。（走着瞧）
　　　［そうかい、今に見ていろ］

(7) 妹妹：爸爸要是不同意我去，我就哭。
　　姐姐：不行，_____。（吃这/那一套）
　　　［お父さんにはその手は通じないよ］

(8) A：这张画到底是什么意思？这只眼睛代表的是什么？
　　B：_____。（看出眉目）
　　　［長い間ながめても、私にも見当がつかない］

(9)　A：你说，那么有学问的人怎么会做出这种不道德的事呢？
　　　B：_____。（画等号）
　　　　［学問があるのとモラルがあるのとは等号では結ばれない］

(10)　妻子：我最看不起你的那些朋友，整天就知道吃喝玩乐，没有什么出息！
　　　丈夫：我跟他们可不一样，_____。（画等号）
　　　　［かれらとぼくをいっしょにしないでくれ］

# 第十二课 CD1-12

## 你现在是鸟枪换炮了

君は大変身したね

今や携帯片手に飛び回る会社員の強子君は、忙しくて友人の鉄軍君の結婚式にも顔を見せないほどの大変身、「模範亭主」と揶揄されるくらいなら「恐妻家」とはっきり言ってもらってけっこうだと言い、話はほかの友人の離婚騒動にまで広がります。

（铁军在路上遇到老同学强子）

铁　军：强子！是你？

强　子：铁军！没想到咱们在这儿碰上了。哟，你可有点儿发福了，在单位干得不错吧？

铁　军：别提了，公司这两年一直半死不活的，没准儿哪天就得关门，哪儿比得了你们大公司呀！哎，你这家伙最近忙什么呢？老找不着你，我结婚你都没来，太不够意思了，要不是看在老同学的面子上，我非给你两拳不可。

强　子：嗨，我出差去了，一去就一个多月，这不，前天刚回来，要不说什么也得去呀。不过喜酒给我留着，等你抱儿子

了再一块儿喝。对了，给你一张名片，上面有我的手机号，以后有事好联系。

铁　军：嚯，鸟枪换炮了，快让我开开眼，嗯，样式还真不错。你一天到晚在外面跑，有个手机，嫂子就好遥控你了。

强　子：哪儿啊，我是误事误怕了。我们办公室就一部电话，好几回人家打电话找我，我不在，把事都给耽误了，所以一咬牙就买了。有个手机就是方便，你也买一个吧。

铁　军：我不像你似的天天东跑西颠儿，买那玩意儿没用。你有手机，以后找你就方便了。

强　子：不过，可别跟我煲电话粥，要不每月的话费得够我一呛。

铁　军：还真是，要是话费太多，回家该挨嫂子白眼儿了。哎，听说你每个月的工资都原封不动地上交，我们都夸你是个"模范丈夫"呢。

强　子：夸我？直接说我是"气管炎"得了，你们哪，净拿我开心。不过，你先别笑我，保不齐以后你跟我一样。哎，听说马朋两口子离婚了，到底因为什么呀？

铁　军：谁知道啊。说实话，马朋那牛脾气要是犯起来，真让人受不了。不过，他们家那位半边天也够厉害的。这俩人是针尖儿对麦芒儿，嚷嚷着要离婚可有日子了，大伙儿都以为他们就是说说而已，没想到这次是动真格的了。

强　子：两口子能有什么大不了的矛盾啊，说开了不就没事了吗？你应该好好劝劝他。

铁　军：你说得轻巧，你还不了解他？他是不撞南墙不回头。再说，清官难断家务事，咱去了说什么呀？

强　子：那倒也是。马朋那个人哪儿都好，就是脾气太……

第十二课　｜　145

铁　军：哎，别说他了，我听说你们公司跟咱们母校的合作搞得挺火的，好好干，别给咱母校脸上抹黑。

强　子：我是谁呀！你就放心吧。以后有什么要帮忙的，一句话的事。

铁　军：有你这句话就行，哪天我下岗了，我就上你那儿给你跑跑龙套，怎么样？

## 注释

1. **发福**：（中年の人に対する婉曲な言い方）太ること。
2. **误事**："**误**"は遅れる、遅れて事をしくじる。"**误事**"は"**耽误事情**"の意で、ものごとを滞らせる、手遅れになる。
3. **原封不动**：もとのままで少しも手を加えない。
4. **嚷嚷**（rāngrang）：言い争う、大声で騒ぎ立てる。
5. **不撞南墙不回头**：ことわざ。頑固で強情で、失敗をしないとやめないことの喩え。けなす意味を含む。
6. **清官难断家务事**：ことわざ。家庭内のことは複雑に込み入っているので、他人には事の当否の判断ができない。
7. **火**：盛んであること。

## 例文解釈　CD4-2

1. **半死不活**（bàn sǐ bù huó）
   元気がない、活気がない様子の喩え。青息吐息。
   ① 刚在医院住了两天，爷爷就非要出院不可，他说，看着其他病人那半死不活的样子，心里不舒服。
   病院に二、三日入院しただけで、おじいちゃんはどうしても退院し

たいと言ってきかない。ほかの生きてるのか死んでるのか分からないような患者を目にすると、めいってしまうと言うのだ。
② 这个饭店半年之内换了三个经理，有本事的厨师也都走了，饭店生意半死不活的，顾客越来越少，眼看就要关门了。

2. **不够意思**（bú gòu yìsi）
   あまり感心しない、義理を欠く。
   ① 我是他的朋友，现在他最需要朋友的帮助，我要是不帮他一把，就太不够意思了。
   私は彼の友人なんだ。彼が友だちの助けを一番必要としている今、彼を助けないと、友だちがいがないよ。
   ② 老王不满地说："你也太不够意思了，我们都快干完了你才来。"
   ③ 我们七嘴八舌地说："小路，真不够意思，找着个好工作也不请客。"

3. **看在**（kàn zài）**老同学的面子上**（miànzi shang）
   "看在（某人）的面子上"：（ある人の顔）に免じて、顔を立てて。
   ① 他对我说："我知道这件事我弟弟做得不对，可是看在咱们同学多年的面子上，你就原谅他吧。"
   彼が私に「この件では弟が悪いのは分かっているが、我々の同級生としての長いつきあいに免じて、彼を許してくれ」と言った。
   ② "到底是怎么回事？就请你看在将要死去的人的面上，告诉我实话。"院长恳求他。
   ③ 他不想去，可是看在女儿的面子上，他还是去了，他不想让女儿为难。

4. **说什么也**（shuō shénme yě）**得去**
   "说什么也"：どうあっても、どうしても。
   ① 这时大郎已下定决心，说什么也得从本来就够紧张的开支中挤出 7 万元钱来。
   この時、大郎はすでに腹をきめていた。どうあってももともと厳しい出費から七万元を工面しなければならない。
   ② 二奶奶说什么也想不通，怎么女孩子也能去当警察呢？

③ 我咬紧牙关，这时候说什么也得保持镇静，那些人都看着我呢。

5. **鸟枪换炮**（niǎoqiāng huàn pào）
   （鳥擊ち銃を大砲に取り替えることから）古いものを新しいものに替え、遅れているものを進んでいるものに替える喩え。
   ① 这几年公司发展很快，所以我们办公室也鸟枪换炮，买了两台最先进的电脑。原来的旧电脑就以很便宜的价钱卖了。
   ここ数年会社の発展がめざましく、事務所の設備も更新され、最新型パソコンを二台買った。もとの古いパソコンは安価で売り払った。
   ② 大刘当了经理以后，是鸟枪换炮了，把骑了好几年的自行车扔了，自己买了辆小汽车开上，别提多神气了。

6. **一天到晚**（yì tiān dào wǎn）
   毎日朝から晩まで。
   ① 柳霞一天到晚没有空闲的时候，人变得又黑又瘦，眼角出现了一条条细密的皱纹。
   柳霞は朝から晩まで休む暇もなく、痩せて色も黒くなり、目尻に幾筋もの細かいしわができた。
   ② 她一天到晚无事可做，就盼着有人来跟她聊聊天。
   ③ 穆女士一天到晚不用提多么忙了，又加上长得有点胖，简直忙得喘不过气来。

7. **咬牙**（yǎo yá）
   歯を食いしばる。意を決して（嫌がることまた怖がることを）する。
   ① 参加比赛的人一个一个地走上舞台，我前面的那个人快唱完了，我紧张得腿直发抖，真不想参加了，可这时主持人念到了我的名字，不唱是不可能的了，没办法，我一咬牙就走上了舞台。
   コンテストに参加する人が次々と舞台に上がり、私の前の人がもうすぐ歌い終わる頃には、私は足が震えるほど緊張して、ほんとうにもう出るのをやめようかと思ったが、司会者が私の名前を呼び、もうやめるわけにはいかず、仕方なく、意を決して舞台に上がった。

② 站在游泳池旁边，她不敢往下跳，周围的同学都跳下去了，只剩下她一个人，同学们一起鼓掌，给她加油，她闭上眼，一咬牙跳了下去。

8. 东跑西颠儿（dōng pǎo xī diānr）
   あちこち走り回る。
   ① 在大伙儿的帮助下，第二天，他就东跑西颠儿地送起了报纸和信。
   みんなに助けられて、彼は二日目からもう新聞や手紙をあちらこちらへ配達するようになった。
   ② 他们是搞推销的，每天东跑西颠儿，北京的大小街道、胡同他们都特别熟。
   ③ 他不愿意坐办公室，倒愿意像以前似的东跑西颠儿，这让他爱人很不理解。

9. 煲电话粥（bāo diànhuàzhōu）
   長電話の喩え。
   ① 小妹一回家就开始煲电话粥，弄得家里的电话费直线上升，我朋友给我打电话老打不进来，所以我跟爸爸说以后要给电话安上一把锁。
   妹は家に帰るとすぐ長電話を始めるので、家の電話代がうなぎ上りだ。友だちからの電話がいつもつながらないので、父にこれからは電話にかぎをつけてほしいと頼んだ。
   ② 这些女人不用去上班以后，开始的时候每天在家不是看电视就是煲电话粥，时间一长就觉得这样的生活没有意思了。

10. 够（gòu）我一呛（yì qiàng）
    "够（某人）一呛"：(物事の程度が耐えられないほどに) たまらない、大変である、ひどい。
    ① 一到春节，家里就来很多亲戚，光做这么多人的饭就够妈妈一呛，哪儿还有时间陪客人们聊天呀。
    お正月になると、親戚がどっと押しかけ、これだけ大勢の食事の用意だけでも母にはもう大変なことなので、お客さんの話の相手をしている暇などとてもない。

第十二课 | 149

② 丈夫去世以后，家里三个不懂事孩子，再加上个有病的老婆婆，就全靠她一个人了，这日子可真够她一呛。

## 11. 挨（ái）嫂子白眼儿（báiyǎnr）
"挨〜白眼儿"：〜に白い目で見られる。恨まれる、とがめられる、蔑まれるなど。
① 干我们这个工作得特别细心，干不好就会挨顾客的白眼儿，甚至丢了饭碗。
私たちの仕事は細心の注意が必要です。ミスをすればお客に白い目で見られるし、悪くすれば首が飛ぶ。
② 因为穷，她都不敢回娘家，怕挨嫂子的白眼儿，也怕听一些难听的话。
③ 小时候，他挨惯了后妈的白眼儿，不过这倒不妨碍他长成了个五大三粗的小伙子。

## 12. 气管炎（qìguǎnyán）
"妻管严"に発音が近いことから、冗談あるいはユーモアで、夫が妻を怖がることを表す。
① 我们都知道老刘是个"气管炎"，所以出去喝酒的时候从不拉他去。
劉さんが「恐妻家」であることはみんな知っていたから、お酒を飲みに行く時には彼をまったく誘わない。
② 说到请客，他很为难，他既怕别人笑话他是个"气管炎"，又怕惹妻子生气自己日子不好过。

## 13. 保不齐（bǎo bu qí）
おそらく、たぶん〜するかもしれない、保証しかねる。
① 老爷爷说："谁也保不齐明天会发生什么事。过一天算一天吧！"
おじいさんが「誰にも明日何が起こるか知れたものではない。一日一日が無事に過ぎればそれでいい」と言った。
② 你要这么对他说，保不齐他会把你骂出来。
③ 他的话你也信？他十句话里也就有一两句是真的，有时候保不齐一句真话都没有。

### 14. 牛脾气（píqì）要是犯（fàn）起来

"犯脾气"：かんしゃくを起こす。"牛脾气"：頑固な気性。

① 别看孩子们敢跟他打打闹闹，可他要是真犯起脾气来，谁也不敢吭声了。
子供たちは彼とじゃれあうことはできても、彼が本気になって怒ったら誰ひとりはむかえない。

② 妈妈对我说："在家里什么都好说，可到了外面，要是动不动就跟人家犯脾气，你非吃亏不可。"

### 15. 半边天（bànbiāntiān）

「天の半分（を支える）」という意味から、（新中国の）女性を指す。

① 他开玩笑说："每个成功的男人的背后都有个能干的半边天，不信，你们就看看咱们经理吧。"
彼は冗談めかして「成功したどの男性にも後ろによくできた女性が控えているのです。信じないのなら、われわれの支配人を見てください」と言った。

② 老厂长这么一说，半边天们不干了，都说老厂长老脑筋，看不起妇女。

### 16. 针尖儿对麦芒儿（zhēnjiānr duì màimángr）

（針の先と麦ののぎとが向かい合うことから）鋭く対立して、弱みを見せないことの喩え。

① 就因为这句话，姐妹两个人针尖儿对麦芒儿地争起来，谁也不让谁，弄得朋友们不知道该劝谁，也不知道说什么好。
この一言で姉妹二人は角突き合わせるように言い争いを始め、どちらも譲らなかった。友だちはどちらを説得すればいいのか、どう言葉をかければいいのかと困り果てた。

② 他们有时候为一点儿小事就针尖儿对麦芒儿地吵，吵到最后的结果是爸爸过来把他们俩骂一顿，他们俩就都不出声了。

### 17. 有日子（yǒu rìzi）

長い間。ずいぶん日が経っている。

① 李奶奶来到门口儿说："老姐姐，咱们有日子没见了，快进来坐坐。"

李おばあさんが玄関まで出て来て言った。「お姉さん、お久しぶりですね。はやく上がってください」。
② 马师傅的胃疼已经有日子了，可他一直没放在心上。

## 18. 动真格的（dòng zhēngéde）
真剣に対応し行動に移す。本気になってやる。
① 在大学里他也谈过几次恋爱，可都是没动真格的，所以吹了也就吹了，没让他多难过。
　　　学生時代彼も何回か恋愛をしたが、どれも本気にならなかったので、だめになれば別れるだけで、そんなに辛くはなかった。
② 以前姐姐也说过好几次要辞职，可也就是说说罢了，这次看来她是要动真格的了。

## 19. 说开（shuō kāi）
本音や言うべきことを打ち明ける、はっきりと言う。
① 老张劝我说："你们俩应该找时间好好谈谈，心里怎么想的都说出来，甭管有多大的问题，说开了就不是问题了，不说明白解决不了问题。"
　　　張さんが私をいさめて言った。「あなたたち二人は時間をとってじっくり話し合うべきだ。胸の内をさらけだしなさい。どんな大きな問題であろうと、打ち明けてしまえばもう問題ではなくなるのだ。打ち明けないと何も解決できない」。
② 马威瞪着眼说："怎么不该提房子的事呀？这事在我肚子里憋了好长时间了，今天咱们得说开了，非说不可！"

## 20. 说得轻巧（shuō de qīngqiao）
（考えが甘くて）軽く言う。
① 看见姐姐着急的样子，我说："不就是一只花瓶吗？碎了就碎了，能有什么事？再买一个不就行了？"姐姐白了我一眼："你说得轻巧，这可不是一只普通的瓶子。"
　　　姉の心配そうな様子を見て、私が「たかが花瓶ひとつじゃないか。壊れたら壊れたで、たいしたことはないよ。もう一つ買えばすむこ

とじゃないか」と言うと、姉は私をにらみつけた。「言うのは簡単だけど、これは普通の花瓶じゃないのよ」。
② "不就欠他们钱么？还给他们不就完了！"李姐说："你说得轻巧！一万多块呢！我上哪儿找那么多钱啊？"

## 21. 给（gěi）咱母校脸上抹黑（mǒ hēi）
"给（某人）抹黑"：(ある人の) 体面を汚す、顔に泥を塗る、恥をかかせる。
① 队长的意思是，小张这种人素质太差，留下来只会给咱们警察队伍抹黑，不如趁早把他送回去。
隊長の言う意味は、張さんの素質が低すぎるので、残しても我々警察の体面を汚すだけだ、早いうちに送り帰すのが一番だ、ということだ。
② 我爷爷一直认为我爸爸离婚就是给他脸上抹黑，所以他坚决反对，并声称，要是我爸爸非要离婚，那他就没这么个儿子了。

## 22. 我是谁呀（wǒ shì shéi ya）
「自分が普通の人間ではない、特別な人間である」との意。自慢して言う。
① 大伙儿都有点替小马担心，可小马拍拍胸脯说："我是谁呀，在球场上摸爬滚打了十多年了，输给个新手？笑话！"
みんな馬さんのことが少し心配だったが、馬さんは胸を叩きながら言った。「私を誰だと思っている？ グラウンドで十数年も鍛え抜かれたんだ、新米になど負けるものか。冗談じゃない！」
② 李大山一边往后退，一边说："我是谁呀！你敢把我怎么样？"

## 23. 一句话的事（yí jù huà de shì）
(地位や権力や特殊な条件があって) 一言で問題を解決できる。
① 以前厂子招工，要谁不要谁，都是厂长一句话的事，现在可要凭真本事了。
以前は工場の工員募集で、誰を採用するかは工場長の一言で決まったが、今は本人の実力で決まるようになった。
② 不就是要个合格证吗？你就放心好了，我一句话的事，明天就给你办好。
③ 我叔叔是那个公司的经理，我要想进那个公司，那还不是一句话的事？

## 24. 跑龙套（pǎo lóngtào）

（芝居で端役を演じるように）他人の下で重要でない仕事をすること。

① 像我们这个年龄的，都没有什么学历，到哪儿都是给别人跑龙套，我们也不指望别的，只求能平平安安就行了。

　私たちのような年齢の人間は、みんな学歴もないし、どこへ行っても他人の下働きをやらせられるだけだ。私たちも何かを期待しているわけじゃない。ただ平穏無事であればそれでいい。

② 他心里很是不服气，他一个大学生，竟然给个小学都没念完的人跑龙套，真是笑话。

③ 老张说："跑龙套也很重要啊，虽然说我是经理，可没有你们的帮助，我一个人什么也干不成啊！"

## 練習問題

一、次の文を下線を引いた部分に注意して訳しなさい。

(1) 我在她家的门口儿停了一下儿，努力把心里的紧张压下去，今天<u>说什么也得</u>把这朵花亲手交给她。

(2) 给他送礼的人特别多，因为你的棉花是一级还是二级，都是<u>他一句话的事</u>，这一级和二级每斤差着四块钱呢。

(3) 吴双又上楼来叫我，我装睡不理他，听见他在门外说："惠珠，你起来吧，我作个自我批评成不成？我们是太<u>不够意思</u>了，这几天把你一个人扔在家里。"

(4) 王大发说："老四，休息够了吧？　出去找点儿事干！"老四说："今天我等两个朋友。"王大发想了想说："老四，咱们可<u>把话说开了</u>，从今以后，你不能老赖在家里白吃饭。"

二、適当な言葉を選び、空欄を埋めなさい。

　　①半边天　②有日子　③保不齐　④跑龙套　⑤东跑西颠儿
　　⑥鸟枪换炮　⑦一天到晚　⑧半死不活　⑨不够意思　⑩煲电话粥

(1) 大姐见我们来了，特别高兴，说："咱们＿＿＿＿＿没见了，今天别着急走，

在我这儿吃晚饭，咱们好好聊聊。"
(2) 他不想去麻烦二哥，二哥虽然在办公室，可只是个_____的，帮不了他的忙。
(3) 李平当上厂长以后，_____忙得连去看父母的时间也没有了，觉得很对不起两位老人。
(4) 现在就连清洁工人也都_____了，扔了大笤帚，开上了一种新型的清洁车。
(5) 这个厂这么多年都没有什么发展，就这么_____地支撑着，工人吃不饱也饿不死。
(6) 王科长说："女同志力气是没咱们大，可要说照顾病人、照顾孩子，人家_____就是比咱们耐心，这咱们不能不承认，是吧？"
(7) 晚上没事的时候，我喜欢抱着电话跟朋友_____，所以一到晚上电话就打不进来，气得大哥和大姐每人买了一个手机。
(8) 看门的大爷说："这个院子有两个门，我今天一直在这儿没离开，_____那个小偷是从后边的门跑的。"
(9) 他的工作是送货，骑着辆自行车天天_____，这跟他的性格倒挺适合的。
(10) 韩建国说："咱们同学一场，这点儿忙你都不帮，太_____了！"

三、指定した言葉を使って、日本語の部分を中国語に訳しなさい。
(1) A：你要是实在没有时间做家务，就请个保姆来帮帮你。
　　B：_____。（说得轻巧）
　　　［軽く言うけど、お手伝いを雇うってそんなに簡単なことなの?!］
(2) A：我去过他家，真的很困难，_____。（看在A的面上）
　　　［私の顔を立てて、彼を助けてやってくれ］
　　B：我不是不想帮他，可找工作不是容易的事，不能着急。
(3) A：那个孩子从小就没人管，野得很，哪个班都不愿意要他，听说最后去了郑老师的班。
　　B：_____。（够A一呛）
　　　［そりゃ鄭先生は大変だ］
(4) A：听老王说，昨天他过马路没走人行横道，被警察罚了。

第十二课 | 155

　　　　B：哟，＿＿＿＿＿＿，其实早该如此。（动真格的）
　　　　　　［今度はまじめにやったんだ］

(5)　儿子：明天我们去参加北京市的比赛，我是后卫。
　　　爸爸：好好踢，＿＿＿＿＿＿。（给A抹黑）
　　　　　　［学校に恥をかかせるな］

(6)　妈妈：你爬得上去吗？　那棵树挺高的，算了算了，那风筝咱们不要了。
　　　儿子：＿＿＿＿＿＿。（我是谁呀）
　　　　　　［ぼくを誰だと思っているの、お母さん安心して］

(7)　A：从那么高的地方往下跳？　我可不敢。哎，你怎么跳的？
　　　B：＿＿＿＿＿＿。（咬牙）
　　　　　［意を決して、飛び降りたんだ］

(8)　妻子：这条裤子有点儿瘦，明天你路过商场帮我换一条。
　　　丈夫：还是你去吧，＿＿＿＿＿＿。（挨A的白眼）
　　　　　　［ぼくが女もののズボンを取り替えるなんて、きっと店員ににらまれるよ］

(9)　A：你们老高整天笑嘻嘻的，看样子脾气不错。
　　　B：哪儿啊，＿＿＿＿＿＿。（犯脾气）
　　　　　［彼は怒り出したら、そのこわいことったらない］

(10)　A：小张，今天晚上一块儿去老王家打麻将吧！
　　　B：你别叫他，＿＿＿＿＿＿。（气管炎）
　　　　　［彼は有名な「恐妻家」なんだ］

## 第十三课  CD1-13

# 拿到票我这一块石头才算落了地
チケットを手に入れてやっとほっとした

自転車の接触事故にあった衛国さんは、あやまりもしない相手や無関心な野次馬に腹立たしい思いですが、ガールフレンドから頼まれた音楽会のチケットを手に入れてほっとしています。そのガールフレンドの話題に朱明はどうも浮わついた空気を感じます。

（朱明遇到好朋友卫国）

朱　明：卫国，你不是说要去王老师家吗？这么快就回来了？

卫　国：什么呀！我还没去呢。真倒霉，刚骑到前边十字路口一个人就把我撞倒了，车也撞坏了，没法儿骑了。

朱　明：坐车挺顺的，谁让你偏要骑车去。这会儿正是人多车多的时候，你一说要骑车去我就替你捏着一把汗，还好，人没伤着就算万幸。

卫　国：那个人真不像话，撞了人连句话都不说，一溜烟儿就骑跑了。旁边看热闹的挺多，可谁也不上来帮帮我，真气人。

朱　明：别跟那些人一般见识。现在很多人不愿意管闲事，都怕

第十三课 | 157

管出麻烦来。上回一个老太太摔倒了，我好心送她回家，没想到人家都说是我撞倒了老太太，把我气得一愣一愣的。

卫　国：唉，我现在倒不生气了，就是这心里不是滋味。看来，明天的音乐会还是坐车去好。

朱　明：你搞到票了？够有路子的呀！

卫　国：哪儿有路子呀，全凭我这三寸不烂之舌。我跟我女朋友夸下了海口，说没有我弄不到的票。你不知道，我跟卖票的套了半天近乎，他才卖给我两张。现在，拿到票我这一块石头才算落了地，要不然在女朋友面前这脸上可真挂不住。

朱　明：你越说我越摸不着头脑了，你女朋友？是哪个？我怎么不知道？

卫　国：就是李文竹，新来的研究生。

朱　明：怪不得那群女生一来你就跟她们打成一片，原来你是有目的的。老兄，我还真佩服你，你干别的都是个半瓶子醋，可跟女生打交道还真有两下子。不过，追紧点儿，别又像以前似的被人家甩了。哎，我怎么没看出来李文竹喜欢你呀，不是你一厢情愿吧？要是那样的话，你趁早别这么献殷勤，到最后闹个竹篮打水一场空。

卫　国：你老给我泼冷水。

朱　明：哎，前一段我还看见你跟王老师的女儿打得火热的，小心，不要脚踩两条船哟！

卫　国：你怎么把我想得那么坏？我跟王老师的女儿只是一般的朋友。告诉你，我准备明年考研究生，参考书都买好了。

你想，人家是研究生，我至少也得是个研究生吧。

朱　明：那好啊，不过我不信，你这个人我最了解，干什么都是雷声大雨点儿小。

卫　国：这回我可是认真的，我要让你们看看我是不是那种光会耍嘴皮子的人。

朱　明：噢，看来爱情的力量真够大的呀！

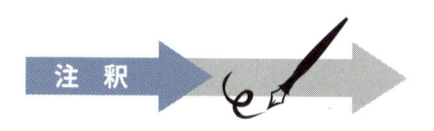

### 注　释

1. **万幸**：（大きな災い、損失を免れて）非常な幸運。不幸中の幸い。
2. **老兄**：男性の友人同士の間で呼び合う呼称。「お前」、「兄弟」。
3. **甩**：ここでは恋愛関係にある男女の一方がもう一方を好きでなくなり、離れていくことを指す。振る。

### 例文解釈　CD4-3

1. **捏着一把汗**（niēzhe yì bǎ hàn）
   （心配、おびえ、緊張のあまり）手に汗を握る。はらはらする。
   ① 那个大胡子慢慢爬上去，我们全都替他捏着一把汗，怕他站不稳，摔下山去。
   あのひげの男がゆっくりと登っていく。私たちはみんなはらはらして、彼が足をふみはずして山から転落するのではないかと心配した。
   ② 王应山走上舞台开始唱了，由于紧张，他的声音有点儿抖，我们很怕他忘了歌词，都替他捏着一把汗。

2. **一溜烟儿**（yíliùyānr）
   （走るのが速い様子）一目散に。さっさと。

① 她斜着眼看了马威一下，说了声"再见，"然后一溜烟儿似的跑了。
彼女は横目に馬威をちらっと見ると、「じゃあね」と言って一目散に走り去った。
② 她想出去，可是一抬头看见爸爸就站在门口，吓得马上改了主意，像个小耗子似的，一溜烟儿钻进了自己的卧室。
③ 一辆小轿车一溜烟儿飞驰到单身宿舍大楼，从车里出来个中年男人。

3. 看热闹（kàn rènao）
   騒ぎなどを傍観する。
   ① 她们一边干活一边大声叫骂，阿桂以为她们接下去就要打在一起了，于是停下来想看热闹，谁知她们只是互相骂，并不动手。
   彼女らが仕事をしながら大声で罵っていた。阿桂は次は殴りあいになるなと思って手をとめ、見物をしようと思った。ところが彼女らはお互いに罵るだけで手を出さなかった。
   ② 院子里除了客人以外，还有很多小孩子也站着看热闹。

4. 跟（gēn）那些人一般见识（yìbān jiànshi）
   "跟（某人）一般见识"：知識、教養の劣るものと張り合う。
   ① 秋云是个中学老师，每天在学校里教孩子们说外国话，而宝月只是个家庭妇女，所以不管宝月怎么闹，秋云也不会与宝月一般见识的。
   秋雲は中学校の教師で、毎日学校で子供たちに外国語を教えているが、一方宝月はただの主婦なので、宝月がどんなに騒いでも、秋雲は彼女とは張り合わないことにした。
   ② 老刘一个劲儿地说："对不起，对不起，我们这位同志喝多了，所以胡说八道，平时可不这样，各位别跟他一般见识，回去我们好好教育他。"
   ③ 表哥不以为然地说："你一个男子汉，干吗跟个女人一般见识？她骂你你不理她不就行了？"

5. 气得一愣一愣的（yílèng yílèng de）
   驚きや怒りのために言葉が出てこない様子。

① 马超第一个冲过了终点，第二名离他有五十多米远，这个成绩把别的队吓得一愣一愣的，马超自己也没想到。
馬超がトップでゴールインして、二着は彼とは五十メートル以上差があった。この結果にほかのチームは言葉を失ったが、馬超自身予想もしなかった。

② 他才十九岁，可对果树懂得特别多。有一次林业学校的学生来参观，由他给他们讲解，讲得那些学生一愣一愣的，不停地拿笔记本子记。

6. 不是滋味（bú shì zīwèi）
つらく、名状し難い気分。

① 几年不见，她老了很多，头发都花白了，看得出来她日子过得很艰难，这让我感到心里很不是滋味。
何年か会わないうちに、彼女はずいぶん老けた。髪の毛はすっかり白くなり、苦しい暮らし向きが見とれ、私はとてもつらかった。

② 大伙儿看见他们两人哭成了一团儿，心里也都不是滋味，可又不知道说什么好。

7. 有路子（yǒu lùzi）
方法、手づるがある、コネがある。"有门路"とも言う。

① 那时候，要想买到彩电、冰箱这样的家用电器，光有钱不行，还得有路子才能买到。
あの頃はカラーテレビや冷蔵庫のような家電製品を手に入れたいと思えば、お金があるだけではだめで、コネがなければ手に入らなかった。

② 伟业在农村呆了四年，由于没有路子回上海，就在当地结了婚，现在人家是一家饭馆的经理。

③ 刘护士悄悄地问我有没有路子帮她换换工作，说当护士太辛苦，挣钱也少。

8. 三寸不烂之舌（sān cùn bú làn zhī shé）
弁舌が巧みなことの喩え。舌先三寸。

① 宝庆的本事全在他那张嘴上，大家都说，他那三寸不烂之舌能把死人

第十三课 | 161

说活了，十个人也不是他的对手。

宝慶の才能と言えばすべてその口舌にある。みんなが言うには、彼のあの口先三寸の弁舌は死人にさえ口をきかせることができ、十人がかりでも彼の相手にはならない。

② 朱先生听了以后，对两个人说："我只会写点儿文章，别的事我不懂，又没有三寸不烂之舌，哪能当主席呀！你们还是另请高明吧。"说完就转身走了。

## 9. 夸（kuā）下了海口（hǎikǒu）

"夸海口"：ほらを吹く、大言壮語する。

① 小王心里很喜欢杨如，就想请老唐帮忙介绍一下儿，因为老唐的爱人就和杨如在一起工作。老唐向小王夸下海口，说："这事一点问题也没有，你就等好消息吧！"可是小王等了好几天也没等到老唐的回话。

王さんは楊如さんのことが気に入って、唐さんに紹介の仲立ちを頼もうと思った。唐さんの奥さんが楊如さんと同じ勤め先なのである。唐さんは王さんに自信たっぷりに「まったく問題はない。いい知らせをお待ちください」と言ったが、何日待っても返事がなかった。

② "我要在十年之内走遍全国，尝遍各地风味。"李非野心勃勃地夸下海口。

## 10. 套（tào）了半天近乎（jìnhu）

"套近乎"：(誰かに) 取り入り、親しくなる。

① 我家旁边有个农贸市场，我常到那儿去买水果，那儿的人都认识我了，有人想和我套近乎，看见我的头发白了不少，就说，老师傅，您有五十了吧？我听了后哭笑不得。

我が家の近くに農産物の自由市場があり、私はよくそこへ果物を買いに行ったので、そこの人々はみんな私のことを知っている。ある人が私に取り入ろうとして、私の髪の毛がかなり白いのを見ると、老師匠、五十になったでしょうと親しげに話しかけてきた。それを聞いて私は泣くに泣けず笑うに笑えなかった。

② 宝庆陪着笑脸请司机抽烟，跟他套近乎，然后塞给他一笔可观的钱，

要他把一家人捎到温泉去，司机痛痛快快地答应了。

## 11. 一块石头（yí kuài shítou）才算落了地（luòle dì）
"一块石头落了地"：ほっとする。肩の荷が下りる。
① 小林看妻子不说话，知道她基本答应了，这时心里一块石头才算落了地。
  林さんは妻が黙っているのを見て彼女がだいたい承知してくれたと分かり、やっとほっとした。
② 看见他们一家正安安静静地吃早饭，白队长顿时一块石头落了地，如果真有什么事，他们肯定不会如此平静地吃早饭。

## 12. 脸上（liǎnshang）可真挂不住（guà bu zhù）
"脸上挂不住"：決まりが悪くていたたまれない。恥ずかしくてたまらない。"面子上挂不住"とも言う。
① 小马手摸着后脑勺说："不就是卖鸭子吗？我会干倒是会干，只是面子上挂不住，同事、朋友要是看见了……"小马爱人说："管他呢！讲面子不是穷了这么多年？我不怕你丢面子，你还怕什么！"
  馬さんが後ろ頭をなでながら「たかがアヒルを売るぐらい、できることはできるが、ただばつが悪くて、同僚や友人に見られたら……」と言うと、奥さんが「構うもんですか。面子を大事にしたせいで、長い間貧乏暮らしなんじゃないの。あなたの面子が立たなくても私は平気なんだから、あなたが何を心配するっていうの」と言った。
② 他的回答很客气，话也说得很婉转，但是小丽的要求当众被顶回来，面子上仍有点儿挂不住，尴尬得满面通红。
③ 那个孩子跑过去，又叫了声："爸爸！"旁边的人都大笑起来。那个女人看见了，觉得脸上挂不住，就一把拖过儿子，点着他鼻子说道："那不是你爸爸。"

## 13. 摸不着头脑（mō bu zháo tóunǎo）
事情がさっぱり理解できない。
① 进门一看，箱子、柜子里的东西全翻出来了，到处都是，安娜一时摸不着头脑，不知道发生了什么事。

部屋に入って見ると、トランク、たんすの中のものが全部引っくり返され、そこら中に散らかっていたので、アンナはボーッとしてしまい、何が起こったのかさっぱり分からなかった。

② 老人叹了口气说："你有个女儿叫小棠吧？"一句话问得我摸不着头脑，就点了点头没说话。

③ 丁书杰大笑起来，王先生被弄得摸不着头脑，不知道这里面有什么可笑的。

## 14. 打成一片（dǎchéng yí piàn）

ほかの人と気持ちが一つに解け合い、親密な関係となる。

① 他是个典型的知识分子，但质朴，没什么架子，很容易和普通人打成一片。他来这里时间并不长，就和全村的大人小孩都熟悉了。
彼は典型的な知識人ですが、素朴で、もったいぶらないので、一般の人に簡単にとけ込める。ここに来てからまだ日が経っていないが、もう村の大人や子供みんなと親しくなった。

② 这个单位有很多年轻人，他们热情、豪爽、关心时事，文芳来了以后，很快就与他们打成了一片。

## 15. 半瓶子醋（bàn píngzi cù）

（知識や技術が）生かじり、知ったかぶり、半可通。

① 家里人都埋怨他："那么多钢琴家不找，找来个半瓶子醋，把孩子都教歪了。"
家族が彼に不満をこぼした。「たくさんピアニストがいるっていうのに、こんな生かじりを見つけてきて、子供をだめにしてしまったじゃないか」。

② 我们厂是个小厂，请不起好的技术员，虽然知道白老汉家的老二只学过一两年，是个半瓶子醋，可没办法，也只好把他找来了。

## 16. 有两下子（yǒu liǎngxiàzi）

なかなかの手腕がある、大したものである。

① 小琴说："看不出来，你做菜还真有两下子，比我妈做的还好吃。"

164

小琴が「あなたが料理ができるなんて思わなかった。うちの母が作ったものよりもおいしいわ」と言った。
② 青青笑着说："你真有两下子，我还没说，你就猜出了我要说 什么"。
③ 李老师真有两下子，那么难的题他几句话就给我们讲明白了。

## 17. 泼冷水（pō lěngshuǐ）
人の熱意ややる気に打撃を加える。冷水を浴びせる。
① 我们兴奋地把这个计划交给了张书记，没想到他泼了我们一头冷水，说我们是不切实际的瞎想。
私たちは興奮してこの計画を張書記に提出したのだが、思いがけないことに彼は現実性に乏しい妄想だと私たちに冷水を浴びせた。
② 小丽回家一提要参加足球队的事，妈妈就给她泼了一头冷水，说女孩子踢球是瞎胡闹。

## 18. 打得火热（dǎ de huǒrè）
熱々の仲。大変仲良くしているさま。
① 小王来了没多久就跟他们几个打得火热，经常在一块儿喝酒，小王发现他们几个并不像别人说得那么坏。
王さんは来てからまもなく彼ら数人と大の仲良しになって、いつも一緒にお酒を飲んだりしていた。王さんは彼らは人が言うような悪いやつじゃないと気づいた。
② 这时，文博士已经和丽琳打得火热，俩人天天在一起，几乎没心再管别的事，连办公室都很少去了。

## 19. 脚踩两条船（jiǎo cǎi liǎng tiáo chuán）
利点を得ようとして両方と関係を保つことの喩え。二股をかける。
① 我们都劝他说，小娟和朱丽都是不错的女孩子，不要玩脚踩两只船的游戏，欺骗她们的感情。
私たちはみんな彼を諭して言った。小娟と朱麗はふたりともいい子なんだから、二股をかけてもてあそび、彼女たちの気持ちを欺くようなことはしてはならないと。

② "这个时候应当抱住一头儿，不便脚踩两只船，你到齐畅家去，要是被公司的人看见，报告上去，不是会有麻烦吗？"高秘书说。

## 20. 雷声大雨点儿小（léishēng dà yǔdiǎnr xiǎo）

計画や話は大きいが、実行に移さないことの喩え。かけ声ばかりで実行が伴わない。

① 他一直说要跟小崔他们比试比试，看到底是谁厉害，可雷声大雨点儿小，就是看不见他去找他们，这让想看热闹的人很是失望。

彼は以前から崔さんたちと勝負してどっちが強いか見たいものだと言ってきたくせに、掛け声ばかりでぜんぜん彼らと会う気配がないので、見物を心待ちにしていた人たちをがっかりさせた。

② 参与打架的不是别人，而是总经理的外甥，所以虽然公司早就说要严肃处理这件事，可雷声大雨点儿小，到后来领导们就不提这件事了。

③ 奶奶说："你去劝劝小刚去吧，哭了半天了。"我说："别理他，他是雷声大雨点儿小，专门让别人听的。"

## 21. 耍嘴皮子（shuǎ zuǐpízi）

口達者。口先ばかりで実行しない。

① 赵大是个搬运工，只会出力气流汗，不会耍嘴皮子，今天碰到了嘴比刀子还厉害的四嫂，只是干生气，一句话也说不出来。

趙大さんは運搬工で、汗と力は振るっても弁舌を振うことはできない。今日は口がナイフより切れる四おばさんを相手にひたすら腹を立てるばかりで、返す言葉が出てこない。

② 听我说了半天，她一声不吭，最后，只冷冷地说："你不用耍嘴皮子了，想让我帮你干什么就直说了吧。"

## 練習問題

一、適当な言葉を選び、空欄を埋めなさい。
①看热闹　②一溜烟儿　③打得火热　④不是滋味　⑤耍嘴皮子
⑥脸上挂不住　⑦捏着一把汗　⑧摸不着头脑　⑨三寸不烂之舌
⑩一块石头落了地

(1) 看着弟弟因为失恋而痛苦的样子，她的心里很_____。
(2) 因为今天是绣文第一次上台，绣文妈妈心里比谁都紧张，躲在后台想看又不敢看，一直到听见前面的鼓掌声，她才算_____。
(3) 小马很想缓和一下儿自己跟同事们的关系，就大声说："今天中午我请客，谁去？"可是并没有人响应他，他站在那儿，_____了，不知道该说什么。
(4) 爸爸已经累得满头大汗了，一抬头看见我站在一边儿，就生气地说："二平，你怎么站在这儿_____啊？　还不赶快过来帮帮我？"
(5) 早上刚一迈进办公室，老刘就小声地问他："说实话，昨天你下班以后去哪儿了？"他被问得有点儿_____，说："昨天？　回家了，怎么了？"
(6) 老张很喜欢和年轻人一起聊天儿，所以到这儿没多久，他就和我们_____。
(7) 屋子里的人都让三立说笑了，老张一边笑一边说："你干别的都不行，可_____的功夫没人能比，真该让你去说相声。"
(8) 几个孩子跑过去一看，玻璃碎了一大块，里面传出了一个男人的叫骂声，吓得他们没敢捡球，转过身_____地跑了。
(9) 我们这儿邻居谁家闹别扭啦、吵嘴啦、婆媳不和啦，都愿意去找他说说，他有个本事，凭着他那_____，能让吵架双方吵着架来，拉着手走。
(10) 一个小演员开始顺着竹竿慢慢地往上爬，观众席变得鸦雀无声，看着他越爬越高，大家都替他_____。

二、指定した言葉を使って、日本語の部分を中国語に訳しなさい。
(1) A：我觉得他们想得太简单了，不会成功的。

第十三课 | 167

B：_____。（泼冷水）
　　　　［彼らに冷水をあびせてはいけない］

(2) A：你看见没有？哪儿有小孩子跟大人这么说话的？这种孩子也太气人了！
　　　B：算了！_____。（跟某人一般见识）
　　　　［子供と張り合って相手になどなるな］

(3) A：你看，我哥哥跟你姐姐是校友，咱们两家住得也不太远，你就帮我这个忙吧。
　　　B：_____。（套近乎）
　　　　［だめだ、ぼくに取り入るのはやめてくれ］

(4) 妈妈：小明今天跟我说，他要用这段时间好好复习，准备明年考研究生。
　　爸爸：那好啊，_____。（雷声大雨点儿小）
　　　　［しかしあの子は何事もかけ声ばかりで実行が伴なわない］

(5) A：这么多工作，小刘一个人能做好吗？
　　　B：_____。（夸下海口）
　　　　［彼はとにかくしっかりやるしかない。上司に大口をたたいたんだから］

(6) 女儿：他说明天请我吃饭，您说我去不去？
　　妈妈：别去，刚认识三天，_____。（打得火热）
　　　　［もう熱々の仲だなんて、みっともない］

(7) A：这道题肯定不会错，这是苏群亲口告诉我的，他可是大学生。
　　　B：什么大学生！_____。（半瓶子醋）
　　　　［ただの知ったかぶりよ］

(8) A：这次比赛我们的总分是第一名。
　　　B：_____。（有两下子）
　　　　［思ってもみなかった。きみたちは大したものだ］

(9) 医生：孩子得的是感冒，问题不大，休息两天就会好的。
　　妈妈：太谢谢您了，_____。（一块石头落了地）
　　　　［これでほっとしました］

# 第十四课 CD1-14

## 你说这叫什么事儿啊

これはいったいなんということかしら

南方旅行が期待したほどではなかった芳芳、買いたいものも見当たらなかった土産品の話から、面子を気にする友人の派手な結婚式の話になり、そこまでしなくてもと小麗と意気投合、その小麗は会社の研修にもれたのは弱い者いじめだと憤慨します。

（中午小丽和同事芳芳一边吃饭一边聊天儿）

小　丽：芳芳，你们这次去南方玩得不错吧？

芳　芳：你快别哪壶不开提哪壶了。一提起这次旅行我就气不打一处来，花了不少冤枉钱不说，还生了一肚子气，受了不少罪。

小　丽：真的？我在电视上看见有的旅游景点人山人海的，除了人还是人。

芳　芳：可不。那天在野生动物园，我们足足排了三个多小时的队才看见那几只狮子老虎，本来不想排了，可大老远地去了，不看吧，觉得亏得慌。唉，这次去的太不是时候了，

听说要在平时，往多了说每天也就几十个人。

小　丽：其实干吗都一窝蜂似的非要"五一"出去玩？我才不去凑那热闹呢。

芳　芳：是啊，这次我是吃够了苦头，本来是想趁着放假出去轻松一下儿，好家伙，比上班还累，你说这叫什么事儿呀！

小　丽：甭管怎么说，你们大开了眼界，累点儿也值了。

芳　芳：南方嘛，没去的时候老想去看看，可真去了也就那么回事了。好多地方说得这么好那么好，真到了那儿一看，也都不过如此。

小　丽：我看从南方回来的都大包小包的带回不少东西，你们买什么好东西了？

芳　芳：我们是想买点儿地方特产回来送人，可是转来转去也没看见什么特别的，都是大路货，送人哪儿拿得出手啊，所以干脆什么也没买。

小　丽：是啊，现在北京什么都能买着。哎，下月秀文结婚，听说要在大饭店举行婚礼，那得花多少钱哪！

芳　芳：她那个人太爱面子了，常常干打肿脸充胖子的事，我劝过她，可她不听。你看她的新房了吧？里面是清一色的进口电器，那都是用东挪西凑借来的钱买的。

小　丽：为了脸上好看到处借钱，何苦来呢？哎，你说，咱们要是送礼，送多少钱的合适啊？

芳　芳：随大溜儿吧，看看再说。听说这次进修又没有你，怎么回事？

小　丽：哼，看我老实，他们就拣软的捏，没那么容易，我可咽不下这口气，明天我就去找张主任讨个说法，小张比我

来得晚多了，凭什么让他去？
芳　芳：人家有后台呗，你没看张主任什么事都让他三分。
小　丽：太不公平了，我就不信没个说理的地方。
芳　芳：你还是趁早打消这个念头吧，没见过胳膊能拧过大腿的。
小　丽：你这么一说，我倒要试试！
芳　芳：嘿，我越劝你你倒越来劲儿了！

## 注 釈

1. **人山人海**：人が非常に多い様子。
2. **大老远**：非常に遠い（ところ）。
3. **东挪西凑**：あちこちから探し求めたり借りたりして集めること。
4. **说理**：道理を説く。
5. **趁早**：急ぐ。早目に、早く。
6. **来劲儿**：興奮する。張り切る。

## 例文解釈　CD4-4

1. **哪壶不开提哪壶**（nǎ hú bù kāi tí nǎ hú）

    人が取り上げた話題や内容が、話し手には触れてほしくないことであることを示す。

    ① 小丽笑着问："你不是说要学太极拳吗？学得怎么样了？"他连忙摆摆手："你怎么哪壶不开提哪壶啊！"旁边惠芬插嘴说："你不知道，他去了两天就不去了，早上起不来。"

    小麗が笑いながら聞いた。「太極拳を習いたいと言ってたじゃないの。どんな具合？」彼はあわてて手を振って、「どうして嫌がることをわざわざ聞くの」と言うと、隣にいた惠芬が口を挟んで言った。「それ

がね、二日行っただけでもうやめちゃったのよ、朝起きられないからだって」。

② 本来开始的时候气氛挺好，大哥的脸上也有了点儿笑容，没想到小鹏哪壶不开提哪壶，说起了做生意的事，大哥顿时没了兴趣，转身就走了。

2. 气不打一处来（qì bù dǎ yí chù lái）
非常に腹立たしいこと。やたらに腹が立つ。
① 看见儿子晃晃悠悠地回来了，老头儿气不打一处来，上去给了他一巴掌，嘴里还恨恨地骂道："我打死你这个不争气的东西。"
息子がよろよろしながら帰ってきたのを見ると、爺さんは腹が立って、近寄るなりピシャリとびんたを食わせ、口の中で憎々しげに罵った。「殴り殺してやる、この意気地なしめ」。
② 回到家，看见屋子里乱七八糟，丈夫和儿子盯着电视在看球赛，她气不打一处来，把手里的菜使劲摔在地上。

3. 花（huā）了不少冤枉钱（yuānwangqián）
"花冤枉钱"：無駄なお金を使う。ばかな（お金の）使い方をする。
① 刚来的时候他不会讨价还价，人家说多少钱他就给多少，所以花了不少冤枉钱。
来たばかりの時は彼は値段の駆け引きができずに、人の言い値で払っていたので、無駄な出費が多かった。
② 妈妈从来不带我们到理发馆去理发，她说那是花冤枉钱，还不如她自己剪得好。

4. 除了（chúle）人还是（háishi）人
"除了A还是A"：すべてA、あるいはAだけでほかのものがない。
① 他每天除了看书还是看书，对身边别的事情一点儿也不感兴趣。
彼は毎日読書に明け暮れており、周囲のほかのことにはすこしも興味を示さない。
② 我们的车来到村外，那里除了野草还是野草，看不见一个人，我们好像到了一个无人的世界。

5. **亏得慌**（de huang）

    "A 得慌"：A（飢える、疲れる、気がふさぐ等）であるために、気分がすぐれない、つらい。ひどく A である。A でたまらない。A は多くは単音節語。

    ① 她嫌外面晒得慌，所以这几天她哪儿也没去，躺在家里看小说。
    彼女は外が強く照りつけているのを嫌い、ここ数日はどこにも行かず、家で横になって小説を読んでいた。
    ② 这么多人挤在小屋里，还有人在抽烟，虽然打开了窗户，我还是觉得憋得慌，就悄悄溜了出去。
    ③ 自从儿子跟他吵架搬出去住以后，他老觉得心里堵得慌，吃饭也不香了。

6. **不是时候**（bú shì shíhou）

    タイミングが悪い。反対語は"是时候"。

    ① 车到百花山，雨停了。我们来得不是时候，没有看到满山遍野的花，但是百花山给我留下了一个非常美的印象。
    車が百花山に着く頃には雨が上がった。私たちはタイミングが悪く、野山一面に咲き乱れる花は見られなかったが、百花山は私にとても美しい印象を残してくれた。
    ② 他来到了门口，突然觉得现在进去还不是时候，应该再等等。
    ③ 二姐来得很是时候，她一来，紧张的气氛立刻缓和了。

7. **往多了说**（wǎng duōle shuō）

    多く見積もっても、多くとも。"往多里说"、"多说"とも言う。

    ① 不用坐车，走着去就行，书店离这儿不太远，往多了说也就三四站地。
    バスに乗る必要はない、歩いていけばよい。本屋さんはここからそんなに遠くない。せいぜいバス停三つか四つ分の距離だ。
    ② 他们离开家后，就很少回来，一年往多了说也就回来一两趟。

8. **一窝蜂**（yìwōfēng）

    蜂の群れのように人が押し寄せ、混乱する様子。「わっと」。

    ① 大成还没来得及说话，教室里的同学们已经一窝蜂似地跑出来，围住

了他，给他鼓掌，问这问那。

大成が話をする間もなく、教室の中の生徒たちがわっと押し寄せて彼を取り囲み、拍手をし、あれこれと尋ねた。

② 走廊里传来了一片脚步声，不知是哪一个班离开教室到操场上去了。"快，快！"班主任着急地催促大家，于是同学们一窝蜂地拥出了教室。

9. 凑（còu）那热闹（rènao）

"凑热闹"：にぎやかなところならどこへでもかけつける。また、すでにひどい状態である上にさらに厄介な目にあう。

① 表妹一家要走了，八叔做了一桌子的菜给她送行，我也去凑了个热闹。

いとこの一家が帰ることになり、八番目の叔父がテーブルいっぱいのご馳走を作って送別する席に、私も仲間入りさせてもらった。

② 瑞丰喜欢热闹，在平日，亲戚朋友家的喜事，他非去凑热闹不可，就是谁家办丧事也少不了他。

③ 这几天她身体本来就不好，连做顿饭也不容易，偏偏她住的破房子也来凑热闹，外头一下雨，屋里就漏个不停。

10. 好家伙（hǎojiāhuo）

感嘆詞。驚き、賛嘆を表す。

① 我从地上拣起一只军用水壶，好家伙！那么小的一个东西，上面竟然有五个弹眼！你就知道这仗打得有多厉害！

私は地面から軍用の水筒を一つ拾い上げた。なんということだ、こんなに小さいものに、なんと弾痕が五つもある！ この戦闘がどれだけ激しいものだったかわかるだろう！

② 爷爷告诉我那两头羊不是本地的品种，叫"高加索"，我一看，好家伙，比毛驴还大。

③ 出现在他眼前的是一大片蘑菇。他兴奋极了，心里直跳。"好家伙！这么多！"他简直不知道该先采哪一个了。

11. 这叫什么事儿呀（zhè jiào shénme shìr ya）

話し手のあることに対する不満や憤りを表す。

① 走过去以后，她听见姐妹俩还在小声骂着什么。她很不舒服，心想，这叫什么事儿呀，小小年纪就会骂那么难听的话。
その場を通り過ぎても、姉妹二人がまだぶつぶつ小声で何か罵っているのが聞こえた。彼女はとても不愉快だった。いったいなんということか、小娘のくせにあんな聞くに堪えない下品な言い方をするなんてと思った。

② 马瑞气哼哼地说："我和夏清什么事也没有，就是一般的同学，您别瞎猜，您是我爸爸，老跟人家开这种玩笑，这叫什么事呀。"

## 12. 就那么回事（jiù nàme huí shì）

とりわけ良いわけではない、ありふれた、あるいはとりたてて言うほどではない。

① 在结婚以前，她也有这样那样的期待、幻想，等真结婚了，才发觉婚姻就那么回事，远不是她想的那么浪漫。
結婚する前は彼女もあれこれ期待し幻想を抱いていたが、いざ結婚してみると、結婚はそれほどのことでもなく、彼女が思ったほどロマンチックなものではないと気づいた。

② 一年之后，我们家终于分了一套三居室。对于我妈和我弟来说，生活条件好了很多。可我觉得就那么回事，跟住房条件好的还是不能比。

## 13. 不过如此（búguò rúcǐ）

別に特別なところはない、まあこんなところだ。

① 我们去尝了以后才知道，所谓的名厨师，做的菜味道也不过如此。
私たちはその料理を味わってみて分かったのだが、いわゆる名料理人と言われる人でも、作った料理はそれほど大したものではない。

② 高松听了以后，撇了撇嘴说："我以为你有什么高见呢，原来也不过如此！"

③ 那个女孩子抬起右腿，用脚跟向他胸脯上一蹬，他一时脚没站稳，仰面朝天倒了。那个女孩子笑着说："你不是冠军吗？原来冠军也不过如此！"

## 14. 大路货（dàlùhuò）

普通のもの、ありふれたもの。

① 妻子说："人家是当官的，什么没见过，你要是送这种大路货给人家，还不得让人家笑话死。"

妻が「あちらはお役人だよ。見たことがないなんてものはないんだから、こんなありふれたものを送ってごらん、とことん笑いものにされておしまいだよ」と言った。

② 写了几行以后，他发现自己写的不是论文，而是晚报和旅游杂志上用的大路货。

## 15. 拿得出手（ná de chū shǒu）

物が良くて贈り物や鑑賞に堪える。反対語は"拿不出手"。

① 我不觉得自己是什么专家，我只当过舞蹈演员，只在舞蹈学院进修过，没有拿得出手的成绩或者资历。

私は自分が専門家などとは思っていない。ただダンサーになったことがあり、舞踊学校に通ったことがあるだけで、大した成績や経歴があるわけではない。

② 她对自己很有信心，就凭她的模样、年岁、气派，一定能拿得出手去，一定能讨曹太太的喜欢。

③ 看见别人送的礼物，起码都是一二百块钱的，我们俩心凉了半截，三十多块钱的东西简直拿不出手。

## 16. 爱面子（ài miànzi）

世間体を気にする。体面にこだわる。

① 没有外人的时候，他们俩不停地吵，彼此像敌人一样，可是他们又都是爱面子的人，所以宁愿让父母和朋友觉得他们是挺幸福的一对儿。

他人がいない時は、彼ら二人はたえず喧嘩をしていて、まるで敵同士のようだ。その一方でどちらも体面にこだわり、両親や友人にはむしろ自分たちがなかなか幸せなカップルだと思わせたいのだ。

② 一开始小林爱面子，总觉得如果说自己什么都不能办，会让家乡人看不起，就答应试一试，但往往试也是白试。

## 17. 打肿脸充胖子（dǎ zhǒng liǎn chōng pàngzi）

体面を良く見せようとしてほらを吹く、また出来もしないことをする。

① 一听他说婚礼要摆三十桌酒席，老陈就劝他："三十桌？那得花多少钱啊？你家的经济情况谁不知道？别打肿脸充胖子了，买点儿喜糖就行了。"

彼が結婚式に三十テーブルの宴席を設けると聞いて、陳さんがいさめて言った。「三十テーブル？　それにどれほど金がかかるのか。君の家の暮らし向きを知らない者などいるかい？　無理をして見栄を張るな。お祝いのキャンディを少し用意すればそれでいい」。

② 奶奶直埋怨他，没有能力就别接那个活儿，何必打肿脸充胖子呢？到最后还不是自己受罪吗？

## 18. 清一色（qīngyísè）

すべてが同一、同様、同色であること。

① 这条街没有新式的大厦，都是清一色的老式楼房，透着古色古香的味道。
この街は新しいビルがなく、おしなべて古い様式の建物が並び、古色蒼然としている。

② 铜管乐队的乐手们清一色是五大三粗的码头工人。

③ 那些女人衣着可时髦啦！出入当然是进口车，而且是清一色国际名牌！

## 19. 何苦来呢（hékǔ lái ne）

しなくてもよいことをして、煩わしい、不愉快な目にあう。"何苦"とも言う。

① 二奶奶劝她说："你嗓子都哭哑了，这是何苦来呢？要是哭能把你一家人哭回来，我就不拦着你，我也可以帮你哭。"

二番目のおばあさんが彼女をいさめて言った。「そんなに声がかすれてしまうまで泣くこともないだろう？　泣いておまえさんの家族が戻ってくるのなら、わたしは止めはしないよ、わたしだって泣いて加勢しようじゃないか」。

② 你们这样做，既损害了他的声誉，也降低了你们的威信，何苦来呢！

③ 我笑着说："你这是何苦来呢？他不愿意去就算了，你非拉着他去也

第十四课 | 177

没意思。"

## 20. 随大溜儿（suídàliùr）
大多数の人々の言動に従う。
① 那时我的朋友大多一毕业就工作了，我也随大溜儿当上了售货员。
その頃は友人のほとんどが卒業するとすぐに仕事に就いたので、私もその流れで店員になったのです。
② 她在穿衣服方面决不随大溜儿，总想搞出点儿与众不同来，所以有时难免闹点儿笑话。

## 21. 拣软的捏（jiǎn ruǎn de niē）
もっぱらおとなしい人間をいじめる。
① 他生气地说："去那种地方出差，你为什么不挑大力？为什么不挑郑天奇？偏偏挑上我！这不是专门拣软的捏吗？"
彼は腹立たしげに言った。「あんなところへの出張に、どうして大力を選ばなかったのですか。鄭天奇にしなかったのですか。よりによって私に行かせるなんて。これはおとなしい人間へのいじめじゃないですか」。
② 那些人最坏了，专拣软的捏，你到了那儿就知道了，所以你得给他们点儿厉害，他们就不敢欺负你了。

## 22. 咽不下这口气（yàn bu xià zhè kǒu qì）
いじめにがまんできない。いじめのつらい思いを胸におさめることができない。反対語は"咽下这口气"。
① 那些人的讥笑、辱骂又出现在他面前，今天他再也咽不下这口气了，他要去找他们拼命，他要讨回自己的尊严。
あの連中の嘲笑と口汚い罵りとがまた彼の眼前に浮かび上がって、今日という今日は彼はもう我慢ならなかった。今日こそやつらを探して命がけでやりあい、自らの尊厳を取り戻さねばならない。
② 他们人多，手里又有枪，你就先咽下这口气吧，君子报仇，十年不晚。

## 23. 讨个说法（tǎo ge shuōfa）

公正で合理的な結果や説明を求める。

① 她丈夫劝她说，既然人家把东西还回来了，那就算了吧，可她不干，她要找上级讨个说法，不能就这么糊里糊涂地完了。

彼女の夫が彼女をいさめて、相手は物を返して来たんだ、それでいいじゃないかと言ったのだが、彼女はそのまま放っておくことはせずに、こんなわけの分からない終わり方は許せない、上級機関をたずねて筋道の通った決着をつけてやると言った。

② 一年以前，国内一家出口企业受到美国的反倾销调查，他们勇敢地到美国法庭应诉。最后这家企业的应诉成功了。由于这是中国第一家出口企业赴美为自己"讨说法"，国内的新闻媒介也就格外重视，给予了详细的报道。

## 24. 有后台（yǒu hòutái）

後ろ盾がついている。

① 大家私下议论说，还是人家楚军有后台，出了这么大的事故，厂子也不敢拿他怎么样。

みんなが密かに取りざたして言うには、やはりあの楚軍には後ろ盾があるのだ。こんな大きな事故を起こしたというのに、工場は彼をどうすることもできない。

② 小严是有后台的，在这儿待不长，很快会调回去，然后升官。

## 25. 让（ràng）他三分（sān fēn）

"让（某人）三分"：（ある人に）すこし我慢して譲る、遠慮する。

① 李老伯在村子里辈分最高，年龄也最大，谁他都敢骂，所以连队长也让他三分。

李おじさんは村では長幼の序列が一番上で、歳も最長老だったので、相手が誰であろうと叱りつける。それで隊長でさえ彼には一目置いている。

② 他是个打起架来不要命的人，那些小流氓看见他也让他三分，但他从不干缺德事。

26. 没见过胳膊能拧过大腿（gēbo néng nǐngguo dàtuǐ）的

"胳膊拧不过大腿"：（かいなで太ももをねじまげることはできない意から）強いものには勝てないことの比喩。

① 她不满意父母给她包办的那门婚事，她哭过，闹过，可毕竟胳膊拧不过大腿，最后还是照父母的意思嫁了过去。

彼女は両親が勝手に決めたこの結婚に不満で、泣きもし、騒ぎもしたが、結局は強いものには勝てず、最後は両親の意向に従って嫁に行った。

② 他们动了不少脑筋，费了不少劲儿，可胳膊拧不过大腿，他们还是乖乖儿地交出了钥匙，走了。

## 練習問題

一、次の文を下線を引いた部分に注意して訳しなさい。

(1) 他们搬进去没多久，就把老两口儿住的房间当成了客厅，老两口儿被赶到上面的小阁楼去住，邻居们知道后，都说，这叫什么事啊，阁楼是放东西的，怎么能住人呢？很快有人就把这事告诉了街道王主任。

(2) 他本来要说"这都是你们从小娇惯他的后果"。可是，这么说既解决不了任何问题，又增加了老人们的烦恼，何苦来呢，所以他闭上了嘴，什么也没说。

(3) 大春跑进来，放下手中的小包，一边脱雨衣一边说："好家伙，差点儿摔了两个大跟头，一下雨这地上可真滑！"

(4) 老刘仔细听着如惠的话，怎么听都像在骂自己是"笨蛋"，他不禁又羞又恼，加上到现在肚子里还空空的，更是气不打一处来。

(5) "他们把人打成这个样子，在派出所关了几天就放出来了，还不是因为他们是那个所长的亲戚！我咽不下这口气！得让他们赔钱，不能就这么完了！"大妈一边哭一边说。

二、適当な言葉を選び、空欄を埋めなさい。

①随大溜儿 ②一窝蜂 ③爱面子 ④清一色 ⑤大路货 ⑥往多了说

⑦那么回事　⑧不是时候　⑨哪壶不开提哪壶

(1) 我对他说："你今天来得可＿＿＿＿＿，现在我得去飞机场接个人，等我回来咱们再接着下那盘棋吧。"

(2) 到三年级后，我们可以自己选一种外语学，我没什么主意，看见多数同学选的是日语，我就＿＿＿＿＿也选了日语。

(3) 姨妈家并不是很有钱，可她很＿＿＿＿＿，她早就声明，表哥的婚礼要在最大的饭店举行，花多少钱都没关系，决不能办得比别人差。

(4) 这群孩子都伸着头往窗户外看，看见橘子送来了，＿＿＿＿＿跑过去，你一个我一个地抢到手里，剥开皮就吃。

(5) 他来了没多久，就把那些年龄大的人换了下来，现在你去看吧，站柜台的是＿＿＿＿＿的年轻姑娘，个个都跟时装模特似的。

(6) 那家工厂里的女工没有多少，＿＿＿＿＿也超不过二十个，年纪都不大，差不多还是孩子，可每天都要工作十二个小时。

(7) 那套家具在商店里摆着的时候，颜色、式样看上去都还可以，可买回家后，放在自己的房间里，我觉得就＿＿＿＿＿。

(8) 本地的年轻人买衣服都喜欢去什么精品店、专卖店，他们说百货大楼卖的服装都是＿＿＿＿＿，只有外地人才去那儿买。

(9) A：听说小王这次考试又没通过，明天看见他我问问是怎么回事。
　　B：他正为这事难过呢，你别＿＿＿＿＿，碰见他就跟他说点儿高兴的。

## 三、指定した言葉を使って、日本語の部分を中国語に訳しなさい。

(1) 妹妹：广告上说穿这种拖鞋可以减肥，咱们也买一双吧。
　　姐姐：怎么可能呢？别买了，＿＿＿＿＿＿。（花冤枉钱）
　　　　　［無駄なお金は使いたくない］

(2) A：你那个房间挺大的，光线也好，干吗要换呢？
　　B：那个房间靠着马路，＿＿＿＿＿＿。（A得慌）
　　　　　［騒音がひどくて気分が悪い］

(3) A：明天是我女朋友的生日，你看我送她一盘磁带怎么样？
　　B：＿＿＿＿＿＿。（拿不出手）
　　　　　［CD一枚だけでは、ちょっと見劣りがする］

(4) 儿子：大表哥他们一家回来了，吃完饭我去他家玩玩。

妈妈：你在家写你的作业吧，＿＿＿＿＿＿。（凑热闹）
　　　　　　［あちらは帰ってきたばかりで、忙しくしているんだから、顔を出すんじゃないよ］
(5) 　A：我还没去过张先生家，听说他家书很多，是吗？
　　　B：是啊，＿＿＿＿＿＿，跟个小型图书馆似的。（除了A还是A）
　　　　　［本の山で］
(6) 　A：他做得太不像话了，你们为什么不敢反对他呢？
　　　B：他父亲是局长，＿＿＿＿＿＿。（让三分）
　　　　　［みんな彼に遠慮しているんだ］
(7) 　A：人家不是答应赔钱了嘛，你们何必去请律师打官司呢？
　　　B：不是钱的问题，＿＿＿＿＿＿。（讨个说法）
　　　　　［私たちは公正な決着をつけたいんだ］

## 第十五课 CD1-15

# 我已经打定主意了
私はもう決心したんだ

会社に見切りをつけて転職を決意した京生さん、安定したけっこうな仕事をなぜ投げ出すのか、友人の宝山さんにはもうひとつ納得がいきません。職場の人間関係もさることながら、自分の専門をもっと生かしたいという京生さんの願いに家族は大反対です。

（宝山正在跟好朋友京生聊天）

宝　山：我真是想不通，放着好好的工作不干，你辞什么职啊？不是真的吧？你可不要脑子一时发热呀。

京　生：那还有假？我已经打定主意了，辞职报告都递上去了，说话就批下来，到时候我就跟他们彻底拜拜了。

宝　山：现在下海的人多了，可没人像你似的连一条后路也不留，真有你的！你不怕单位领导对你有看法？

京　生：他们爱怎么想就怎么想。一个人要是前怕狼，后怕虎，那就什么事也干不成。

宝　山：说得也是。不过，我一直想问个究竟，好好儿地你为什

么要辞职呢？你那个工作挺有油水儿的，多少人都到处找门路想挤进去呢。

京　生：我是看不惯那些人，没意思到家了，挺大的男人跟家庭妇女似的，一上班就仨一群，俩一伙地凑在一起嘀嘀咕咕，议论这个议论那个，东家长，西家短的，一点儿正经事也不干，跟这些人在一起真没意思。

宝　山：嗨，他们是他们，你是你，你犯不着因为他们就把个好端端的铁饭碗扔了呀。

京　生：我实在是呆不下去了，你知道我不会来事儿，说话向来是直来直去，不像那些马屁精会说话，所以头儿的眼里根本没有我，我多卖力气也白搭，还净吃哑巴亏。光这些还不算，更要命的是，我的专业在那儿一点也不对口儿。

宝　山：这么说来，我倒有点儿理解你了。哎，你们家里什么意见？

京　生：前天我才硬着头皮跟他们说了，不出我所料，我的话音没落，家里就炸开了锅，那份热闹劲儿就别提了。我看我爸都恨不得给我两巴掌了。

宝　山：你是够可以的，再怎么说，你也应该先跟家里商量商量啊。

京　生：就他们那老脑筋，跟他绝对商量不通，我懒得跟他们废话，干脆先斩后奏，反正现在说什么也晚了，他们骂就骂两句吧。

宝　山：那你找好工作啦？

京　生：我打算去广州、深圳闯闯看，不过，我这心里也直打鼓，不知道到了那儿会怎么样。

宝　山：我想起来了，我有个关系不错的同学在深圳，去了好几年了，我把地址给你，你可以去找他试试，说不定能帮

　　　　　上你一把，<u>出门靠朋友</u>嘛。
京　　生：嗨，那可太好了。

## 注　释

1. **辞职**（cí zhí）：辞職する。
2. **拜拜**（bái bái）：さようなら。英語の bye-bye の音訳。
3. **下海**：元の仕事をやめて商いを始める。
4. **嘀嘀咕咕**（dídi gūgū）：ひそひそと話す。
5. **正经事**：まともなこと。
6. **好端端**：ちゃんとしている。申し分ない。
7. **白搭**（báidā）：無駄になる、役に立たない。
8. **先斩**（zhǎn）**后奏**（zòu）：問題を先に処理した後で上層部に報告する。
9. **出门靠朋友**：ことわざの"**在家靠父母，出门靠朋友**"から。家を出れば友人同士で助け合う必要がある。

## 例文解釈　CD4-5

1. 脑子（nǎozi）一时发热（fā rè）
    "脑子发热"：きちんと考えずに衝動的な行動に走る。
    ① 老张有点后悔，说："当时我喝了不少酒，听她说得那么可怜，我的脑子一发热就答应了她。"
    張さんはいささか後悔して言った。「その時はかなりお酒を飲んでいたし、彼女の話もとても可哀想に思えて、衝動的に彼女の言うことを承知してしまった」。
    ② 父亲常常告诫我，干什么事都得谨慎，想清楚了再做，不要脑子发热干傻事。

2. 打定主意（dǎ dìng zhǔyi）
   腹を決める、決心する。
   ① 大牛已经打定主意，要去见一见兰兰，他不想考虑这样做合适不合适，反正他今天晚上非见她一面不可。
   大牛は蘭蘭に一度会ってみようと決心した。そうするのが適当であるのかどうかを考慮する気はなかったし、どのみち今晩彼女に会わないわけにはいかない。
   ② 我打定主意不告诉他这一切，免得引起我们之间更大的不愉快。

3. 说话就（shuō huà jiù）批下来
   "说话就～"：すぐに（何かをする）。
   ① 刘大妈对我们说："晚饭说话就做好了，你们就在我这儿吃吧。"
   劉おばさんが私たちに「夕飯はすぐにできるから、ここで食べていきなさい」と言った。
   ② 到了他家，他不在，他爱人让我们进屋等一会儿，说他买烟去了，说话就回来。

4. 后路（hòulù）也不留（liú）
   "留后路"：万一のために、余地、逃げ道を残しておく。
   ① 她悄悄地在郊区买了一套房子，为的是给自己留一条后路，万一将来没有了依靠，自己还有个地方住。
   彼女はこっそりと郊外に家を買った。自分のために保険をかけておくためで、万一、将来よりどころを失っても、住むところは確保しておきたいから。
   ② 我并没把手头的钱全拿出来，我从一开始就知道这种合作不会太长久，给自己留条后路是绝对必要的。

5. 对（duì）你有看法（yǒu kànfǎ）
   "对（某人或某事）有看法"：（ある人やある事柄に）不満や異なる意見を持つ。
   ① 我答应按他们的要求去做，尽管我心里对他们这么做有看法，但我只

是个普通的职员，没有权利说"不"。

私は彼らの要求通りにすると約束した。心の中では彼らのやり方に不満だったが、私はただの社員なので、「ノー」と言える立場にない。

② 在生活方式上或者处理问题上，我对母亲有一些看法，但是这不影响我尊重她，孝敬她。因为她已经是那样了，我不可能改变她的生活方式和生活观念。

6. 前怕狼，后怕虎（qián pà láng，hòu pà hǔ）

懸念や心配がありすぎて、ためらい、進まないこと。

① 三嫂说道："干什么事都会有危险，你一个大男人，老是前怕狼，后怕虎哪儿行啊？"

三番目の兄嫁が言った。「何をやるにしても危険はともなう。あなたは立派な男なんだから、いつもあれこれ怖がっていて一体どうなるというんですか？」

② 他想到，那些无名的英雄，多数是没有受过什么教育的乡下人，他们为国家牺牲了生命！　可是有知识的人，像他自己，反倒前怕狼，后怕虎地不敢勇往直前。

7. 问个究竟（wèn ge jiūjìng）

一体どういうことなのか、聞いてはっきりさせる。"看个究竟""知道个究竟"などとも言う。

① 妈妈看出他们夫妻俩神色有点儿不对，猜想俩人一定闹了别扭，可人家不说，自己也不好去直接问个究竟。

母親は彼ら夫婦の表情がどこかおかしいのを見て取り、きっと仲たがいしたのだろうと思ったが、二人は何も言わないし、かといって自分から直接その理由を聞くわけにもいかない。

② 看到这神奇的一幕，观众们都忍不住想要问个究竟，到底是什么力量使得他不怕烈火。

③ 花园里的人也都听见了秀云那声可怕的尖叫，都跑过来看个究竟。

### 8. 有油水儿（yǒu yóushuir）
利点、利益がある。
① 他盼着大哥赶快当官，也快快给自己弄个有油水儿的工作。
   彼は一番上の兄が早く出世して、早く自分に旨味のある仕事を紹介してくれるのを待ち望んでいる。
② 他笑着说："穷只有一个好处，那就是不用怕小偷，多年来我们这儿没丢过东西，因为小偷知道我们这里没有什么油水儿。"

### 9. 找门路（zhǎo ménlu）
つてを求める。
① 有一阵，北京因为缺少教师要从外地调人，一些妻子在外地当教师的就拼命找门路把家小都接来了，等他知道，已经晚了。
   ある時期、北京は教師不足のため地方から教師を転属させた。妻が地方で教員をしている者の中には必死になって手づるを求め、妻子を北京に呼び寄せた者がいたが、彼がそれを知った時にはもう遅かった。
② 他说他也没办法，实在太想出国了，找了这么多年才找到这么一个门路，再不出去，他就只有在国内当一辈子教书匠了。

### 10. 仨一群，俩一伙（sā yì qún, liǎ yì huǒ）
人が小さな群れをつくって散在する。
① 下课铃声一响，学生们仨一群，俩一伙地向操场跑去，操场上顿时一片欢笑声。
   授業終了を告げるベルが鳴ると、学生たちが三々五々運動場に向かって駆け出し、運動場にはたちまち歓声が上がった。
② 村子里的人来了，可他们并不围过来，只是站在远处，仨一群，俩一伙地低声交谈着。

### 11. 东家长，西家短（dōng jiā cháng, xī jiā duǎn）
隣近所の出来事や他人のよしあしをうわさする喩え。
① 一到夏天，男人们就在路灯下打扑克，小孩子跑来跑去地追着玩，老太太们则坐在一起东家长，西家短地聊天儿。

夏になると、男たちは街灯の下でトランプに興じ、子供たちはそこらを走り回って追いかけっこをして遊び、おばあさんたちは寄り集まって座り、あれこれうわさ話に花を咲かせる。

② 村子里的那些女人闲得没事干，天天在一起东家长，西家短，什么事到了她们嘴里就热闹了。

## 12. 他们是（shì）他们，你是（shì）你

"A 是 A，B 是 B"：A と B は関係がない、または異なることを表す。

① 兆林摆了摆手，对我说："你也别劝我，从今以后，他是他，我是我，我没他这么个儿子，他也没我这个爸爸了。"
兆林が手を振って私に言った。「わしに説教するな。これからは、あいつはあいつ、わしはわし。わしにはあいつのような息子はいないし、あいつもわしという父はいないことになるのだ」。

② 我们的出身和家庭不太一样，她第一次来过我家之后认为我们俩不合适，地位太悬殊，我说："家是家，我是我。"确实，我并没有什么优越感。

③ 看见姐夫递过来的钱，我忙说："姐夫，我姐姐已经给我五百了。"姐夫笑着说："拿着吧，她的是她的，我的是我的。"

## 13. 犯不着（fàn bu zháo）

（どのみちいいことはないから）〜する必要がない。〜するに及ばない。

① 我劝他说："他打你，也是为你好，他毕竟是你的父亲，你根本犯不着跟他作对。"
私は彼に「彼が君を殴る、それも君のためなのだ。なんと言っても君のお父さんなんだ、盾突くなんてことはやめときなさい」と言った。

② 柳霞说："我没有教育好孩子，是我的责任。你要说，就说我 要骂，就骂我。孩子有什么责任？犯不着对他生这么大气。"

## 14. 铁饭碗（tiěfànwǎn）

保証された、安定した仕事を指す。

① 父母都愿意自己的孩子进国营企业，认为端上个铁饭碗，一辈子都不

用发愁了。

両親なら誰だって自分の子供が国営企業に就職してほしい。安定した仕事につけば一生心配しなくてすむからだ。

② 我们在办公室的工作真是太没有意思了，也想到外面去闯一闯，可又觉得丢掉手里的铁饭碗怪可惜的。

### 15. 会来事儿（huì láishìr）

人の機嫌をとるのがうまい。

① 梅芬很听话，也很会来事儿，什么事都顺着奶奶，所以奶奶最喜欢她，总偷偷地给她好东西吃。

梅芬は柔順で、人との付き合いもうまく、どんな事でもおばあちゃんの言うとおりにしていたから、おばあちゃんは彼女のことが一番気に入っていて、いつもこっそりと彼女においしいものを食べさせていた。

② 她埋怨我在领导面前不会来事儿，所以有什么好事也到不了我手里。

### 16. 马屁精（mǎpìjīng）

ごますり、おべっか使い。

① 林经理身边那几个马屁精专拣他爱听的说，我们向他反映实际情况，他倒认为我们是小题大做，根本不相信我们说的。

林支配人の周りのあのおべっか使いの連中は、いつも都合のいいことばかりを彼の耳にいれている。私たちが彼に実際の情況を報告しても、かえって小さなことを大げさに言い立てると思われ、まったく私たちの言うことを信用しない。

② 小刘是我们这儿出了名的马屁精，拍马屁的水平很高，那些头头儿让他拍舒服了，自然少不了他的好处。

### 17. 会说话（huì shuōhuà）

話がうまい。

① 他觉得自己比大哥长得漂亮，比大哥聪明，比大哥会说话，这样的好事就应该是他的。

彼は自分が一番上の兄よりハンサムで、賢く、話がうまいと思っていたので、こんないい話は当然自分のものだと思った。

② 大姐说："志芳，你不太会说话，万一哪句没说对，奶奶的气就更大了，还是我去吧！"

③ 吴平不是一个很会说话的人，但是他做得很好。

## 18. 眼里（yǎn li）根本没有（méiyǒu）我

"眼里没有（某人）"：ある人をばかにする、あるいは軽視する。

① 妈妈抓住我，说："这么重要的事你都不跟我们商量商量，你的眼里还有没有父母？"

母が私をつかんで言った。「こんな大事なことなのに私たちに相談もしなかったなんて、両親のことは眼中にないのかい？」

② 他在比赛中获奖以后，更得意了，眼睛里再也没有别人，连老师他都有点儿看不起了。

## 19. 卖力气（mài lìqi）

精を出す。一所懸命に努力する。

① 妈妈不满地说："你看你累得这个样子，给别人干活，比给自己干还卖力气。"

母が不満そうに「まあこんなに疲れてしまって、人のために働くのに自分のことよりも精を出すんだから」と言った。

② 自中秋后，他一天也没闲着，有时候累得都没力气上床了，他是为儿子，所以才卖这么大的力气。

## 20. 吃哑巴亏（chī yǎbakuī）

損をしても何も言えない。泣き寝入りする。

① 当初他借钱的时候，我没好意思让他写借条，心想，都是朋友，不会有问题，没想到现在他不承认借钱的事，我手里又什么凭据也没有，吃了这么个哑巴亏。

当初彼がお金を借りる時に、私は遠慮して借用証を書いてもらわなかった。友人なんだから問題ないだろうと思ったのだが、今になって

彼が借りたことを認めようとしないなんて思いもしなかった。しかし手元に何の証拠もないので、損をしても泣き寝入りするしかない。

② 阿昌太爱财了，听信了骗子的花言巧语，被骗走了一大笔钱，等骗子走了，他才明白过来，可已经晚了，吃了个哑巴亏，他差点被气疯了。

## 21. 不出（bù chū）我所料（suǒ liào）

"不出（某人）所料"：ある人の予想した通りに。"如（某人）所料"とも言う。

① 果然不出老太太所料，到了下午，孩子的头不那么热了，还起来吃了一小块西瓜。

おばあちゃんの予想した通り、午後になると子供の熱はそれほどでもなくなり、起き上がってスイカを一切れ食べた。

② 最后总算问清楚了，不出所料，这件事跟大海确实有关系。

③ 听到这个消息，李叔叔的态度正如我们所料，嘴都快气歪了。

## 22. 炸开了锅（zhàkāile guō）

驚きや怒りのために騒ぎ立てる。

① 到过年的前一天，队长宣布说，要过一个新式的春节，过年不放假了。大家一听都炸开了锅，有的干脆大骂起来。

お正月の前日になって、隊長が、新しいやり方で春節を過ごす、正月も仕事を休まないことになったと宣告した。この発表に、みんなかんかんに怒って、罵倒する者もいた。

② 他把车站发生的事说了一遍，几个人一听就炸开了锅，嚷嚷着要去给他报仇。

## 23. 再怎么说（zài zěnme shuō）

何といっても、何がどうあろうと。

① 我安慰她说："其实，就算夏青听到什么也不会怎么样。再怎么说你也是她妈，生她养她的妈。"

私は彼女を慰めて言った。「実際、夏青さんが何かを耳にしたとしても大したことにはならないよ。何といってもあなたは彼女の母親、

彼女を生み育てた母親なんだから」。
② 老齐说："我的话他还是会听的，再怎么说，我也是他的师傅，我了解他的脾气。"
③ 我知道他有他的难处，可再怎么说，他也不能连句话也不说啊。

24. 心里（xīn li）也直打鼓（dǎ gǔ）
"心里打鼓"：心配する、怖がる、ためらう。
① 我这是头一回去一个大教授的家，到了门口，我这心里还在打鼓，是进去还是不进去呢，最后心一横，伸手敲了几下门。
私は初めて偉い教授の家にお邪魔するので、玄関に着いても、胸がどきどきして、入るか入らないかまだ悩んだが、最後は思い切って、手を伸ばしてドアを何回かノックした。
② 工会主席说最好找一家茶馆，一边喝茶一边谈。宝庆不明白这个平时理也不理他的人到底想干什么，心里直打鼓，怕是没好事儿。

## 練習問題

一、次の文を下線を引いた部分に注意して訳しなさい。
(1) 出国以前她把能卖的东西都卖了，可那所房子她没有卖，她得给自己留条后路，万一在国外混不下去，她回来就不至于连个落脚的地方都没有了。
(2) 那人把一叠钱递给他，说："刚从银行取出来的，你再数数。"小张觉得要是一张一张地数，有点儿不相信对方的意思，就没数，等回到家，他发现少了五张一百的，可现在找到人家也说不清啊，辛苦半天没赚到钱，吃了个哑巴亏。
(3) 老张说："那条项链很值钱，丢了也确实很可惜，可再怎么说，那也只是个东西，你不能为了一个东西就打人哪！"

二、適当な言葉を選び、空欄を埋めなさい。
①犯不着　②有油水儿　③会说话　④铁饭碗　⑤卖力气　⑥炸开了锅
⑦问个究竟　⑧脑子发热　⑨嘀嘀咕咕　⑩打定主意　⑪不出我所料

第十五课 | 193

⑫前怕狼，后怕虎

(1) ＿＿＿＿＿＿，那个纸条就是张小姐写的，这是她亲口告诉我的。
(2) 爸爸笑着说："你别信他的，这都是他＿＿＿＿＿＿说的话，明天他就会忘了。"
(3) 庆生看见他一个人回来了，很是纳闷儿，想过去＿＿＿＿＿＿，又怕哪句话没说好惹他不高兴，只好把话咽下了。
(4) 听说他们的代表被抓起来了，他们顿时＿＿＿＿＿＿，全都站起来要冲出去。
(5) 老白已经四十多岁了，看起来还挺精神，他很＿＿＿＿＿＿，遇到邻居因为一些小事打架吵嘴，他几句话就能把大事化小，小事化无。
(6) 局长走进会场的时候，杨队长他们正＿＿＿＿＿＿地低声交谈着什么，看见局长来了，大家不约而同地都不说了。
(7) 张老师说："干什么事都得动动脑筋，光＿＿＿＿＿＿不讲究方法，永远做不好。"
(8) 冬儿离开家以后，＿＿＿＿＿＿今后不再回家，所以这三年里她只给家里写了三封信。
(9) 人们都夸大哥是个做事谨慎的人，可是大嫂却总是说大哥干起事来＿＿＿＿＿＿，不像个男子汉。
(10) 他就是随便说说，开个玩笑，你＿＿＿＿＿＿这么生气。
(11) "上级让老王去那儿当厂长，他为什么不去啊？""你们怎么那么傻？在这儿当主任多＿＿＿＿＿＿啊，看看他家里就知道他有多少钱了。"
(12) 妈妈劝我说："你的工资是不高，可你的工作是个＿＿＿＿＿＿啊，有了它，你什么都不用发愁了。"

三、指定した言葉を使って、日本語の部分を中国語に訳しなさい。
(1) A：你说，我妹妹是不是还恨我呢？ 我那天真不该那么说她。
 B：她不会恨你的，＿＿＿＿＿＿＿＿。（再怎么说）
 ［何がどうあろうと、あなたは彼女のお姉さんなのよ］
(2) 女儿：妈妈，都快七点了，晚饭好了没有？
 妈妈：别着急，＿＿＿＿＿＿＿＿。（说话就）
 ［すぐにできるから］

(3) A：嘿，你看，小丽来了，快过去跟她说呀！
　　B：不行啊，＿＿＿＿＿＿。（心里打鼓）
　　　［どきどきして心配だよ］

(4) A：你昨天一句话也没说，是不是不同意我们的做法啊？
　　B：没错，＿＿＿＿＿＿。（对～有看法）
　　　［きみたちのやり方に意見がある］

(5) A：我哥哥坚决反对我跟小张交朋友，嫂子，你的意见肯定跟我哥哥一样，两口子嘛！
　　B：你说错了，在这件事上，＿＿＿＿＿＿。（A是A，B是B）
　　　［あなたの兄さんは兄さん、私は私よ］

(6) 爸爸：你看你大哥，越念书越聪明，你怎么念越糊涂啊？
　　儿子：＿＿＿＿＿＿。（A是A，B是B）
　　　［兄さんは兄さん、ぼくはぼくだよ］

(7) A：你看，老张看见咱们就跟不认识似的，一句话也不说。
　　B：＿＿＿＿＿＿。（眼里没有人）
　　　［彼は眼中にないのさ］

(8) A：你不是说跟我们去吗？怎么又变主意了？
　　B：我是很想去，可我回家一说，＿＿＿＿＿＿。（炸开了锅）
　　　［家中大騒ぎになって、皆私が行くことに反対なんだ］

第十五课 | 195

## 第十六课 CD1-16

# 那些菜真不敢恭维

あの料理はお世辞にもおいしいとは言えない

帰宅して料理の手伝いをと思った大龍さん、奥さんからありがた迷惑と言われてしまいます。同僚におごったフランス料理はお世辞にもおいしいとは言えず、奥さんからは、家のことは丸投げ無責任、子供には当り散らすと、散々苦言を呈される始末です。

（大龙下班后回到家，看见爱人红霞正在厨房做饭）

大　　龙：饭还没做好呢吧？你看我能帮你干点儿什么？

红　　霞：我可不敢让你帮忙，你就会 帮倒忙。晚上咱们吃面条，这就好了。

大　　龙：吃炸酱面？太好了！今天中午我就吃了个半饱，早饿了。

红　　霞：在哪儿吃的？怎么会没吃饱呢？

大　　龙：我不是当主任了吗？小张他们几个就 打我的主意，非要我请客吃西餐。所以今天中午我们就找了个西餐厅，吃了一顿。

红　　霞：西餐？不错呀。吃什么了？

大　龙：要我说，西餐就是 样子货，摆得倒挺好看，又是刀又是叉的，可那些菜的味道真 不敢恭维，还 法国大菜呢！有的连炒也不炒，就吃生的，牛肉烤得也是 半生不熟 的，一端上来，我们几个 大眼儿瞪小眼儿，谁都不敢吃，结果钱没少花，却饿着肚子回来了。

红　霞：人家就那个吃法，你们这些人哪，真是没 见 过 世面，简直像个 土包子。看你们要是出国可怎么办？总不能天天煮方便面吃吧？

大　龙：我可不出国，说一千道一万，还是咱们中国菜好吃，要不怎么来咱们中国的外国人那么多呢？

红　霞：这是哪儿跟哪儿啊，难道人家大老远地来中国就是为了吃？难道咱们中国没有别的，只有吃的？

大　龙：开个玩笑嘛。对了，这个礼拜天小毛他们来，怎么招待他们呀？

红　霞：你说呢？

大　龙：我听你的，到时候该干什么你说一声，我来给你当 跑腿儿 的。

红　霞：你这个 甩手掌柜 日子过得真舒服，家里什么事都要我操心。真羡慕你姐姐找了个好丈夫，看你姐夫，家里大事小事都能 拿得起来，在外边也 吃香的喝辣的，什么好事都落不下。你姐姐多省心哪，她比我大三岁，可看上去得比我小好几岁。

大　龙：得了吧，一个大男人回家就围着锅台转，让人 笑掉大牙。再说，我工作多忙啊！

红　霞：是你太懒，别老拿工作忙当 挡箭牌！

第十六课　197

大　龙：你那么能干，我想干，也插不上手啊。你知道吗？我老跟别人夸你是个百里挑一的贤妻良母，我也觉得我很有福气。

红　霞：你就会给我戴高帽。其实，你也别夸我，在教育儿子上你别跟我唱对台戏就行，你看你昨天对儿子的那个样子，哪儿能那么骂孩子呀！

大　龙：我昨天是有点过火儿了，不过，小凡这孩子翅膀硬了，真是越来越不听话，我这一片好心全让他当成驴肝肺了。

红　霞：你的态度和方法太成问题。我知道你有时候工作不顺，可不能拿孩子当出气筒啊。你得好好改改你的家长作风，孩子大了，有自己的主意了，还能什么都听你的？

大　龙：改，我正在努力改呢。

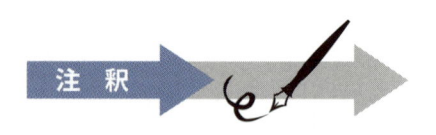

**注　释**

1. **炸酱（zhá jiàng）面**：中国の北方の人々、特に北京の人々が好む麺類の一種。味噌を油で炒めてラーメンにかけたもの。
2. **半生不熟**：食べ物に十分火が通っていなくて、まだ少し生煮え、生焼きの状態。
3. **跑腿儿**：人のために使い走りをする。
4. **锅台**：かまど。
5. **百里挑一**：百の中から選ばれた一つ。とても優れていることの喩え。
6. **贤（xián）妻良母**：よい妻でありよい母である女性のこと。良妻賢母。
7. **过火儿**：やり過ぎる。度を超す。

## 例文解釈　　CD5-1

1. 帮倒忙（bāng dàománg）

   手伝おうとしたつもりが、実際には相手に迷惑をかける。ありがた迷惑。

   ① 听说老张家要盖房子，我也要去帮忙，可他们不让我去，说我什么也不会做，去了人家还要照顾我，纯粹是给人家帮倒忙。

   張さんが家を建てると聞いて、手伝いに行こうとしたが、彼らが私をとめた。私は何もできない人間で、行けばかえって面倒をかけ、まったくのありがた迷惑だと言うのだ。

   ② 李老师搬家的时候几乎全班同学都去帮忙了，结果摔了三个碗和一个花瓶，还把李老师的眼镜不知道弄哪儿去了，帮了个倒忙。

2. 打（dǎ）我的主意（de zhǔyi）

   "打（某人或某物）的主意"：ある人や物に目をつける。ある人や物を利用してやろうと思案する、知恵を働かす。

   ① 很快，卖电视的那点儿钱也花完了，他又开始打那台洗衣机的主意，有一天趁家里没人，他把洗衣机卖了一百二十块钱。

   たちまち、テレビを売って手に入れた僅かなお金も使い果たしてしまい、彼は今度は洗濯機に目をつけた。ある日家に人がいない隙に洗濯機を百二十元で売り払った。

   ② 小郑问："那个叫惠芳的姑娘长得不错，有没有男朋友？帮忙给我介绍介绍？"我笑着说："你快别打人家的主意了，人家都结婚两三年了。"

3. 样子货（yàngzihuò）

   外見はいいが、質や性能はよくない。また、見た目はいいが役に立たないものを指す。見かけ倒し。

   ① 我买的这把刀看上去挺亮，很精致，可切菜、切肉一点儿也不好用，纯粹是个样子货。

   私が買ったこの包丁は、見た目はピカピカで手が込んでいるようだが、野菜や肉を切ってもちっとも切れ味がよくない。まったく見か

第十六課 | 199

け倒しだ。
② 附近那家饭店名气挺大，做出来的菜特别好看，跟艺术品似的，可都是样子货，味道不怎么样。

4. **不敢恭维**（bù gǎn gōngwei）
　　ほめる手立てがない。つまらないことを婉曲的に表す。
① 歌厅里一个老板模样的男人正在唱一首流行歌，那歌唱得让人不敢恭维，可竟然还有不少人给他鼓掌。
　　ホールで社長らしい男が流行歌を歌っている最中で、お世辞にもうまいとは言えなかったが、なんと大勢の人が彼に拍手を送った。
② 郑实已经出版了好几本小说了，很受欢迎，可说实在的，他的字写得真不敢恭维，还不如我那八岁的外甥写得好看呢。

5. **还**（hái）**法国大菜呢**（ne）
　　"还〜呢"：あるものや人に本来そなわっているべきものが欠けていることへの話し手の不満を表す。
① 我告诉爱琳我不能帮她说假话骗别人，爱琳听了以后，撇了撇嘴说："还好朋友呢，这点儿忙都不帮，我去找别人。"
　　私が愛琳に、うそをついて人を騙す手伝いなんかできないと告げると、愛琳は口をへの字に曲げて、「何が親友よ、これっぽっちのことでも助けてくれないなんて、ほかの人に頼むわ」と言った。
② 没过两天，洗衣机又不转了，德钢气得踢了一脚洗衣机，说："还全自动呢，简直就是全不动！真是骗人的玩意儿！"
③ 周明指着报纸说："比来比去，还是这种汽车不错，以后就买它吧。"艳红说："还汽车呢，数数你钱包里有几个钱，买个汽车轱辘还差不多。"

6. **大眼儿瞪小眼儿**（dàyǎnr dèng xiǎoyǎnr）
　　互いに顔を見合わせて驚いたり、二の足をふむ喩え。
① 莫虎说："谁去山下面去找找？我出钱，一人一百块。"人们你看我，我看你，大眼儿瞪小眼儿，没人敢下去，因为谁都不想为这几个钱去冒这个险。

「誰か山を下りて捜してみる者はいないか？　僕がお金を出す、一人百元だ」と莫虎が言うと、みんなお互いに顔を見合わせるだけで、誰も下りて行く勇気がない。誰もこれっぽっちのお金で冒険などしたくないからだ。

② 看见父母吃惊的样子，他拿起那本书说："这都是科学卫生知识，干吗大眼儿瞪小眼儿的？了解男女之间的性心理有什么见不得人的？这本书是国家出版社正式出版的。"

③ 他们几个大眼儿瞪小眼儿，好像看呆了，谁也不敢上前帮他。

7. 见（jiàn）过世面（shìmiàn）
"见世面"：さまざまな経験を通して世間を知り、見識を高める。

① 王先生对我们说，年轻人应该出去闯一闯，见见世面，不能只是死啃书本。
王先生は若者は外へ出ていろいろと経験を積み、世間を見るべきで、本の虫になってはいけないと私たちに言った。

② 老太太一辈子没出过小城，没见过什么世面，所以看见这两个外国人进来，慌得不知道做什么了。

③ 林先生是见过世面的人，可遇到这种情景还是第一次，所以心里有点儿紧张，但脸上并没有表现出来，还是那么平静。

8. 土包子（tǔbāozi）
世間知らずや服装がダサい人の喩え。田舎者。

① 用马平的话说，小吴尽管进城好几年了，可基本上还是个"土包子"，要不，他这么大个人了，怎么看见女孩子还脸红呢！
馬平さんの言葉を借りて言えば、呉さんは町に来て何年も経つのにやはり「田舎者」だ。そうでなければ、いい大人なのに、どうして女の子を見ると顔を赤らめるのか？

② 那些穿着时髦的女同学都背后嘲笑她，说她是个土包子，不懂得打扮。

③ 小丽一看见我，赶快把我拉到没人的地方，说："你这个土包子，参加这种晚会你怎么就穿这身衣服？"

第十六课 | 201

9. **说一千道一万**（shuō yìqiān dào yíwàn）
   何と言おうと、詰まるところ、とどのつまり。
   ① 经过这件事，我们算是明白了：说一千道一万，老师就是学生的上级，就得管我们。
   この事があって、私たちは結局先生は生徒の上に立つ人で、私たちを管理するのだということがやっと分かった。
   ② 我们一边喝酒一边感叹：说一千道一万，自己得有本事，靠别人是靠不住的。

10. **这是哪儿跟哪儿啊**（zhè shì nǎr gēn nǎr a）
    話し手が、ことがらや人の言動がつじつまが合わない、わけが分からないと思うことを表す。
    ① 二嫂说："你说的那个'八九十枝花'，就是在骂我！"他说："那是一句诗，怎么是我骂你呢？"二嫂说："你知道我生了七个姑娘，就想要个儿子，你骂我再生还是姑娘，'八九十枝花'嘛！"他说："这都哪儿跟哪儿啊！"围观的人听了都大笑起来。
    二番目の兄嫁が「あなたはその『八本、九本、十本の花』という言葉で私を侮辱してるのよ」と言うと、彼は「それは詩の一句なのです。どうして侮辱したことになるんですか」と言った。兄嫁が「娘を七人も産んで息子がほしいと思っていると知りながら、生んでもやっぱり娘だと侮辱するために『八本、九本、十本の花』と言ったんでしょ！」と返し、彼は「何を言っているのかさっぱり訳が分からない」と言った。取り囲んで見物していた人たちがみんな大笑いした。
    ② 等老刘气哼哼地走了以后，小何说："这是哪儿跟哪儿啊！我刚从外面回来，什么也不知道就挨了一顿骂！"
    ③ 天祥一进门就对奶奶说："太可惜了,奶奶,您没看见她。"奶奶抬起头，"你这是哪儿跟哪儿啊？我没看见谁就可惜了？"

11. **甩手掌柜**（shuǎishǒu zhǎngguì）
    ここでは家で何もしない亭主を指す。丸投げで無責任な人。
    ① 因为知道大哥是个甩手掌柜，所以慢慢儿我们有什么事就都不问他，

直接问大嫂了。

一番上の兄が家庭のことは何もしないと分かっていたので、私たちはだんだん何ごとでも彼と相談せず、兄嫁に直接相談するようになった。

② 听到大伙儿笑他在家没有地位，老张并不生气，说："什么事都不用操心，当个甩手掌柜多省心啊。"

## 12. 拿得起来（ná de qǐlái）

ここでは仕事がちゃんとできることを指す。

① 表哥才十九岁，可对农活已经懂得很多了，不论是播种，还是收割，都拿得起来，而且干得不错。

従兄はまだ十九歳だが、畑仕事ならもうよく分かっている。種まきであれ、刈り入れであれ何でもでき、しかもなかなかのものです。

② 老院长说，希望我们年轻的学员，十八般武艺都拿得起来，能拉也能唱，没有小生就唱小生，没有须生就唱须生，这样才能算合格。

## 13. 吃香的喝辣的（chī xiāng de hē là de）

いいものが食べられる、また得をすることや利益を得ることの喩え。

① 光北说："你们在城里吃香的喝辣的，哪儿知道我们在乡下过的苦日子。"

光北は、あなたたちは町で贅沢をしていて、どうして私たちの田舎での苦労がわかるものかと言った。

② 他妹妹嫁给县长以后，他跟着吃香的喝辣的，还有了个不错的工作。

## 14. 笑掉大牙（xiào diào dà yá）

（人の失敗などを見て）大笑いする。あざ笑う。

① 李大姐说："你要是拿这样的礼物去，恐怕要让人家笑掉大牙的。"

李お姉さんは「こんな贈り物を持っていったら、恐らくもの笑いの種にされるわ」と言った。

② 他觉得要是穿着这样的布鞋去办公室，同事们一定会笑掉大牙的。

③ 小张说："你看你这一封信里不下十个错别字，要是这样寄给人家，不让人家笑掉大牙才怪呢。"

## 15. 挡箭牌（dǎngjiànpái）

言い訳、拒否や責任逃れの口実、また後ろ盾となる人。

① 他不喜欢热闹，朋友拉他出去打牌、喝酒，他总是拿孩子小，走不开当挡箭牌，躲在家里看书。

彼は騒がしいことが嫌いなので、友人がマージャンやお酒に誘っても、いつも子供が幼く、家をあけられないことを口実にして、家に籠って本を読みます。

② 工作没做好，老张就拿客观条件不好当挡箭牌，从不承认自己的工作能力不够。

③ 小坡看爸爸要打他，赶快跑到奶奶身后，拿奶奶当挡箭牌，爸爸只好住了手。

## 16. 插不上手（chā bu shàng shǒu）

介入できない。

① 妈妈整天地忙，我老想帮助妈妈，可是插不上手，就只好等着妈妈，等到她忙完了事，我才去睡。

母は一日中忙しくしていて、手伝おうと思っても、勝手が分からず、仕方なく母を見守って、母が仕事を済ませるまで私はずっと起きています。

② 爸爸没工夫管家里的人，他忙着筹备奶奶的八十大寿，写请帖，安排饭店，天顺插不上手，干脆去找朋友玩儿去了。

## 17. 戴高帽（dài gāo mào）

人をおだてることの喩え。

① 老孙教我说："那个刘处长，最喜欢别人给他戴高帽，你去了以后就夸他有能力，水平高，这是他最爱听的，趁他高兴你再说你的事。"

孫さんは「あの劉部長はおだてられるのが一番好きなので、君はそこに行って彼を能力がありレベルが高いともちあげなさい。彼が最も聞きたいのはそのことですから。そして機嫌のいい時を見はからって君自身の事を頼めばいい」と私に教えてくれた。

② 齐放身边那几个人，一个劲儿地给他戴高帽，又一杯接一杯地给他敬

酒，没一会儿他就醉了。
③ 大姐说："什么'善解人意'、'心地善良'，你别给我戴高帽了，你一张口我就知道你要求我办事，有什么你就说吧。"

## 18. 唱对台戏（chàng duìtáixì）
相手と逆の行動を取ることで、相手に反対、または邪魔をする。
① 老袁说："上级规定不能请假去旅行，我要是同意你去，那不是跟上级唱对台戏吗？"
袁さんは「上が休みを取って旅行に出かけてはいけないと決めているんだ。君に同意したら、上に反対することになるじゃないか」と言った。
② 知道班长要组织全班同学去爬山，他就故意跟班长唱对台戏，要带着一帮人去游泳。

## 19. 翅膀硬了（chìbǎng yìng le）
技能、能力が身について、一人前になったことを喩えて言う。
① 大妈说："这几个孩子，翅膀硬了，管不了了，我真是拿他们没办法。"
おばさんは「この子供たちはもう一人前になって言うことを聞かなくなり、もう手に負えないわ」と言った。
② 这些人开始的时候都在大公司打工，慢慢儿积累经验，翅膀硬了以后就自己去开公司。

## 20. 好心（hǎoxīn）全让他当成驴肝肺（dàngchéng lǘgānfèi）
"好心当成驴肝肺"：人の好意を無にする喩え。
① 表妹回来以后很不满，说："赵姨是不是以为我嫁不出去呀？干吗老要给我介绍男朋友？"我说："赵姨多热心啊，跑前跑后地给你帮忙，你怎么把人家的好心当成驴肝肺了？"
従妹は帰ってくるととても不満げに言った。「趙おばさんは私は結婚できないとでも思っているんじゃないですか。どうしていつも私に相手を紹介したがるのですか」と。私は「趙おばさんはとても親切な人なのよ。あなたのために奔走してなにくれとなく世話をしてく

れているの。どうして人の親切を悪く取るのですか」と言った。
② 听见我说衣服没洗干净，妈妈说："我这好心倒成了驴肝肺了，好吧，以后你的衣服你自己洗。"


21. 成问题（chéng wèntí）
欠点、困難さがある。問題になる。
① 人员和场地我可以想办法，没有问题，现在最成问题的是钱，上哪儿借那么多钱啊？
人手と場所は私が何とかするが、今、一番の問題はお金のことです。どこからそんな大金を貸してもらうか。
② 这个人在和别人交往上很成问题，他从来都是只想着他自己，什么事都只为自己打算。
③ 老王说："就去我家吧，吃和住都不成问题。"


22. 出气筒（chūqìtǒng）
八つ当たりの対象。
① 刘四在外面受了气，回到家就打小刚，把小刚当出气筒。
劉四は外でいじめられると家に帰って小剛を殴り、小剛に八つ当たりをする。
② 他在家里生了一肚子气，在经理那儿又挨了批，所以在办公室对我们又叫又嚷，我们几个成了他的出气筒了。


23. 家长作风（jiāzhǎng zuòfēng）
民主的でなく、なんでも一人で決めて、人を服従させるやり方。
① 老张也许是当官的时间长了，大家都顺着他，所以家长作风越来越厉害，年轻的同事都对他很不满。
張さんは役人の経験が長いせいか、みんなが彼に従っているので、ワンマンの傾向がますますひどくなり、若い同僚たちはみんな彼に不満を持っています。
② 王校长在会上说，我们国家有尊师的传统，但老师跟学生是平等的，老师不能有家长作风，要充分尊重学生。

## 練習問題

一、適当な言葉を選び、空欄を埋めなさい。
①出气筒　②挡箭牌　③样子货　④土包子　⑤家长作风　⑥见过世面
⑦笑掉大牙　⑧甩手掌柜　⑨翅膀硬了　⑩大眼儿瞪小眼儿

(1) 奶奶不同意我当模特儿，说："一个女孩子家穿那么少，在台子上走来走去，多难看哪！这要是让亲戚朋友知道了，还不得_____！"

(2) 一个朋友告诉我说："一些小店里卖的皮鞋非常便宜，鞋的外表跟大商店里卖的看上去差不多，不过，谁买谁上当，那都是些_____，穿不到一个月就得扔。"

(3) 这次选举，李德平的票数很少，我想是因为大家都很不满意他的_____，平时一起干什么事都得听他的，他错了也不许我们提意见，你说，哪有这样的事啊？

(4) 还没说话他的脸先红了，他说："我是从小地方来的，没_____，有说错的地方请大家多指点。"

(5) 刘大妈看了看表说："都快十点了，小刚怎么还不回来？跟他说过多少次了，别这么晚回来，他就是不听。"刘大爷说："这孩子，_____，越来越不听话了。"

(6) 听见老张说又要去打牌，老张的爱人不高兴了，说："你真是个_____，家里什么事都不管，孩子你也不管，就知道打牌，以后你就天天打牌吧，连班也别上了。"

(7) 他们当时只是吓唬吓唬大海，没想到大海真的来了，而且还带来了几个强壮的小伙子，他们几个_____，一时不知道该怎么办了。

(8) 以前，她老是拿妈妈身体不好需要人照顾当_____，不愿意结婚，可现在妈妈不在了，她该怎么说呢？

(9) 我悄悄地问小乔："这些瓶瓶罐罐的都是做什么用的？"小乔笑着说："这些都是化妆品，各有各的用途，你真是个_____，连这个也不知道！"

(10) 大哥因为谈恋爱的事不顺利，整天沉着脸，还常常拿我和妹妹当_____，好几回妹妹都被气哭了。

第十六课 | 207

二、指定した言葉を使って、日本語の部分を中国語に訳しなさい。

(1) A：我们都知道你是个热心人，把朋友的事当成自己的事，有人说你就是个活雷锋。
　　B：得了，＿＿＿＿＿＿，有什么事就说吧。（戴高帽）
　　　［おだてないでくれ］

(2) A：昨天我有事，没去看比赛，结果怎么样？你们进入前三名了吧？
　　B：＿＿＿＿＿＿，连前六名都没进。（还A呢）
　　　［上位三名どころか］

(3) 妻子：你今天看见隔壁马兰了吧？她穿上那套衣服以后，看上去年轻了五岁，是不是？
　　丈夫：她呀，＿＿＿＿＿＿。（不敢恭维）
　　　［ああいう身なりはお世辞にも感心しない］

(4) A：明天一早就出发，最好今天就把行李准备好。你准备得怎么样了？要不要我帮帮你？
　　B：算了算了，还是我自己来吧，＿＿＿＿＿＿。（帮倒忙）
　　　［あなたがやるとありがた迷惑だわ］

(5) 妻子：以前你挺愿意陪我逛商店的，现在怎么求你你都不去，是不是你嫌我老了？
　　丈夫：哎哟，＿＿＿＿＿＿，我实在是没有时间哪。（哪儿跟哪儿啊）
　　　［わけのわからないことを言って］

(6) A：我也早就想帮他介绍个女朋友，看来看去，我觉得你姐姐跟他挺般配。
　　B：不行，我姐姐得找个知识分子，＿＿＿＿＿＿。（打A的主意）
　　　［姉に目をつけないでくれ］

(7) A：你们学校的小张老师怎么样？听说他是教数学的？
　　B：对，他是教数学的，可＿＿＿＿＿＿。（拿得起来）
　　　［各方面で仕事ができる］

(8) A：小丽今年刚十四岁，又要上学，又要照顾奶奶，真不容易啊。
　　B：可不，这孩子真能干，＿＿＿＿＿＿。（拿得起来）
　　　［いろんなことをしっかりやれる］

(9) A：实际上，技术和设备都好说，关键是有没有合适的人和足够的钱。

B：你放心，＿＿＿＿＿＿。（成问题）

[人とお金は問題にならない]

(10) A：经理说的那个计划不合理的地方太多了，我这个计划比他的好，我去跟他谈谈。

B：你最好别去，＿＿＿＿＿＿。（唱对台戏）

[きみが行けば彼に反対することになるじゃないか]

# 第十七课 CD1-17

## 此一时彼一时
あの時はあの時、今は今

サッカーファンにとって、チームの実力、監督の采配、選手の補強と話題は尽きません。試合のテレビ中継を見るために姉とチャンネル争いを繰り返すのを見かねて、母親が一台小型テレビを買ってあげました。試合の勝敗はいずれのチームに？

（张强跟好朋友云飞在谈论足球比赛）

张　强：明天就比赛了，这回北安队在家门口儿赛，准能<u>打个翻身仗</u>。

云　飞：我看够呛，他们的水平<u>在那儿摆着呢</u>，跟别的队差得太远了，不是<u>一星半点儿</u>，这水平不是说上去就上去的。你也看过他们训练，<u>三天打鱼，两天晒网</u>的，一点儿都不认真，队员的基本功也不好，不<u>谦虚</u>地说，有的还不如我踢得好呢。他们<u>哪儿是人家的对手</u>啊。就说上次吧，一开场就<u>栽</u>了个大<u>跟头</u>，连半决赛都没进就<u>打道回府</u>了，这样的队能有什么大出息！

张　强：此一时彼一时，也许这次就能爆出个冷门儿呢，他们可有大球星啊。

云　飞：我看没什么戏，他们队员之间的配合太差劲，要是教练聪明，就应该在这上面好好做做文章。我倒觉得东山队很可能会成为一匹黑马。

张　强：这个队技术倒是不错，但愿这次他们别又在赛场上大打出手，上次他们闹得真是太出格了。没想到，你会看好这样的球队。

云　飞：他们今年花大价钱一下子进了三个外援，都是在世界上小有名气的。他们早就放出风儿来说，要给别的队点儿颜色看看，报上次的一箭之仇。

张　强：放空炮谁不会呀？要有真本事就到球场上去见个高低。

云　飞：那倒是，鹿死谁手，明天就能见分晓了。

张　强：哎，你明天上我家来吧，俩人一块儿看热闹，一个人没意思。

云　飞：我可不敢去了，上次去你家看球，你姐姐把脸拉得那叫长，我坐在那儿难受得要死，多精彩的球赛也看不痛快。我还是踏踏实实地在家看吧，看别人的脸色太难受。

张　强：你别多心，她不是对你。你不知道，我姐是个铁杆儿的电视剧迷，那次为了看球，我给她说了一大车好话，她就是不买我的账，后来我们俩只好打赌，结果，她不走运，输了，没看上那个什么电视剧，你想她的脸色能好看吗？就因为我们俩老为了看电视打架，我妈一气之下又买了个小的，让我们各看各的，井水不犯河水，现在我可以痛痛快快地想看什么就看什么了。

云　飞：真的？那太好了。其实我要想在家看球，也费劲着呢，我妈也是逢电视剧必看，我和我爸我们这俩球迷常常败在我妈的手下，我们抢不过她。

## 注　释

1. **谦虚**（qiānxū）：素直で、うぬぼれない。
2. **黑马**：（試合で）予想外の優勝者の喩え。ダークホース。
3. **出格**：（言葉や行動が）常軌、範囲を逸する。度を超す。
4. **外援**：本国チームの中の外国籍の選手のこと。
5. **鹿死谁手**：最後の勝利は誰の手に、勝敗のゆくえを言う喩え。
6. **铁杆儿**：（意志や立場が）しっかりしていて、動揺しないことの喩え。筋金入り。よく"**铁杆儿球迷**"と言う。
7. **打赌**（dǎdǔ）：賭けをする。あることの真相や事の成否について賭ける。
8. **逢**（féng）：出会う、出くわす。

## 例文解釈　CD5-2

1. **打**（dǎ）**个翻身仗**（fānshēnzhàng）

   "**打翻身仗**"：遅れや失敗、不利な情況をすっかり改めることの喩え。

   ① 我们厂前几年一直不景气，都快关门了，可王厂长来了以后，开发了个新产品，不到一年就打了个翻身仗，工人们心里高兴，干起活来都不知道累了。

   わが工場はこの数年間ずっと景気が悪く、倒産寸前だったが、王工場長が来てから、新しい製品を開発したので、一年もしないうちに立ち直った。工具たちはうれしくて、仕事をするにも疲れを感じなかった。

   ② 虽然上次比赛成绩不太理想，但他们没有失去信心，现在他们每天都

刻苦地训练，要在今年的运动会上打个翻身仗。

2. **在那儿摆着呢**（zài nàr bǎizhe ne）
   ある情況が明らかで、はっきりしていること。
   ① 不用我多说，事实在那儿摆着呢：没有大伙儿的支持，什么也干不成。
   余計なことは言う必要はない。事実を見れば明らかです。つまりみんなの支えがなければ、何もできないということです。
   ② 道理在那儿摆着呢：你不去争取，机会就是别人的，你还有什么可考虑的。

3. **一星半点儿**（yìxīngbàndiǎnr）
   非常に少ない。
   ① 我对卖东西的人说："要是差一星半点儿我就不回来找你了，可我买三斤苹果，你竟然少给我半斤，这也太不像话了。"
   私は物売りに「ほんの少し足らないのなら別に文句を言いにきやしないが、りんごを三斤買って半斤も不足していたなんて、ひどすぎるじゃないですか」と言った。
   ② 几个人认真地把教室打扫了一遍，现在桌子上、地上都干干净净的，连一星半点儿的尘土也没有了。

4. **三天打鱼，两天晒网**（sān tiān dǎ yú, liǎng tiān shài wǎng）
   長続きしない喩え。三日坊主。
   ① 赵老师对他说："打太极拳重要的是坚持，得天天打，不能三天打鱼，两天晒网，你要是不能坚持，不如不学。"
   趙先生は彼に「太極拳をするには一番大切なことは続けることです。毎日やる、三日坊主ではだめだ。続けられないようなら、むしろやらないほうがいい」と言った。
   ② 小王开始那几年还好，天天按时来办公室上班，可后来就不行了，上班是三天打鱼，两天晒网，还到处骗钱。

5. **哪儿是（nǎr shì）人家的对手（de duìshǒu）**

   "哪儿是（某人）的对手"、"不是（某人）的对手"：能力や実力が相手に及ばない。

   ① 他从七八岁就开始练游泳了，还参加过全国的比赛呢，我哪儿是他的对手啊？
   彼は七、八歳から水泳の訓練を始め、全国大会にも出た人ですよ。私なんかが彼の相手になるはずないじゃないですか。

   ② 云芳的个子小，力气弱，要说动手打架，她不是马大姐的对手。但是，她的嘴厉害，马大姐一句话没说完，她十句话都出来了。

6. **栽（zāi）了个大跟头（gēntou）**

   "栽跟头"：失敗や挫折、過ちをおかす喩え。

   ① 他平时太骄傲，谁的话也听不进去，所以他这回栽这么大的跟头，一点儿也不奇怪。
   彼はふだんあまりにも傲慢で誰の言うことにも耳を貸さなかったから、今回こんな大きな失敗をしでかしたのはちっとも不思議ではない。

   ② 虽然说事情并不大，只是损失了一点钱，可老张还是觉得栽了个跟头，在朋友们的面前丢了面子。

7. **打道回府（dǎdào huí fǔ）**

   家に帰ること。

   ① 过年过节的时候，妈妈都叫爸爸去看望一下亲友，爸爸就带上礼物去，可每次都是没有多大一会儿，他便打道回府。我妈妈总是说："哟！怎么这么快就回来了？"
   お正月や祝日になるたびに母は父に親族や友人を尋ねさせ、父がおみやげを持って行くのですが、長く滞在するわけでもなくいつもすぐに帰ってきます。母はきまって「あら、どうしてこんなに早く帰ってきたの」と言うのです。

   ② 新萍想起一份资料忘在办公室，就去办公室取。来到办公楼一层才发现电梯在检修，停止使用，新萍就打道回府了，因为她的办公室在十九层呢。

8. 此一时彼一时（cǐ yìshí bǐ yìshí）
   现在は以前と情况が違い、変化している。昔は昔、今は今。
   ① 江丽摇了摇头说："你那些观点在十年前也许有人赞同，可此一时彼一时，现在的人，更重视自己，把自己放在第一位。"
   江麗が首を横に振りながら「君の観点は十年前なら賛同する人がいたかもしれないが、その時はその時、今は今。今の人はもっと自分を大切にして、自分自身を最優先しています」と言った。
   ② 老刘的爱人不同意："前几天你还骂人家呢，现在又去求人家帮忙，怎么张得开口啊？"老刘笑着说："此一时彼一时嘛，当初骂他是对的，现在求他也没什么不可以。"

9. 爆（bào）出个冷门儿（lěngménr）
   "爆冷门"：予想外の結果が現れる。番狂わせが起こる。
   ① 这次比赛爆了不少冷门，其中最大的冷门就是去年的冠军今年竟然被新手打败了，这可是赛前谁也没想到的。
   今回の試合は番狂わせがいくつもあった。中でも一番意外だったのは去年のチャンピオンが今年はなんと新人に負けてしまったことで、これは誰も予想しなかった。
   ② 选举结果大出人们的预料，得票最多的不是厂长和书记，而是工会主席老孟，这可以说是爆了个冷门。

10. 做文章（zuò wénzhāng）
    方法を考える。工夫をこらす。
    ① 老工程师说："根据咱们厂的具体情况，我觉得咱们应该在投资少见效快的项目上多做做文章。"
    年取ったエンジニアが「わが工場の具体的な情況からすれば、われわれはもっと少ない投資で効果が出やすいプロジェクトに目をつけて手をうつべきだと考えます」と言った。
    ② 不少企业在管理水平上还很不够，存在很多不完善的地方，应该在这方面多做做文章。
    また、（あることがらにかこつけて）言いがかりをつける。問題にする。

第十七课 | 215

③ 可是，有一些人拿少数工人的罢工闹事大做文章，他们的目的就是要搞垮我们。
④ 他知道，如果今天他去吃这顿饭，肯定会有人拿这件事来做文章，说他只知吃喝。

11. **大打出手**（dà dǎ chū shǒu）
    はでに人を殴る。殴りあう。
    ① 因为人太多了，结果除了头几排的人以外，后面的人根本看不见台上的演出，于是都往前挤，跟前面的人争吵，最后竟然大打出手，闹得戏演不下去了。
    人が多すぎたために、前の数列の人々を除き、後ろの人たちはまったく舞台が見えないので、みんな前へ殺到して押し合いとなり、前にいる人たちと言い争い、最後はなんとはでな殴り合いにまでなり、芝居が続けられなくなった。
    ② 看到那几个人对一对老人大打出手，旁边的人都气得不得了。

12. **放出风儿来**（fàngchū fēngr lai）
    ある情報を流す。うわさを広める。
    ① 曹家的人早就放出风儿来说，他们家有亲戚在公安局工作，他们谁也不怕。
    曹家の人が早くから情報を流して言うには、身内に公安部門で働くものがいるから、誰も怖くない。
    ② 办公室的人放出风儿来说，虽然现在还没有正式文件，但是钱是肯定要涨的，只是早晚的问题。

13. **给**（gěi）**别的队点儿颜色看看**（yánsè kànkan）
    "给（某人）颜色看"：（ある人を）痛い目にあわせ、思い知らせてやる。
    ① 小王说："看来小崔是成心找咱们的麻烦，跟咱们作对，我现在就去找他，给他点颜色看看！"
    王さんは「どうやら崔さんはわざとわれわれを困らせて、われわれに盾突いているようだ。私は今すぐ彼に会いに行って、思い知らせ

てやる！」と言った。
② 他嘿嘿一笑，说："开除吴顺，就是要给他们一点颜色看看，让他们知道到底谁厉害。"

## 14. 报（bào）上次的一箭之仇（yí jiàn zhī chóu）
"报一箭之仇"：復讐する。雪辱する。一矢を報いる。
① 乔师傅吃过晚饭就把王老师拉来，要跟他下两盘棋，说是报前天连输两盘的一箭之仇。
喬師匠は夕飯をすませると王先生を呼んできて囲碁を二局打とうと言った。一昨日二回続けて負けたことへの雪辱だと言うのだ。
② 他一上台就免去了老杨的职，报了儿子被开除的一箭之仇，这件事在全公司引起了不小的震动。

## 15. 见个高低（jiàn ge gāodī）
勝負でレベル、技術を競い、決着をつける。
① 听见有人说这场比赛不公平，他站起来，大声说："谁说不公平，咱们就到外面去见个高低。"
この試合の判定が公平じゃなかったというのを聞くと、彼は立ち上がって、大声で「不公平と言うやつは誰だ。外に出て黒白決着をつけようぜ」と言った。
② 赛完这一场球后，两个队又约好后天下午三点，到学校操场去再见个高低。

## 16. 见分晓（jiàn fēnxiǎo）
結果や真相がはっきりする、明らかになる。
① 叶新说："你再耐心等几天，小张不是说了，这几天就见分晓了，到时候再走也不迟。"
「なんとかあと数日待ってください。張さんが言ったじゃないですか、この二、三日中に結果が分かるからって。その時に出かけても遅くないじゃないですか」と葉新が言った。
② 我对他说："我现在不想和你吵，到底咱们俩谁对，要不了多久就能

第十七课 | 217

见分晓了。"

## 17. 脸拉（liǎn lā）得那叫长（cháng）

"拉长脸"：不機嫌な顔をする。仏頂面をする。

① 看见桌子上没有酒，这位先生不乐意了，拉长脸，坐在一边，一句话也不说。
テーブルに酒がないのを見ると、この御仁は機嫌が悪くなり、仏頂面をしてわきに座り黙り込んだ。

② 听哥哥说得越来越不像话，老二把脸拉得长长的，没出声，可他的媳妇听不下去了。

## 18. 那叫（nà jiào）长

"那叫+（一个）+形容詞"：程度が極めて高いことを表す。

① 张军头一个爬上了墙头，走得那叫一个稳，就像个高空走钢丝的演员，下面的孩子都给他鼓起掌来。
張軍が一番目に塀のテッペンによじ登り、その上をバランスよく歩いた。まるで空中綱渡りの芸人のようで、下にいる子供たちがみんな拍手をした。

② 我在那儿住了一个月，那叫热，热得我吃不下饭，睡不着觉。

③ 赵师傅说："累了一天，回到家，叫老伴儿炒点儿下酒菜，听着京戏喝二两，那叫美。"

## 19. 看（kàn）别人的脸色（de liǎnsè）

"看（某人）的脸色"：（ある人の）顔色をうかがって行動する。

① 小沪说："那你打算怎么写？"苗青青说："自然看主任脸色行事了，主任说对，咱们就往对写，主任说错，咱就往错写。"
小滬が「どう書くつもりですか」と聞くと、苗青青が「もちろん主任の顔色をうかがって書くのです。主任が正しいと言えば正しいほうへ書くが、間違いと言えば間違いのほうに書きます」と答えた。

② 到了吃饭的时候，姐弟俩更得看着舅妈的脸色伸筷子，那筷子决不敢伸向有肉的盘子。

③ 很快他们都学会了看老板的脸色说话，老板说好他们就说不坏，老板说不好他们就说糟糕透了。

20. **不买**（bù mǎi）**我的帐**（de zhàng）
    "不买（某人）的帐"：ある人に対して尊敬の念をもたない、承服しない。
    ① 三个男人，谁都认为自己选中的地方值得去，喝啤酒喝得面红耳赤，谁都不买谁的账，最后只好各走各的。
    三人の男はみんな自分が選んだところへ行くべきだと思ったが、ビールで顔を真っ赤にして、互いに譲ろうとしなかったので、結局それぞれ好き勝手に行くしかなかった。
    ② 他经常在我面前吹嘘，如何如何"有办法"，就等着我向他求告，到时候，他就会摆出各式各样的面孔，说出各式各样的话来取笑我。可是我偏偏不买他的账。
    ③ 哥哥责备妹妹，怪她不把肉放到冰箱里。谁知妹妹一点儿不买他的账，把责任都推给了嫂子，说嫂子是最后走的。

21. **井水不犯河水**（jǐngshuǐ bú fàn héshuǐ）
    井戸の水と川の水は混じり合うことがないことから、お互いに領分を侵さない、関係がないことの喩え。
    ① 卓林说："你难道不知道他们吵架是为你？"水莲说："这就更奇怪了，我跟他们井水不犯河水，干吗要把我缠进去？"
    「君はまさか彼らの喧嘩の原因が君だと知らないはずはないだろう」と卓林が言うと、水蓮が「それだとさらにおかしいじゃないですか。私は彼らとは何の関係もないのに、どうして私を巻き添えにするんですか」と言った。
    ② 这些人很抱团儿，李三惹不起他们，他们也不妨碍李三的事，所以双方井水不犯河水，倒也一直相安无事。

22. **败在**（bài zài）**我妈的手下**（de shǒuxià）
    "败在（某人）的手下"：(ある人に) 負ける。
    ① 李将军说："我们不是败在罗贵手里，他没有什么军事头脑，我们实

際上は敗在他的両位大将手下了。"

李将軍は「われわれは羅貴に負けたのではない。彼は別に軍略に優れているわけではない。われわれは実際には彼の二人の将校に負けたのだ」と言った。

② 我打了那么多场比赛，没想到今天竟然败在一个孩子的手下，这让我很不甘心。

## 練習問題

一、次の文を下線を引いた部分に注意して訳しなさい。
(1) 下过雨以后，你再来看看我们的葡萄园吧，<u>那叫好看</u>！白的像白玛瑙，红的像红宝石，紫的像紫水晶，黑的像黑玉。
(2) 妻子非让我直接去找那家幼儿园的园长，我只好说："好吧，我去找人家说说看吧，不过，我也不是什么领导、大干部，谁知道人家会不会<u>买我的账</u>，你也别抱太大的希望。"
(3) 我们进行了两次实验都失败了，一直反对我们搞实验的张副厂长昨天<u>拿这两次失败大做文章</u>，说我们是在浪费时间浪费钱，要我们马上停止实验。
(4) 林长清笑着说："那年咱们一块儿喝酒，你把李老师大骂了一顿，说以后永远不见李老师！你还记得吗？现在你倒夸上李老师了。"小高被他说得有点儿不好意思，说："<u>此一时彼一时啊</u>，当初要不是李老师严格要求我，我哪能有今天。"
(5) 马主任来了没几天，他就被调出了会计室，他知道，以前因为钱的事他得罪过马主任，马主任肯定要<u>报这一箭之仇</u>，所以并不感到很突然。

二、適当な言葉を選び、空欄を埋めなさい。
　　①见分晓　②放空炮　③放出风儿　④一星半点儿　⑤大打出手
　　⑥鹿死谁手　⑦打道回府　⑧井水不犯河水
(1) 韩东对明明说："你在这儿等着，我现在就去给你买遥控车，这次决不_____。
(2) 小东和强强商量如何报仇，没想到说的话都被外面的爱社偷听到了，爱

220

社气得不得了，跑进屋来向他们俩_____，虽然小东他们是两个人，但却打不过粗壮的爱社。

(3) 他们商量了半天，决定去小吃城吃点儿东西，下了楼，来到汽车站，不知道怎么回事，等车的人得六七十人，杨阳一看这么多人，就想_____了，说，挤一身汗去吃小吃，还不如回去煮方便面吃呢。

(4) 兄弟两个人为了那块地闹翻了，决定分家，几天以后，一堵墙把院子一分为二，两个人_____，各过各的了。

(5) 我们在给病人做手术的时候，必须全神贯注，不能有_____的马虎，因为病人的生命就在我们的手上。

(6) 小顺说："三班的鞭炮都买来了，这次他们班赢定了，咱们班是完了。"张峰说："还有十分钟，_____还难说呢，我看他们是高兴得太早了。"

(7) 事情进展得差不多了，要不了多久就能_____了。

(8) 听说我们要去总公司反映情况，王厂长就_____说，他谁也不怕，总公司的领导都认识他，都是他的朋友。

三、指定した言葉を使って、日本語の部分を中国語に訳しなさい。

(1) A：这首乐曲不是练了很长时间了吗？小赵怎么还是老弹错？
    B：他呀，_____。（三天打鱼，两天晒网）
    [三日坊主で、根っからまじめに練習していない]

(2) A：你知道吗？青年队把国家队打败了！
    B：真的？_____。（爆冷门）
    [そりゃあ番狂わせだ]

(3) A：你估计咱们班能不能赢？
    B：我看比较困难，_____。（不是 A 的对手）
    [わがクラスは二組の相手じゃない]

(4) A：他网球打得怎么样？
    B：不错，昨天我跟他打了两局，_____。（败在 A 的手下）
    [(二試合とも) 彼に負けたよ]

(5) A：你舅舅家就在城里，你怎么不住在舅舅家，非要自己租房住？是不

　　　　是他对你不好?
　　　B:舅舅对我很好,可是舅妈很厉害,＿＿＿＿＿＿。(看A的脸色)
　　　　[おじ（舅父）も奥さんの顔色をうかがう始末さ]

(6)　妈妈:你跟他们说以后每个月要多交点儿饭费,他们怎么说?
　　　爸爸:他们＿＿＿＿＿＿,什么也没说。(拉长脸)
　　　　　[仏頂面をして]

(7)　弟弟:哥哥,小刚他们老骂我,说我是大笨蛋,什么也不会。
　　　哥哥:好啊,他们敢骂你?你等着,＿＿＿＿＿＿。(给A颜色看)
　　　　　[おれがやつらに思い知らせてやる]

(8)　A:你去告诉大刘,让他把罚款赶快交来。
　　　B:还是你去吧,我去也是白去,＿＿＿＿＿＿。(不买A的帐)
　　　　　[彼は私を根っからばかにしている]

# 第十八课 CD1-18

## 老坐着不动可不是事儿
いつも座ってばかりいては良くないよ

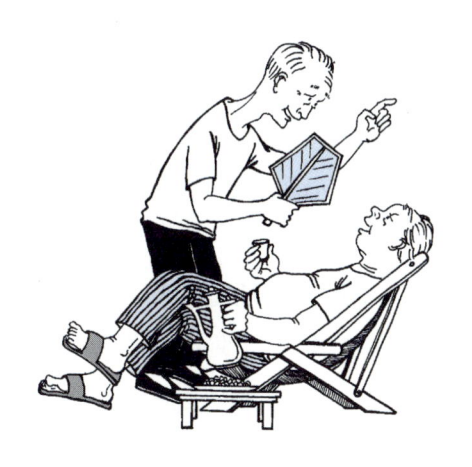

株の売買で一躍有名になった高さん、心臓がよくありませんが、お酒も手放せません。趙さんから健康体操を勧められ、試してみる気になります。その趙さんは、多額の結婚費用をせびる次男には腹立たしい思いで、勝手に騒げばよいと思っています。

（老赵正在跟邻居老高聊天儿）

老　赵：老高，一看你拿酒瓶就知道你有高兴的事，对不对？是不是你的股票又涨了？

老　高：真让你说着了！怎么样，晚上咱们老哥儿俩一块儿喝两杯？

老　赵：好啊，送上门来的酒还能不喝？你现在行啊！炒股高手，大名远扬，你不知道，一提起你大伙儿都竖大拇指。什么时候你也教教我。

老　高：别开玩笑了！你忘了我出洋相的时候了？我这都是瞎猫碰死耗子碰上的。说起来可笑，昨天一个小伙子追着我，

大爷长大爷短的，非说要跟我取取经，我哪儿有什么经啊？他要问喝酒有什么"经"，我这个老酒鬼倒能给他说两句。

老　赵：是啊，喝酒当然有"酒经（精）"了。哎，说到这儿，我想劝你两句，你的心脏不好，酒还是少喝点儿吧，喝酒对心脏没有好处，你老伴儿一说起你的病就急得不得了。

老　高：我老伴儿这个人哪，听见风就是雨，医生的话不能都信。前两天我和大民出去赶上了雨，淋得落汤鸡似的，大民回来感冒好几天，我呢，什么事也没有。我的身体我知道，离上西天还早着呢。跟你说吧，这酒能治病，我要是不喝酒了，病就该都来了。

老　赵：你呀，净跟人家医生唱反调。不过，你还是少喝点儿吧，还有，你成天老坐着不动可不是事儿，瞧你这将军肚，得多运动了。我们正学老年健身操呢，有专门的老师教，你也来吧。

老　高：我这笨手笨脚的去学那个操，那不是赶着鸭子上架吗？

老　赵：一点儿也不难，跟扭秧歌差不多。我记得，以前你扭秧歌可是全地区数得着的哟。

老　高：别翻三十年前的老皇历了，现在老了，手脚不听使唤了，要是跳不好，砸了你们的牌子怎么办？再说我这么胖，跳起来得多难看呢。

老　赵：那怕什么？锻炼身体嘛，又不是去表演。你没看见有几个小脚老太太也在学呢吗？你怎么也比她们强吧？

老　高：行，那我就去试试，省得在家听我老伴儿唠叨。

老　赵：不过，咱们丑话说在前头，你不能半路开小差，得坚持

到底。

老　高：没问题。哎，老王去吗？他去我就不去了，我怕碰上那个事儿妈，唠唠叨叨地烦人。

老　赵：他爱说什么就说什么，你别听不就行了？你这个死脑筋。

老　高：我死脑筋？昨天我还听你们家老二说你是个铁公鸡，他结婚你都舍不得花钱，你那钱留着干吗？

老　赵：我给了他两万，还嫌少？我又没有摇钱树，要多少钱有多少钱，唉，提起这事我就生气，儿子结婚我是得花点儿钱，可他们一张口就要几万几万的，我哪儿有啊。

老　高：现在的孩子口气都大着呢，小小年纪花起钱来跟流水似的，你甭跟他们生气。

老　赵：我和老伴儿商量好了，他们爱怎么闹就怎么闹，由他去，他们的事我们不管，也管不了，我们自己的身体要紧。

老　高：这就对了！

### 注　釈

1. **股票**：株券。
2. **高手**：技術に精通している達人、名人。
3. **取经**：業績を上げた人からその経験を学びとる喩え。
4. **酒鬼**：酒飲み。飲兵衛。
5. **笨手笨脚**：不器用である。また動作がのろい。
6. **秧（yāng）歌**：中国北方の民間舞踊。この踊りを踊ることを"扭（niǔ）秧歌"と言う。
7. **唠叨（láodao）**：くどくどと言う。

## 例文解釈　CD5-3

1. **送上门**（sòng shàng mén）
   家まで届ける。自ら進んで提供する。
   ① 有战士来报告说，敌人已经过了县城，往东来了。老罗说："他们来得正好，我正愁找不到他们的主力，他们自己倒送上门来了。"
   兵士の報告によると、敵はすでに県城を通り過ぎて、東へ向かって来たそうだ。「ちょうどいいところに来てくれた。やつらの主力の居場所が分からず心配していたが、自分から姿を現してくれるとは」と羅さんが言った。
   ② 我对小丽说："他一直对你不怀好意，你现在去找他，那不是把自己送上门去了吗？"
   ③ 听说明天是丽丽的生日，小张对我说："你不是想让丽丽对你有个好印象吗？这可是送上门来的好机会啊，你买个她喜欢的礼物送给她，她不就喜欢你了吗？"

2. **出洋相**（chū yángxiàng）
   醜態を演じて恥をさらす。"出（某人）的洋相"：（ある人に）醜態を演じさせる。
   ① 记得第一次上台表演的时候，我一紧张把歌词忘了，站在舞台中间怎么也想不起来，真是出了个大洋相。
   初めて舞台に立った時は、緊張して歌詞を忘れてしまい、舞台の中央に立ったままどうしても思い出すことができず、大恥をかいた。
   ② 舞蹈队还缺一个人，有人就提议让李大嫂参加，李大嫂说："瞧我这身材，哪像是跳舞的呀？你们别出我的洋相了，快换别人吧。"

3. **瞎猫碰死耗子**（xiā māo pèng sǐ hàozi）
   まったくの偶然（の喩え）。たまたま。まぐれ当たり。
   ① 石萌萌挺谦虚，说："我哪是什么作家啊，那篇小说能登出来完全是瞎猫碰着了死耗子，我自己是什么水平我自己知道。"

石萌萌は謙遜して言った。「私は作家なんかではありませんよ。あの小説が掲載されたのはまったくの偶然なんですから。自分のレベルは自分で分かっています」。

② 他想，必须得出去活动，不能老闷在屋子里瞎想，只要出去乱碰，就是瞎猫也会碰着死老鼠，那么多公司、工厂，不愁找不到个工作。

4. **大爷长（cháng）大爷短（duǎn）的**

"A 长 A 短"：きわめて親しげに A（"爷爷""奶奶""大哥""大姐"等）と呼びかける。

① 卖东西的女孩一看见我，马上大姐长大姐短地忙着给我介绍，我看她那么热情，不好意思什么也不买就走。

売り子の女の子が私を見かけるとすぐにお姉さん、お姉さんと親しげに呼びかけていろいろと紹介してくれた。あんまり親切にしてくれるものだから、何も買わずに失礼するのはしづらくなった。

② 孩子们来了以后，围在老人身边，爷爷长爷爷短的，把老人乐得合不上嘴。

③ 楚大妈说："小戴医生医术好，人也好，每次看见我都大妈长大妈短的，比亲闺女还亲。"

5. **听见风就是雨（tīngjian fēng jiùshi yǔ）**

何かを耳にするとすぐに信じこむことの喩え。

① 王新英说："她也叫桂芬？那一定是我的姐姐了，我找妈妈和姐姐，她找妈妈和弟弟，没错，就是我姐姐！"海燕说："新英，沉住了气！这是一项细致、复杂的工作，不能听见风就是雨！还需要做调查。"

「彼女も桂芬というの？それならきっと私の姉さんです。私は母と姉を捜していて、彼女はお母さんと弟を捜している。間違いない、私の姉さんです」と王新英が言うと、「新英さん、落ち着いてください。これはきめ細かい、複雑な仕事なんです。ちょっとのことで信じてはいけないんです。まだまだ調査をする必要があります」と海燕が言った。

② 听说工厂要关门，人们都嚷嚷起来，还传出了女人的哭声，老张站起

来说："你们怎么听见风就是雨啊？谁说工厂要关门？我这个主任怎么都不知道？"

6. **落汤鸡**（luòtāngjī）
   熱湯の中の鶏のように全身がずぶぬれである形容。ぬれねずみ。
   ① 那天晚上，刚下车，就下起了雨，我们俩谁都没带伞，结果到了家跟落汤鸡似的。
   その晩は、車から降りるとすぐに雨が降り出し、私たち二人とも傘を持っていなかったので、家に着いた時にはもうずぶぬれになっていた。
   ② 我出门遇上了一场雨，淋成了个落汤鸡，回来就有些发烧，在家躺了三四天才好。
   ③ 有一天，小伙子正在楼底下等人，一盆水从天而降，把他浇成了个落汤鸡。

7. **上西天**（shàng xītiān）
   （西方浄土へ行くことから）死ぬこと。
   ① 如果老福在这里，几分钟内那只鸡就会上西天去，可我拿着刀，就是不敢动手。
   もし福さんがここにいてくれたら、あの鶏は数分のうちにあの世行きなんだが、私は包丁を持ったまま、どうしてもやれなかった。
   ② 张诚知道，自己这一拳下去，就能送他上西天，就能报了杀父之仇，可他脑子里又出现了十年前的一幕，他放下了拳头。

8. **唱反调**（chàng fǎndiào）
   反対の観点に立つ、反対の行動をとることの喩え。
   ① 刘先生口音很重，学生都不愿意上他的课，再加上他老跟学校唱反调，所以校长就想把他调走。
   劉先生はなまりがひどくて、学生たちは皆彼の授業に出たがらないし、その上、彼はいつも学校のやり方に反対を唱えていたため、校長は彼をよそに転勤させたいと思っていた。

② 我劝他改改脾气，别老和大伙儿唱反调，弄得大伙儿都讨厌他。

9. **不是事儿**（bú shì shìr）
   よくない、まずい。問題を解決する正しい方法ではない。
   ① 马小锐听同学说，老师说了，如果再不去上课，学校就要给他处分，他也觉得这么下去不是事儿，他明天必须上学。
   馬小鋭は同級生から、先生がもしこれ以上授業をサボったら学校から処分されると言っていたと聞くと、このままだとやばい、明日は学校に行かなければと思った。
   ② 赵卫说："老这么东躲西藏的也不是事儿啊，咱们得找个办法出去。"
   ③ 两个人谁都不爱做饭，就天天去饭馆吃，刚过半个月，俩人的工资就花得差不多了，这时俩人才觉出老这么出去吃不是事儿，得有一个人做饭，可谁做呢？

10. **将军肚**（jiāngjūn dù）
    冗談で（男の）でっぷりと太っているお腹をさす。太鼓腹。
    ① 我们见面后，发现老马变化最大，刚四十出头，将军肚就挺起来了。
    私達は会って、馬さんが一番変わったことに気づいた。まだ四十を越えたばかりなのに、もう太鼓腹になっていた。
    ② 午饭过后，老张端着茶杯，挺着他的将军肚，走进了办公室。

11. **赶着鸭子上架**（gǎnzhe yāzi shàng jià）
    人の嫌がることやできないことを無理やりにやらせる喩え。
    ① 妈妈在旁边说："你爸爸平时唱歌都唱不好，哪儿上得了台呀，你们别赶鸭子上架了。"
    母が隣で「お父さんはふだんろくに歌えないのに、舞台に立つなんてできるわけがない、無理なことやらせないで」と言った。
    ② 我们都跑过去，把张老师和他爱人推到中间，非要他们俩表演一段蒙古舞蹈，张老师笑着说："你们可真会赶鸭子上架啊。"

第十八课 | 229

12. 数得着（shǔ de zháo）

有名で、トップクラス数名に入る。

① 牛老头是我们这个县城数得着的人物，他开过酒馆、茶庄、加工厂，赚了不少钱。

牛じいさんはわが県城でも指折りの有名人で、居酒屋、茶問屋、加工工場を経営したことがあり、かなりの財産を築いた。

② 我们厂在全国也是数得着的，我们的产品现在已经出口到了二十多个国家。

③ 这姑娘从小就爱踢足球，在我们这儿是数得着的好苗子，十几岁就进了国家队。

13. 老皇历（lǎohuángli）

過去、歴史を指す。

① 他不愿意说起他在战场上的英雄事迹，说那都是老皇历了，都过去了。

彼は戦場での英雄的な功績を語りたがらなかった。それはみんな昔の話で、もう過ぎ去ったことだと言った。

② 小英说："奶奶，都什么年代了，您还翻您的老皇历，现在连电脑红娘都有了。"

14. 不听使唤（bù tīng shǐhuan）

制御できない。（身体などが）言うことをきかない。

① 保庆的手有点儿发抖，他想说点什么，可是舌头不听使唤，说不出话来。

保慶の手は少し震えていて、何か言おうとしても、舌が思うように動かず、言葉が出てこなかった。

② 卫大嫂说："骑三轮车跟骑自行车不是一个劲儿，特别是车把不听使唤！看着人家骑挺容易，可我一上去呀，一下子就朝着墙撞去了！"

③ 听见警报响了，二奶奶坐在椅子上，想站起来，可是腿软得不听使唤了，怎么站也站不起来。

15. 砸（zá）了你们的牌子（páizi）

"砸牌子"：評判やブランドを台無しにする。

230

① 厂长说："我们好不容易才创出了这个牌子，不能因为质量问题砸了自己的牌子，所以这批有问题的产品全都收了回来。"
「やっとの思いでこのブランドを創り出したのだから、品質の問題で自分のブランドを台無しにしてはならない。問題のある製品はすべて回収した」と工場長が言った。
② 因为假酒事件，我们的好酒都卖不出去了，几十年的牌子就这么砸了。
③ 别说名牌学校，那些普通学校对教师的要求也很高，他们都不希望由于教师水平低砸了自己学校的牌子。

## 16. 丑话说在前头（chǒuhuà shuō zài qiántou）
先に不利な要素や悪い結果を指摘して、警告し、注意をうながす。
① 李队长站起来说："大家都知道了，村子里最近老丢东西，现在当着大伙儿的面儿，我把丑话说在前头，谁要再干这种见不得人的事，让我抓住了，我就砍断他的手。"
李隊長が立ち上がって言った。「みんな知ってのとおり、最近村では盗難事件が頻発している。皆の前で前もって断っておくが、こんな人様に顔向けできないようなことをしでかす者は、捕まえたら最後、そいつの手をたたき切ってやる」。
② 平涛说："咱们是一块儿长大的好朋友，不过今天我把丑话说在前面，建国，你要是干违法的事，可别怪我对你不客气。"

## 17. 开小差（kāi xiǎochāi）
抜け出す。気が散る。
① 会议没什么重要内容，我借上厕所的机会开了小差，跑回宿舍睡了一觉。
会議は大した内容がないので、トイレに立ったのを機に抜け出して、寮に戻って一眠りした。
② 平时小组讨论的时候，经常有人开小差，今天看见张老师来了，谁都不敢动了。
③ 这种阶梯教室能坐一百多人，所以上课的时候我的脑子特别容易开小差，尤其是上张老师的课。

18. 事儿妈（shìrmā）

よくけちをつけ、文句を言う人。厄介者。

① 我们院子里的刘大妈是个典型的事儿妈，什么事她都要管管，一点儿亏都不吃。
私たちの団地の劉おばさんは典型的な厄介者です。どんなことにでも彼女は口を出すし、それでいて損することは絶対しない。

② 一路上，她一会儿嫌车里空气不好，一会儿嫌热，我们都特别烦她，后悔跟个事儿妈坐在了一起。

③ 小齐年岁不大，可特别事儿妈，她要是在，绝对不让我们在办公室里吃东西。

19. 死脑筋（sǐnǎojīn）

考え方が頑固で、融通がきかない人の喩え。

① 不管大兴怎么说，李老汉就是不让他去，气得大兴在心里直骂爸爸是个死脑筋。
大興が何と言おうと李じいさんは彼を行かせない。大興は腹が立って胸の中でこの頑固おやじと罵りつづけた。

② 回家以后，妻子一个劲儿地埋怨他是个死脑筋，看见人家不高兴了也不会换个说话的方式。

20. 铁公鸡（tiěgōngjī）

けちな人、つましい人の喩え。

① 他们在背后都叫老张是铁公鸡，因为他从来不请客，可别人请客每回都缺不了他。
彼らは陰で張さんをけちん坊とけなした。なぜなら、彼はこれまで一度も人におごったことがないが、人の招待なら欠かさず顔を出すからだ。

② 小张笑着说："他简直就是个铁公鸡，我说了半天，他还是一分钱也不给。"

③ 大姐说她婆婆是个铁公鸡，平时连个鸡蛋也舍不得吃，这会儿让她拿一千块钱出来怎么可能呢？

## 21. 摇钱树（yáoqiánshù）

大量のお金を手に入れることのできる人や物の喩え。

① 女儿有了点儿名气后，这父母俩就把女儿当成了摇钱树，拉着女儿到处去演出，根本不管女儿是怎么想的。

娘が少し有名になると、この両親は娘を金のなる木と見なして、娘をひっぱり回してはあちこち舞台に立たせ、娘の気持ちなどまったく構わなかった。

② 大妈羡慕地说："瞧人家时装模特，在台上走两圈就能挣大笔的钱，谁要是有这么个女儿，就等于是有了一棵摇钱树啊！"

## 22. 口气（kǒuqì）都大（dà）着呢

偉そうな口をきく。

① 小王现在跟以前可不一样了，说到钱，张口就是几万，十几万，口气大得很。

王さんは今や以前とはまったく違って、お金のことになると、口を開けば数万、十数万、と偉そうな口をきくのだ。

② 老张说："三天完成？你的口气也太大了，这可不是少数，要我说，十天也不够。"

③ 这家公司门脸儿很小，名字却叫"震宇"，意思是震惊宇宙，口气真够大的，可里面就经理和秘书两个人。

## 23. 由他去（yóu tā qù）

好きなようにさせる。"随他去"とも言う。

① 奶奶说："一个小孩子家，爱穿什么就穿什么，由他去吧，你甭操这个心！"

「子供っていうのは、着たいものを着るんだから、あの子の好きなようにさせておきなさい。あなたは構うことなんかないのよ！」とおばあちゃんが言った。

② 李冰非要今天晚上就过去，小棠也只好由他去了。

③ "这回我是彻底下了决心，随他去，甭管他干什么，我要再多一句嘴我都不姓马。"老马赌气似的说。

### 練習問題

一、適当な言葉を選び、空欄を埋めなさい。
　　①落汤鸡　②数得着　③事儿妈　④唱反调　⑤由他去　⑥铁公鸡
　　⑦开小差　⑧摇钱树　⑨不听使唤　⑩听见风就是雨

(1) 小伙子本来在家里已经把要跟姑娘说的话练习了好几遍，可今天一看见姑娘，他的舌头就_____了，红着脸，一句也说不出来。

(2) 儿子找了个女朋友是外地的，我和他妈妈都不同意，可我们的话他根本不听，最后我们干脆也就不管了，_____，反正这是他自己的事。

(3) 我愿意她买鲜艳点儿的衣服，可她偏要买黑的，要不就买灰的，老是跟我_____，气得我不理她了。

(4) 李老师批评我说："你怎么_____啊！也不想想那些话有没有道理就跟着跑。"

(5) 我们决定请李科长一家去大富豪酒家吃饭，大富豪酒家是我们这儿_____的高档饭店，厨师是从广州请来的。

(6) 从商店回来后爸爸悄悄地对我说："你妈妈可真是个_____，不是这个不好，就是那个不好，那么多名牌冰箱，她都不满意，下次你陪她去吧。"

(7) 这场雨来得还挺快，等我们跑回宿舍，一个个都跟_____似的，幸好包在袋子里的书没有淋湿。

(8) 镇海这是第一次跟着他们进山去，出发的时候还挺兴奋，可没过几天他开始想家了，再加上吃住都很艰苦，到了第五天他就_____，悄悄溜回了家。

(9) 你要是借钱的话，别去找他借，去了也是白去，他是个_____，一分钱都不会借给你的。

(10) 自从阿美来歌厅后，客人慢慢儿多了起来，很多人都是冲着阿美来的。刘老板看在眼里，喜在心上，他庆幸自己找到了一棵_____，只要有阿美在，就不愁没钱了。

234

二、指定した言葉を使って、日本語の部分を中国語に訳しなさい。

(1) A：明天你可以给大伙儿表演一段舞蹈嘛，你以前不是学过吗？
    B：不行，_____。（老皇历）
    [それは昔の話で、ずいぶん長い間踊っていないし、とっくに忘れたわ]

(2) 爸爸：你不能什么都顺着他，钢琴都买来了，他说不练就不练了，那哪儿行啊！
    妈妈：唉，他要是实在不愿意学，_____。（赶鸭子上架）
    [わたしたちは無理強いしてはいけません]

(3) 小贩：小姐，您看看这条裙子，新来的，要不，小姐您再看看这条，也不错，进口的。
    顾客：我都四十好几了，你别_____，听着不舒服。（A长A短）
    [親しげに娘さん、娘さんと呼ぶ]

(4) 儿子：这事就交给我了，不就是几十万块钱的事吗？您放心好了。
    爸爸：哟，你年纪不大，_____。（口气大）
    [偉そうな口をきくものだ]

(5) A：我自己能照顾自己，不会给你们添麻烦的，你就让我跟你们一起去吧。
    B：那好吧，不过_____，遇到困难可不能哭鼻子啊。（丑话说在前头）
    [前もって断っておく]

(6) A：你甭着急去租房子，没必要花那钱，咱们是好朋友，你就住我这儿，住多久都没关系。
    B：不，不，那不行，_____。（不是事儿）
    [きみのところに住み続けるのはまずい]

(7) A：张工程师，我去找个小姐过来陪你跳个舞，好不好？
    B：别，别，我不会，_____。（出洋相）
    [私に恥をかかせないでくれ]

(8) 爸爸：芳芳，这是刘师傅送来的烟和酒，我们可不能要，一会儿你替我给他送回去。
    女儿：干吗呀？_____。（送上门）
    [こちらが無理に頼んだわけでもなし、彼の方から届けに来たん

第十八课 | 235

じゃないの]

(9) 女儿：妈妈，这个箱子满了，衣服放不进去了，怎么办哪？
　　妈妈：你呀，＿＿＿＿＿＿。（死脑筋）
　　　　　［ほんとうに融通がきかないのね。少し大きめの箱に替えればすむことじゃないの］

(10) A：这批产品其实也没什么大问题，你别太认真了，要是退回去损失就太大了。
　　 B：损失再大也得退回去，要不然，＿＿＿＿＿＿。（砸牌子）
　　　　　［ブランドが台無しになったら誰が責任を取るのか］

## 第十九课 CD1-19

# 我觉得他说在点子上了
彼の言うことは急所を突いていると思う

北京の汚染、環境保護、違法朝市の取り締まりと、口先だけで実行がともなわないのは林さんの会社も同じ、林さんが思いきり批判した上司の恨みを買って、林さんは責任を負わされるかもしれない、職を失っては元も子もない、と友人は注意します。

（小林一边看报纸一边自言自语，这时同事小刘走进来）

小　刘：嘿，小林，你没头没脑地说什么呢？

小　林：噢，是小刘啊，你来看，这儿有一篇文章，说的是北京的污染和环境保护的问题，他说应该下大力气，彻底整治北京的环境，要不北京就危险了，我觉得他说在点子上了。

小　刘：没错儿，以前大伙儿的脑子里根本就没有环保这根弦，走了不少弯路。现在好了，从上到下都把环境保护当成头等大事了。

小　林：要是早点儿动手，北京申办2000年奥运会就不至于输给悉尼了。这次北京申办成功，跟市政府这几年狠抓环境

问题是分不开的，什么事光唱高调不行，得真干。

小　刘：对，不能像以前似的说完之后就没下文了，更不能搞一阵风。

小　林：你看咱们门口儿那个早市，把整条胡同弄得乱七八糟的，整治过好几回，可每回都是走过场，根本没解决问题。

小　刘：这几天我看见好几个早市都撤了，马路旁边的违章建筑也拆了不少。

小　林：要是那样敢情好，就怕是你前脚拆，他后脚盖。什么事嘴上说说和实际去做是两码事，说说容易，真去做就难了。

小　刘：对，有的时候上边的政策挺好，可下面的人不干，常常是做做样子就完了。

小　林：就像老张那样的，什么事到他们手里都没个好儿。

小　刘：哎，昨天看见你和老张吵得那么厉害，我真是倒吸一口凉气，这么多年我还没见过谁敢跟他吵呢。不过，你在那么多人面前揭他的老底儿，一点儿面子也不给他留，他不恨你才怪呢，说不定哪天就给你双小鞋穿。我在旁边给你使眼色让你别说了，你看见没有？

小　林：看见了，其实开始的时候我不想跟他吵，可他以为我怕他，想给我来个下马威，气得我不管三七二十一就跟他干上了，也算是替大伙儿出了一口气。

小　刘：当心他们让你吃不了，兜着走。要是饭碗都砸了，看你还能说什么。

小　林：我不怕他们，大不了把我开除，可是他们敢吗？说穿了，他们还是心里有鬼。

小　刘：那倒是。那起"豆腐渣"工程的事到现在还没解决完呢。

　　　　　不过，我劝你，你跟老张吵归吵，工作可别马虎。
小　林：那当然，再怎么生气，也不能拿工作当儿戏啊。
小　刘：最好还是改改你这炮筒子脾气，说话讲究点儿方法。
小　林：嗨，无所谓。

## 注　釈

1. 弦（xián）：もともとは楽器の弦のこと。頭の中のある考え、認識の喩え。
2. 早市：朝に野菜などを売る市場。朝市。
3. 撤（chè）：取り除く。運び去る。
4. 违章：規定や規則などに違反する。
5. 敢情：もちろん、むろん、疑う余地がないことを表す。
6. "豆腐渣（zhā）"工程：質の悪い、手抜きの建築工事を指す。

## 例文解釈　CD5-4

1. 没头没脑（méi tóu méi nǎo）
   （言葉や事柄が）つかみどころがない、まったくの予想外である喩え。
   ① 他默默地盯着电视，一副聚精会神的样子，再不开口。直到吃饭时，他才没头没脑地说了一句："要是不曾发生过多好。"大家都不知道他指的是什么，可又都不敢问。
   彼は黙って一心不乱にテレビを見ていて、口もきかない。食事をするときになって、彼がいきなり「起こったことがなかったらどんなによかったことか」と言いだし、何を指して言っているのかみんなさっぱり分からなかったが、誰もあえてたずねなかった。
   ② 他被郑师傅这没头没脑的问话弄糊涂了，一时不知道怎么回答才好。
   ③ 这孩子说话经常没头没脑，这不，说着说着学校的事，忽然就转到别的上面去了，不过我们已经习惯了。

2. 说在点子上（shuō zài diǎnzi shang）

話が肝心なところに及ぶ。的を射ている。

① 每场戏唱完，我们都愿意让老张给总结一下儿，他说得虽然不多，可每句话都能说在点子上，让你心服口服。

芝居を終える度に、私たちはみんな張さんに締めくくってほしかった。彼は口数が少ないが、無駄なく要所を突くので、心から敬服させられる。

② 要是不做深入的调查研究，不了解情况，那你的话根本不可能说在点子上。

3. 走（zǒu）了不少弯路（wānlù）

"走弯路"：遠回りをする、回り道する。ミスや間違ったやり方で無駄な労力を費やす。

① 他们公司刚成立一年多，起步很晚，但晚有晚的好处，可以更多地借鉴别人的经验，少走些弯路。

彼らの会社は設立して一年あまり経ったばかりで、スタートは遅かったのですが、遅いことにはそれなりの利点もあり、他人の経験にさらに多く学ぶことができ、回り道をせずにすむわけです。

② 虽然这些人在生活的道路上走过这样那样的弯路，但经过教育，他们还是会成为对社会有用的人的。

4. 唱高调（chàng gāodiào）

実際に行動を伴わないきれいごとを言う。大口をたたく。

① 他在文章中指出，脱离实际地唱高调，说空话，没有任何用，要从小事入手，切实做好每一项工作。

彼は文章の中で「実際とかけ離れてきれいごとを言う、大口をたたく、これは何の役にもたたない。小さいことから取り組み、一つ一つの仕事をきちんとやり遂げなければならない」と指摘している。

② 老张在台上大谈学校的五年规划，有人在下面小声说："好听的高调谁都会唱，没有具体办法、措施，一切都是空话。"

5. **没下文**（méi xiàwén）

    進展、結果または回答がないこと。

    ① 我们把材料整理好以后就交给了上级，可材料交上去后就没了下文，我们也不好催。

    私達は資料をちゃんと整理して上司に渡した。しかし、その後は何の音沙汰もないし、私たちも催促しにくい。

    ② 他把这件事交给儿子小马去办，小马又去托他的一个朋友，左等右等，十天都过去了，还是没有个下文，老马急，小马也急。

6. **一阵风**（yí zhèn fēng）

    行動の時間が短く、長く持ちこたえられないことの喩え。つかの間。

    ① 老张让大家先别搬东西，再等等看，说不定只是一阵风，过几天就没人管了。

    張さんはみんなに、まだものを移すな、もう少し待ってみよう、もしかしたらただ一時的なことで、何日か経てば誰も構う者がいなくなるかもしれない、と言った。

    ② 晓琴干什么事都是一阵风，就拿前一段来说，她忽然念起英语来了，磁带、书买了一大堆，可没过一个星期，就全扔到一边儿去了。

7. **走过场**（zǒu guòchǎng）

    かたちだけで、まじめに取り組まない。お茶を濁す。

    ① 我们心里都明白，说是公平竞争，其实就是走个过场，厂长的位子早就有人了。

    私たちは胸の内でみんな分かっていた。公平な競争と言っても、実はただいい加減にお茶を濁すだけで、工場長のポストはとっくに、なる人間が決まっていた。

    ② 在农村，村干部对那些政治活动并不热心，布置下来任务就采用拖的方法，实在不能拖就走走过场，说到底，让全村人吃上饭是最重要的。

8. **你前脚**（qián jiǎo）**拆，他后脚**（hòu jiǎo）**盖**

    "A 前脚 $V_1$（+$O_1$），B 后脚 $V_2$（+$O_2$）"：A が一足先に $V_1$（+$O_1$）すると、

その後すぐにBがV$_2$（+ O$_2$）する。

① 昨天晚上因为太累了，我呆了一会儿就走了，后来丁兰告诉我，我前脚走，马力后脚就到了，看见我不在，他很失望。

昨夜は大変疲れたので、ちょっとそこにいたがすぐに帰った。あとで丁蘭さんから聞いたところでは、私が帰るのと入れ違いに馬力さんがやってきたが、私がいないのでがっかりしたそうだ。

② 那时候我们根本在家待不住，妈妈前脚出门，我们后脚就跑到街上去玩，估计妈妈快下班了再回家。

9. **两码事**（liǎng mǎ shì）

関係のない、またまったく異なる二つの事柄。"两回事"とも言う。

① 看见店里还有空的地方，他们就在卖肉的柜台对面，又搭起个柜台卖茶叶。过路的人都纳闷儿，茶叶和猪肉是两码事，怎么能在一起卖呢？

店にまだ空いているスペースがあるのを見て、彼らは肉を売るカウンターの向かいに、もうひとつカウンターを組み立ててお茶を売り始めた。道を通る人々はみんな不思議に思った。お茶と豚肉とはまったく関連性がない、どうして一緒に売れるのか、と。

② 看见我接到通知高兴的样子，大森冷冷地说："通知你去面试和人家录取你是两码事！别高兴得太早了。"

10. **做样子**（zuò yàngzi）

かたちだけで真剣にやる気がない、またかっこうをつけるだけで、やる気がない。

① 周伯伯的"十条家规"不是随口说说做样子的，他与伯母不但自己模范执行，而且对亲属们严格监督。

周伯父さんの「家訓十ヵ条」は口から出まかせのかっこう付けではない。彼は伯母さんと自らお手本を示すだけでなく、親族たちを厳しく監督した。

② 姐姐劝他说："我知道你现在还恨爸爸，可家里还有妈妈呢，你哪怕做做样子也该回去住两天，要不大家都会说你不懂事的。"

11. **倒吸一口凉气**（dào xī yì kǒu liáng qì）

    驚愕、恐怖の様子を表す。はっと息を呑む。
    ① 于立波在旁边悄悄地打量着季清，不由地倒吸了一口凉气："这个人的眼睛里透出一股凶劲儿，让人看了害怕。"
    于立波は傍でこっそりと季清を観察して、思わずはっと息を呑んだ。「この人の目には凶暴な光がやどっていて、見るからに恐ろしい」。
    ② 大家听到这个消息都倒吸了一口凉气，担心了很长时间的事终于发生了。
    ③ 开始的时候听不太清楚，等真听清楚了屋里的谈话内容，秀莲顿时倒吸一口凉气，差点儿站不住了。

12. **揭**（jiē）**他的老底儿**（lǎodǐr）

    "揭老底儿"：隠された内情や素性を暴く。
    ① 连生以前在村子里做过不少荒唐事，他很怕家乡的人到这儿来揭他的老底儿。
    連生は昔、村で結構自堕落な生活を送ったことがあるので、故郷の人がここまでやって来て彼の旧悪を暴露しないかと心配している。
    ② 他心里很纳闷儿，事情都过去二十多年了，是谁在领导那儿揭了他的老底儿？

13. **一点儿面子**（miànzi）**也不给他留**（liú）

    "留面子"：(相手の) 面子、プライドをつぶさないようにする。
    ① 李阿姨说："孩子也有自尊心哪，你得给他留点儿面子，别在他同学面前说他，有什么话等没人的时候再说。"
    「子供にだって自尊心があるよ。プライドを傷つけないようにしてあげなきゃ。同級生の前で彼を叱らないで、何か言いたいことがあれば人のいない時に言ってやればいい」と李おばさんが言った。
    ② 老麻能力挺强，可人缘儿不太好，因为他说话直来直去，从来不给别人留面子，所以得罪了不少人。

## 14. 给（gěi）你双小鞋穿（xiǎoxié chuān）

"给（某人）穿小鞋"：ひそかに困らせる、嫌がらせをする。

① 他刚来的时候，批评过工作不认真的小丽，恰巧小丽是厂长的亲戚，等他了解到这些背景时，厂长早就给他穿了几次小鞋，他算是获得了一次"血"的教训。

彼が来たばかりの頃、仕事にいい加減な小麗を叱ったことがある。たまたま小麗が工場長の親戚にあたり、彼がこういった背景を知った時には、工場長はもう何回も彼に仕返しの嫌がらせをしていた。こうして彼は「血」の教訓を一度得たわけである。

② 你要是不顺着他，或是什么地方得罪了他，他就故意给你小鞋穿，让你天天难受可还说不出来。

## 15. 下马威（xiàmǎwēi）

（昔役人が着任早々、部下に威厳を示したことから）最初に厳しい態度をとり、威厳を見せつける。にらみを利かせる。

① 他们开始谈论起婚事，小美要热闹，朱新要节省，俩人意见不一样。小美给朱新来了一个下马威，声称要么听她的，要么就分手。

彼らは結婚式の相談を始めた。小美はにぎやかなほうがいいと言い、朱新は質素節約でいこうと言い、二人の意見が食い違った。小美はきついところを見せて、彼女の言うことを聞くか、それとも別れるかどちらかだと言い放った。

② 刘主任一进来就给几个年轻人来了个下马威，板着脸说："你们老实告诉我，昨天你们干什么了？别以为我什么都不知道。"

## 16. 不管三七二十一（bùguǎn sān qī èrshíyī）

（結果がどうなるかなど）一切構わない。まったく顧みない。

① 胡强醒了以后，觉得很渴，起床看见小桌上放着一碗茶，他也不管三七二十一，端起来一口气就喝光了。

胡強は目が覚めてから、のどがひどく渇いていたので、起きて小さいテーブルの上の湯のみを見ると、何も構わず手に取り、一気に飲み干した。

② 看见小周手里的刀，她不管三七二十一就扑了过去，一把抢过来，放回厨房里。
③ 他不管三七二十一，把地上的杯子、瓶子什么的全都扔了出去。

## 17. 出（chū）了一口气（yì kǒu qì）
"出（一）口气"：うっぷんを晴らす。
① 看见来人被她骂跑了，她得意得脸都红了。她一直想要好好教训教训那个讨厌的书琴，这回算是出了口气。
客人が彼女に叱り飛ばされて逃げ帰ったのを見ると、彼女は満足げに顔を紅潮させた。彼女はこれまでずっとあの嫌な書琴をみっちり懲らしめてやろうと思ってきたが、今回やっとうっぷんを晴らしたと言える。
② 小王说："你别哭了，明天我就去替你出出这口气，看他还敢不敢欺负你。"
③ 这时他什么也不想，只想打小方一顿出口气。

## 18. 吃不了，兜着走（chī bu liǎo, dōuzhe zǒu）
自ら招いた厳しい結果は、耐えられなくても引き受けなければならない。自分で責任を取る。
① 宋生子想，要是这个女人真的死在这儿，警察一来，他可就吃不了兜着走了。
宋生子は、もしこの女が本当にここで死んでしまったら、警察沙汰になり、自分がすべて責任を取らねばならない、と思った。
② 酒醒后，他庆幸没遇到一些有坏心的朋友，要是他喝醉以后说的那些话被传了出去，他就得吃不了兜着走了！
③ 小浩问："他以后不会再来找麻烦了吧？"哥哥大笑着说："他敢？要是再来我让他吃不了兜着走。"

## 19. 大不了（dàbuliǎo）
"大不了~"：せいぜい~すればすむ。もっとも厳しい、悪い結果（ある行為）を、話し手は別に意に介していない。

① 爸爸劝道："算了算了，一斤豆腐值不了几个钱，坏了就坏了，大不了今天晚上不吃，让她以后注意点儿就是了！"
父が慰めて言った。「もういい。一斤の豆腐なんて大したお金でもない、腐ったら腐ったまでだ、せいぜい今晩食べないだけのこと。彼女にこれから気をつけてもらえばそれでいい」。

② 在去医院的路上，他想儿子不会有什么事，大不了今后落下一点儿残疾，所以一路上他很镇静。

## 20. 说穿了（shuōchuān le）

事物の本質を突く。すっぱ抜く。

① 老人说："你看那些士兵，那么年轻，明天，他们就要上前线了，说穿了就是排队去送死啊。"
「あの兵士たちは、みんな年若いのに、明日はもう前線だ。ずばり言えば隊列を組んで死に赴くようなものだ」と老人が言った。

② 他总是说："父子也好，夫妇也好，兄弟也好，说穿了，都是朋友关系，只不过形式稍微有点儿不同罢了。"

## 21. 心里有鬼（xīn li yǒu guǐ）

後ろめたい、やましいもくろみや事情がある。

① 我告诉他说，小张这几天有事，不能来，他听了以后，笑着说："他有什么事啊，他是心里有鬼，不敢来见我。"
私が彼に、張さんはこの数日用事があって来られないと告げると、彼は笑いながら「何が用事だ、彼は胸にやましさがあるから、私に会えないのだ」と言った。

② 小丽听出了国美话里讽刺自己的意思，心里很生气，可没敢表现出来，那样反而显得自己心里有鬼。

## 22. 吵归（guī）吵

"A归A"：Aであるにもかかわらず。Aという情况であるけれども、それに相応しい結果を生まない。AはAに留まる、終わる。

① 肖东心想，你跟女朋友出去旅游，找我来替你上课，这不是不平等吗？

可是，想归想，三个星期的课肖东还是一堂不少地教了。

肖東は、君がガールフレンドと旅行に出かけて、私に代わりの授業をさせるなんて不公平じゃないかと思った。しかし、そう思うことは思ったが、三週間の授業を肖東はひとコマも欠かさずにすべて代わって教えた。

② 玉德爷爷伸手拍打着李铁说："孩子啊，吵架归吵架，可到底还是一家子人，还是得回家看看你父母。"

③ 二婶一个人生了半天气，可生气归生气，看看到了做晚饭的时间了，她还是到厨房里忙开了。

### 23. 拿（ná）工作当儿戏（dàng érxì）

"拿（某事物）当儿戏"：ある事柄に対して、不真面目、無責任な態度をとることの喩え。

① 爷爷说："你是司机了，可不能拿别人的性命当儿戏呀，从今天开始不准再喝酒了。"

「おまえはもう運転手なんだ。決して人様の命を粗末にしてはならんぞ、今日からはもう酒を飲んではならん」とおじいさんが言った。

② 王校长指出，教育是关系到国家未来的大事，决不能拿教育当做儿戏，教材不能说改就改，说变就变。

## 練習問題

一、適当な言葉を選び、空欄を埋めなさい。

①穿小鞋　②下马威　③一阵风　④说穿了　⑤两码事　⑥出口气
⑦没头没脑　⑧不管三七二十一　⑨倒吸一口凉气

(1) 他们饿了一天了，看见桌子上的吃的，_____，抓起来就往嘴里塞，哪儿还顾得上洗手啊。

(2) 第一场比赛他们就派出了最好的队员上场，想给我们来个_____，让我们在心理上先输给他们。

(3) 姐姐说她晚上睡得晚，开灯看书恐怕影响我休息，其实_____她是

想一个人住这个房间,那些都是借口而已。

(4) 我很快就意识到我说错了,我所说的"朋友",是一般意义上的"朋友",和她理解的"朋友"完全是_____。

(5) 大伙儿来到办公室一看,都不禁_____,只见保险柜大开着,放在里面的钱全都不见了。

(6) 他给队长提过意见后,队长倒是不再骂人了,可那些又脏又累的活儿全让他去做,他知道这是队长给他_____,可他并不在乎。

(7) 大龙对妹妹说:"别哭了好不好? 都怪我不好,把你的小狗弄丢了,要不然你就狠狠地打我几下儿_____,你哭狗也找不回来了。"

(8) 我们几个正围着电视看一场足球比赛,江明德推门走进来,_____地问了一句:"昨天谁洗衣服了?"我们一愣,一时没反应过来。

(9) 小姨听说宝贝女儿要考托福出国,急得跑来问妈妈怎么办,妈妈说:"你先别理她,姗姗这孩子你又不是不了解,干什么都是_____,过几天你让她考没准她都不考了。"


二、指定した言葉を使って、日本語の部分を中国語に訳しなさい。

(1) A:昨天我有事,十点多就走了,你什么时候走的? 一定跳到半夜吧?
　　B:哪儿啊,_____(A前脚V,B后脚V)
　　　[きみが出たあと、ぼくはすぐに帰ったよ]

(2) A:今天我不小心把她的水壶摔坏了,她回来我怎么对她说呀?
　　B:不就是个水壶吗?_____。(大不了)
　　　[せいぜい新しいのを買って弁償すればすむことじゃないか]

(3) A:我们最好先好好研究研究,订个计划,别着急动手。
　　B:对,_____。(走弯路)
　　　[事前に十分準備をしておけば、回り道をしなくてすむ]

(4) A:你现在是个大款了,你大概忘了吧? 十多年前你把我养的鸡偷走吃了。
　　B:哈哈哈,老张,_____。(揭老底)
　　　[きみはまたぼくの古傷にさわるんだね]

(5) 儿子:我们厂长今天说了,从明天开始让我负责那几台机器,哈,这回轻松喽!

爸爸：这可不是轻松的事，＿＿＿＿＿＿。（拿～当儿戏）
　　　［決してその仕事を軽く考えてはいけないよ］

(6) A：我就是跟她开个玩笑，她怎么就不高兴呢？
　　B：人家是个大姑娘了，＿＿＿＿＿＿。（留面子）
　　　［少しはプライドを大事にしてあげないと］

(7) A：遇到这种事要冷静，多分析分析再说话，说的时候还要注意分寸。
　　B：这事没发生在你身上，＿＿＿＿＿＿。（唱高调）
　　　［だからきみはそんなきれいごとを並べているんだ］

(8) 丈夫：工人的素质和技术跟不上，光有先进的机器管什么用啊！
　　妻子：你说了那么多话，只有这句话＿＿＿＿＿＿。（说在点子上）
　　　［的を射ているわ］

(9) 弟弟：小刚要是还抢我的东西怎么办哪？
　　哥哥：他要是还抢，＿＿＿＿＿＿。（吃不了兜着走）
　　　［彼に最後まで責任を取らせる］

(10) A：老张昨天不是说再也不抽烟了吗？怎么今天……
　　 B：他那个人，＿＿＿＿＿＿。（A归A）
　　　［口で言うだけで、タバコは相変わらず吸っている］

(11) A：你们人不够也别找我呀，我没学过太极拳，一点儿也不会。
　　 B：没关系，人家来照个相就走，你＿＿＿＿＿＿。（做样子）
　　　［かっこうをつけるだけでいい］

(12) A：你的申请怎么样了？
　　 B：早就交上去，可是＿＿＿＿＿＿。（没下文）
　　　［何の音沙汰もない］

# 第二十课 CD1-20

## 他给我们来了个空城计
彼は空城の計を使ったんだよ

住宅の割り当ては生活の一大事、張海夫妻の頼みの綱である王さんは空城の計（城を空けて魏軍をあざむいた孔明の策）よろしく姿をくらまし、趙課長はお説教をする始末、割り当てにはずれれば自分で家を購入するしかありませんが、天文学的な数字です。

(张海和妻子明华一边吃饭一边聊天儿)

张　海：今天下午我费了九牛二虎的力气才把这个桌子弄进来。

明　华：咱们这间屋子本来就小，桌子放在这儿碍手碍脚的一点儿也不方便。

张　海：没办法，我得有个地方备课呀，你看这桌子还可以吧，张老师搬家不要的。

明　华：说实话，不怎么样。我说你呀，可真是的，人家不要的东西，还当成个香饽饽似的往回搬，脏了吧叽的，样式也不好看。

张　海：你别横挑鼻子竖挑眼了，白来的，凑合着用吧，这破屋子不值得买新的，有朝一日住上好房子再买吧。

明　华：唉，咱们<u>喝了这么多年墨水儿</u>，到现在连个像样的家都没有，老<u>打游击</u>，要是能有个两居室就好了，一间当卧室，一间当书房。

张　海：你老是想<u>天上掉馅儿饼</u>的美事，你没看见，咱们这儿<u>有头有脸</u>的教授不也就是两居室嘛，咱们俩<u>算老几</u>啊，也想要两居室？别<u>白日做梦</u>了，就这破房子还是<u>求爷爷告奶奶</u>才住上的。

明　华：哎，你们几个找老王谈房子的事没有？他是不是又给你<u>开空头支票</u>了？

张　海：大概老王听说我们要找他，就给我们来了个<u>空城计</u>，我们几个连他的影子也没看见，后来我好不容易找到了赵科长。

明　华：他怎么说？没像上次似的跟你<u>吹胡子瞪眼</u>吧？

张　海：这次没有。他先给我<u>吃了个定心丸</u>，说肯定有我们的房子，后来就是老一套了，说年轻人多克服克服啦，还说，有个地方住就不错了，不要挑三拣四的。听得出来是在说我们。

明　华：他真是<u>站着说话不腰疼</u>，让他来咱们这儿住几天看，他就不这么说了。咱们上回就是听了他的，<u>上</u>了他的<u>圈套</u>才没分到房，这次要是还不给咱们房子，咱们也学小李，给他来个<u>软磨硬泡</u>。

张　海：唉，每回分房大家都<u>使出浑身解数</u>，<u>绞尽脑汁</u>地找门路，托关系，有的多年的朋友为了房子<u>撕破脸皮</u>。想想真没劲，可又有什么法子呢，<u>僧多粥少</u>啊！

明　华：告诉你，现在不少人都在打那几套房子的主意，咱们这

第二十课 | 251

次可不能掉以轻心，得盯紧点。

张　海：是啊，这次要是分不上房，以后都得自己掏钱买了，一套房子十多万呢！

明　华：这真是天文数字啊，咱们每个月就那点儿少得可怜的工资，一点儿外快也没有，光靠勒紧腰带，猴年马月也买不起呀。

张　海：要真自己买就得跟银行贷款，有人算过，大概每个月还千把块钱。

明　华：一想到借那么多钱，我这心里就沉甸甸的，欠债的日子不好过呀。

张　海：你那是老观念，人家国外买房子、买车什么的，都贷款。你呀，先别想那么多了，咱们走一步说一步吧。

注　釈

1. **软磨硬泡**：目的を達成するために、硬軟とりまぜて、さまざまな手段を用いることの喩え。
2. **掉以轻心**：物事を軽々しく扱い、慎重に対応しない。
3. **少得可怜**：きわめて少ない。
4. **外快**：正規外の収入。臨時収入。
5. **勒（lēi）紧腰带**：ここでは（お金を貯めるために）節約し贅沢をしないことを指す。
6. **贷款**：銀行からお金を借りる。
7. **沉甸甸**：ずっしりと重い。

## 例文解釈　CD5-5

1. **费了九牛二虎的力气**（fèile jiǔ niú èr hǔ de lìqi）
   大変な力を使う、容易ではないことの喩え。"费了九牛二虎之力" とも言う。
   ① 我们费了九牛二虎的力气帮老张把喝醉了的小王抬进了车里，我们三个人都累出了一身汗。
   私たちはありったけの力を費やして、張さんが酔っ払った王さんを車に運びこむのを手伝ったが、我々三人ともびっしょりと汗をかいた。
   ② 陈大哥费了九牛二虎之力，总算挤进了人群，看见了卖票的窗口。

2. **碍手碍脚**（ài shǒu ài jiǎo）
   邪魔になる。足手まといである。
   ① 那个大柜子正摆在门口，出来进去碍手碍脚的，我们想把它搬到门后面，可奶奶就是不让动。
   あの大きなたんすがちょうど入り口に置かれ、出入りに邪魔になるので、それをドアの後ろに移動させようと思ったが、おばあちゃんがどうしてもそうさせてくれなかった。
   ② 以前我老是嫌他在厨房碍手碍脚，就不让他帮我做饭，结果现在他什么饭也不会做。

3. **不怎么样**（bù zěnme yàng）
   大したことはない。あまりよくない。
   ① 我看过他的几首诗，说实在的不怎么样，可不知道为什么那么多人喜欢。
   彼が書いた詩を何篇か読んだことがあるが、実際たいしたことがないと思った。しかし、なぜだか知らないがあんなに人気がある。
   ② 李主任对我没有半点好印象，他给我的印象更不怎么样，我们俩是谁看谁都不顺眼。
   ③ 他的这匹马，实在不怎么样！都说它是青马，可其实是灰不灰白不白的颜色。

4. 真是的（zhēn shi de）

"（某人）真是的"：話し手のある人に対する不満や批判を表す。語意はわりと軽い。本当にまあ。まったくもう。

① 妈妈走出来说："小青，你可真是的，怎么让人家站在门口呀？请你的朋友进来坐坐呀。"
お母さんが出てきて「小青、あなたはまったくもう、どうしてお客さんを玄関に立たせておくの？ お友達に入ってもらいなさいよ」と言った。

② 奶奶一边给我们找干衣服让我们换上，一边说："你们俩也真是的，怎么不躲躲雨呢？要是冻病了可怎么办？"

③ 高明不好意思地说："咳，真是的，我把时间记错了，让你们白等了我一天。"


5. 香饽饽（xiāng bōbo）

（おいしい蒸し菓子のように）人気があって受けがよい物、あるいは人。

① 在过去，这个工作可是个香饽饽，钱又多，又不累，一年还能有几套工作服。
昔はこの仕事がとても人気があった。給料も高く、きつくないし、年に作業服が数セットも支給された。

② 你又年轻，又有学问，在那些姑娘们的眼里，就像个香饽饽，还用我给你介绍？

③ 干你们这行的现在成了香饽饽了，抢都抢不到手，你要是愿意来我们这儿，我们还能不欢迎？


6. 脏了吧叽（zāng le bājī）

"A了吧叽（的）"：程度の高さを表す。非常に、大変。嫌な気持ちがともなう。Aは単音節の形容詞で、たとえば"脏、苦、累、湿、乱、傻、臭、酸"など。

① 一个人爬上树，摘了几个果子，我们尝了尝，酸了吧叽的，一点儿也不甜。
ひとりが木に登って、果実をいくつか摘み取り、私たちはそれを食

べてみたが、とても酸っぱくて、ちっとも甘くなかった。
② 王老师说:"刚下完雨,地上湿了吧叽的,今天没法儿踢球了,你们都回家吧。"
③ 小王想,看他傻了吧叽的样子,能有什么本事,还不是靠他爸爸的关系。

7. **横挑鼻子竖挑眼**(héng tiāo bízi shù tiāo yǎn)
何もかも気に入らなくて、あれこれあら探しをすること。
① 四嫂说:"他在外面受了累、受了气,我的麻烦就大啦!一回来就横挑鼻子竖挑眼,倒好像是我做错了什么似的!"
四番目の兄嫁が「彼が外で疲れたり、つらいことがあったりすると、私はもう大変なのよ! 帰ってくるなり何もかも気に入らなくてあら探しをするの、まるで私が何か悪いことでもしでかしたかのようにね!」と言った。
② 我妈妈最怕大姑妈来,大姑妈一来就横挑鼻子竖挑眼,摆的放的都不合适,都得按她的意思重来,妈妈听着她的训斥,还不能表现出不高兴。

8. **有朝一日**(yǒu zhāo yí rì)
(将来きっとその日が来ることを切望して)いつの日か、いつかは。
① 他的心里在想:有朝一日,我一定得登台唱一回,让他们瞧瞧我也会唱戏!
彼は胸の内でこう思っていた。「いつの日か私は絶対舞台に立って一度歌ってみせる。彼らに私も芝居ができるところを見せてやる」。
② 她渐渐地学会了以幻想作安慰。她老想有朝一日,她会忽然遇到一个很漂亮的青年男子,俩人一见倾心。
③ 他想,如果有朝一日再见到她,一定把这些话告诉她。

9. **喝**(hē)**了这么多年墨水儿**(mòshuǐr)
"喝墨水儿":(学校で)勉强すること。教育を受ける。
① 留学好几年,连什么是 XO 都说不上来,怪不得人家说我们洋墨水都白喝了。

何年も留学したのに、XOが何かさえ言えないのだから、私たちの留学を無駄なことをしたものだと言われても無理もないことだ。

② 别人的话我不信，只有二哥说的话我从不怀疑，因为他是喝过不少墨水的人，有一肚子的学问。

③ 爸爸常常说大哥是墨水喝得太多喝傻了，连一些人之常情都不懂。

## 10. 打游击（dǎ yóujī）

（ゲリラ戦を行うという意味から）決まった仕事や居場所がない。場所を転々として仕事をする。転々と泊まり歩く。

① 开始两年，他们连租房的钱都没有，只好到处打游击，所以手里一有钱他们就赶紧在郊区租了间平房。
最初の二年間は、彼らは部屋を借りるお金もなかったので、あちらこちら転々として泊まり歩いた。だから、ちょっとお金が手に入るとすぐに郊外で平屋を借りた。

② 前几年他们三个人常常在几个歌厅打游击，去年认识了一个唱片公司的，给他们出了张专辑，才算有了点儿名气。

## 11. 天上掉馅儿饼（tiānshang diào xiànrbǐng）

労せずに利益を得ること（もちろんありえないことだが）の喩え。思いがけない幸運が舞い込む。棚からぼた餅。

① 世界上没有天上掉馅儿饼那样的事，你不去努力，不去争取，你就什么也没有。
この世には黙っていても手に入るものなどないのだ。努力しなければ、闘って勝ち取らなければ、君には何もない。

② 你不要以为做生意就那么容易，天上掉馅儿饼似的，钱就拿到手了。

## 12. 有头有脸（yǒu tóu yǒu liǎn）

地位がある、また名声がある（人の）喩え。

① 我父亲是厂长，在当地算是有头有脸的人物，所以老师也很照顾我，经常是别人都在背书，我一个人溜出去玩。
父は工場長で、地元では名の通った人物なので、学校の先生も私に

気を使い、ほかの学生たちが教科書を暗記している最中に、私だけ抜け出して遊んでいた。
② 二十多年前他只是个小职员，如今可是这镇上数一数二、有头有脸的人物，就住在那边的那座二层小楼里。
③ 由于工作的关系，我认识了不少有头有脸的人。

## 13. 算老几（suàn lǎojǐ）
反語文に用い、ある人が取り立てて言うほどの者ではないことを表す。
① 这是我的家，我干什么都是我的自由，你算老几？你管不着！
ここは私の家で、何をしても私の自由だ。君が何だっていうんだ。口出しするな。
② 这事你可以找政府，也可以去找派出所，不要来找我，我算老几？我管得了吗？
③ 人家有那么大的学问，咱算老几呀！怎么敢跟人家讨论问题呀。

## 14. 白日做梦（bái rì zuò mèng）
白昼夢を見る。実現する見込みのないことを妄想する。"做白日梦"とも言う。
① 他苦笑着说："您别给我费心了，没有哪个姑娘会看上我的。我也不做那白日梦了，看我这副样子，能养得活老婆孩子吗？"
彼は苦笑いしながら「もう僕のことで心配していただかなくてもいいです。僕のことを気に入る若い女性などどこにもいないでしょうし。僕ももうそういう夢は見ないことにします。僕のこの姿、こんなありさまで妻子を養えるように見えますか」と言った。
② 老张一听我提的条件，马上摆摆手说："几百块钱就想租个一居室，还是在市中心？怎么可能呢？你别在这儿白日做梦了。"

## 15. 求爷爷告奶奶（qiú yéye gào nǎinai）
八方手を尽くしてあちこちに頼み込む喩え。
① 我们俩到处求爷爷告奶奶，终于在那家工厂后面找到了一间小平房，搬了进去。

私たちは八方手を尽くしてお願いし、ついにあの工場の裏手に平屋を見つけて引っ越した。

② 要是让亲戚朋友知道他的钱都是求爷爷告奶奶地借来的，那他就没脸再见他们了。

③ 爸爸叹息着："要是你有本事，考上个大学，就不用我求爷爷告奶奶地帮你找工作了。"

## 16. 开空头支票（kāi kōngtóu zhīpiào）

空手形、不渡り小切手を切る。承知、約束しておきながら実行しない。実行できない約束をする。

① 他的钱每个月全数交给妻子，当他暗示说他要请客的时候，妻子总是说："好好做你的科长，请客干什么？"他于是就不敢再多说什么，而只好向同事们开空头支票。他对每一个同事都说过："过两天我也请客！"可是，永远没兑现过。

彼の給料は毎月そっくり耳をそろえて妻に渡しており、彼が人を接待したいとほのめかすと、妻はきまって「課長をちゃんとやれば。人におごって何になるの？」と言って返す。すると彼はそれ以上余計なことは言えなくなるので、仕方なく同僚たちに空手形を切るしかない。彼はどの同僚にも「そのうちにおごるから」と言ってきたが、約束が果たされたことはついにない。

② 关心社会的作者们提出了社会上存在的种种问题，但他们最后也只不过是开了一大堆解决问题的空头支票而已。

## 17. 空城计（kōngchéngjì）

空城の計。そこに人がいると思わせて、実際にはいない。もぬけの殻。

① 他现在很怕回家，家里老坐着些求他办事的、替别人来求情的、送礼的亲戚、朋友，让他很头疼。没办法了，他干脆把门一锁，来个空城计，和老伴儿住到了女儿家。

彼は今帰宅することを大変恐れている。家にはいつも、彼に仕事の便宜を図ってもらいたい者、頼まれてコネをつけに贈り物を持参した者、そうした親族や友人がひかえていて、頭が痛い。仕方なく思

い切ってドアに鍵を掛けて、空城の計を図り、妻と一緒に娘の家にやっかいになることにした。
② 我听到老刘在门口大声地说："我说，你们这儿怎么大白天地唱起空城计来了，办公室里的人都哪儿去了？"

## 18. 吹胡子瞪眼（chuī húzi dèng yǎn）
にらみつける。激怒する。恐ろしい剣幕になる。
① 他觉得对下属不用讲什么礼貌，所以他对他手下的人永远是吹胡子瞪眼睛，现在要改也改不了啦。
　　彼は部下に対しては礼儀などわきまえる必要がないと思っていたので、部下にはいつもにらみつけるような態度で接してきた。今となってはそれを直そうとしても直せない。
② 一看见我在纸上写的那两句话，老头子气得吹胡子瞪眼，说从此以后再也不管我了。

## 19. 吃（chī）了个定心丸（dìngxīnwán）
"吃定心丸"：安心する、気持ちが落ち着く、考えが安定することの喩え。
① 她看着手里的这封信，像吃了定心丸一样，心情一下子轻松了不少。
　　彼女は手にした手紙を読みながら、精神安定剤を飲んだかのように、気持ちがすっと楽になった。
② 张经理告诉他们一切费用都由公司出，先给他们吃了颗定心丸，然后一一给他们指派了任务。
③ 村长说，有了这些粮食，村民们就好比吃下了定心丸，世道再乱也不怕了。

## 20. 站着说话不腰疼（zhànzhe shuōhuà bù yāo téng）
自分と関係がない、あるいは情況をよく知らないのに、思いやりのない景気のよいことを言う喩え。けなす意味を含む。
① 表姐怨怨地说："他们老让我也穿得时髦点儿，真是站着说话不腰疼，就那么点儿钱，还有俩上学的孩子，我拿什么去时髦呀？"
　　「彼らはいつだって、すこしはおしゃれをしたらと言うけど、本当に

第二十课 | 259

思いやりも何もない調子のいいことばかり言って。あれっぽっちの給料で、学校に通う子供が二人もいて、どうやっておしゃれをしろって言うの？」と従姉がぷりぷりと腹立たしげに言った。
② "大学教授去卖花，这未免有点儿不雅吧？""先生，您可真是站着说话不腰疼！您不知道抗日战争期间，大后方的教授，穷苦到什么程度！"
③ 你别在这儿站着说话不腰疼了，爷爷能听我的话？不把我打出来才怪呢！

## 21. 上（shàng）了他的圈套（quāntào）

"上圈套"：わなにかかる、騙されることの喩え。"中圈套"とも言う。

① 我知道他们会把我说的每一个字都告诉给厂长，我才不上他们的圈套呢，甭管他们说什么，我就是一句话也不说。
彼らは私が言ったことを一字一句工場長に告げるにきまっている。わなになぞかかるものか。彼らが何と言おうと、私は一言もしゃべらない。
② 前几天他们还恨不得咬你两口，今天突然要请你吃饭，这里面一定有问题，你可得小心点儿，别中了他们的圈套。
③ 我一走进瘸子的家就发觉上了瘸子的圈套。屋里有很多人，都像在等我。瘸子好好的，根本没受伤。

## 22. 使出浑身解数（shǐchū húnshēn xièshù）

持っている腕前、手段、方法を使い尽くす。手練手管を駆使する。

① 客人来的那天，我母亲做了好些菜，可以说使出了浑身解数，饭菜相当丰盛，客人们吃得很满意。
お客さんが来たあの日、母はたくさんの料理を用意した。持てる力をすべて振り絞って用意された、盛りだくさんの料理が並び、お客さんたちはとても満足していた。
② 陆建的额头上冒出了汗珠，他使出浑身的解数，把手里的三张牌洗得让人眼花缭乱，可老头儿还是一下子就说出了红桃K。
③ 他不放过任何机会，使出浑身解数想吸引那个女孩的注意，可人家连看都不看他一眼。

## 23. 绞尽脑汁（jiǎojìn nǎozhī）
ありったけの知恵を絞る。
① 为了这个报告，小林在家绞尽脑汁地想了三天，最后总算写了出来。
この報告のために、林さんは三日間家でありったけの知恵を絞り、なんとか完成にこぎつけた。
② 编剧和导演们可以说绞尽脑汁了，可他们的电影总是不对观众的胃口。

## 24. 撕破脸皮（sīpò liǎnpí）
互いの面子をつぶす。
① 姐姐和她婆婆虽然也有矛盾，但她们谁也不愿意撕破脸皮，所以表面上还算合得来。
姉と姑の間にはいざこざがあるけれど、お互い面子をつぶしたくない思いがあるので、うわべは気が合うように見える。
② 原来关系挺不错的邻居，现在竟然为了鸡毛蒜皮的小事撕破脸皮，真不值得。
③ 有时她也想撕破脸皮把他们大骂一顿，出出心里的气，可这只是在脑子里一闪，她受的教育不允许她这样做。

## 25. 僧多粥少（sēng duō zhōu shǎo）
物が少なく人が多いため、銘々に行き渡らないことの喩え。
① 进修的名额只有三个，僧多粥少，这让王主任很头疼，让谁去不让谁去呢？
研修の定員はわずか三名、行きたい者は大勢だが数に限りがある。誰を行かせ誰をはずすか、王主任は頭を悩ませた。
② 两个工厂合并以后，原厂的工人只能留下六十个，在这种僧多粥少的情况下，年轻的、懂技术的就占了优势。

## 26. 猴年马月（hóu nián mǎ yuè）
ありえない、あるいは計り知れない年月。"驴年马月"とも言う。
① 几年下来，他们厂欠了银行两百多万元，这么多钱，猴年马月也还不清啊！

この数年の間に、彼らの工場は銀行に二百万元あまりの借金が出来た。こんな大金をいつになったら返せるというのか。

② 看我织毛衣那么慢，小张笑着说："就你这个速度，猴年马月你也穿不上，算了，还是我帮你织吧。"

27. **走一步说一步**（zǒu yí bù shuō yí bù）
事前に計画を立てずに、実際の情況を見ながら物事を進めていく。
① 现在事情变化太快了，以后的事谁也说不准，咱们还是走一步说一步吧。
今は事態の変化が早すぎて、今後のことは誰も予測できない。我々はやはり情況を見ながら一歩一歩進んでいこう。
② 既然大家都没有个主意，咱们就走一步说一步，到那儿以后咱们再商量。

## 練習問題

一、次の文を下線を引いた部分に注意して訳しなさい。

(1) 继母从屋里出来，见他又喝醉了，就劝他说："长海，别喝那么多酒，对身体不好。"他借着酒劲儿，瞪着眼说："你算老几？也配管我！你从哪儿来的回哪儿去！"继母一下子呆住了，眼泪流了下来。

(2) 我知道老张那些话是说给我听的，我心里很生气，可想想自己只是个小秘书，要是跟他撕破脸皮地大吵一顿，只会给自己带来麻烦，所以只好装作没听见。

(3) 桂芬心里很清楚，婆婆这样横挑鼻子竖挑眼地看不惯自己，给自己气受，就是因为自己家里穷，没带来多少嫁妆。

(4) 小王一进门就说："马大姐，您可真是的，打扫办公室您怎么没通知我一声？这么多活儿全让您一个人干了，多不合适！"

(5) 他们没有钱做广告，为了让人们知道他们的产品，他们就求爷爷告奶奶地找商场的售货员帮他们向顾客介绍、推荐他们的产品。

二、適当な言葉を選び、空欄を埋めなさい。
　　①有头有脸　②香饽饽　③打游击　④白日做梦　⑤猴年马月

⑥僧多粥少　⑦绞尽脑汁　⑧吹胡子瞪眼　⑨走一步说一步
⑩费了九牛二虎的力气

(1) 刚建校的时候，没有那么多的教室，所以我们上课也就没有固定的地方，经常是_____，有一段时间我们就在一座破庙里上课，条件非常艰苦。

(2) 那张木床又大又重，我和姐姐连拉带推，_____才把它搬到门口，可是我们没有办法把它弄出门去。

(3) 老人看着地里已经该割的麦子发愁，孩子还小，帮不上忙，就靠自己的两只手，这么一大片的麦子_____也割不完哪！

(4) 上中学的时候，他很不引人注意，没有多少人知道他，可没想到，这几年他成了我们这儿_____的人物，走到哪儿后边都跟着一大帮人。

(5) 老张说："我们都知道他那样对你是不对的，可他是大经理，你想让他来给你赔礼道歉，那真是_____了。"

(6) 去年我们打算派两个人去上海学习，结果报名要求去的有二十多人，_____，所以最后我们只好采取考试的方法。

(7) 平时他们俩关系好的时候，并不怎么理我，可一旦他们俩吵架了，我就成了_____，俩人都拼命讨好我，想把我拉到自己的一边。

(8) 眼前这个人看着很眼熟，可是我_____也想不起来在哪儿见过他。

(9) A：要不咱们再好好商量商量，也许能找个好办法。
　　B：算了，_____吧，谁知道明天又有什么新变化。

⑩ 没等我把话说完，他就_____地骂我不会办事，还说要炒我的鱿鱼。

三、指定した言葉を使って、日本語の部分を中国語に訳しなさい。

(1) A：我跟李先生说了以后，李先生答应帮忙，还说他可以再找来几个专家。
　　B：太好了，现在我总算是_____。（吃定心丸）
　　　［安心しました］

(2) 爸爸：这次你要是赢了，你想要什么我给你买什么。
　　儿子：算了吧，_____。（开空头支票）
　　　　　［父さんはいつも空手形を切ってばかりだ］

(3) 儿子：这块地说方不方，说圆不圆，我不知道怎么去量它的面积。
　　爸爸：你呀，_____，真没用。（喝墨水）
　　　　　［あんなに勉強したのも無駄だった］

(4) A：我给你介绍的那本书不错吧？听说最近还获了什么奖了呢！
    B：说实话，＿＿＿＿＿＿。（不怎么样）
    ［大したことはないね］

(5) A：那个人看上去很老实，他说只要交100块钱的押金就行。
    B：现在骗子很多，你＿＿＿＿＿＿。（上圈套）
    ［彼に騙されないように］

(6) A：明天又是礼拜天了，也许他们还会来，真烦人！
    B：干脆，咱们＿＿＿＿＿＿。（空城计）
    ［彼らに空城の計を用いることにしよう］

(7) A：人家小丽帮了你那么多忙，你可别忘了她呀。
    B：＿＿＿＿＿＿。（有朝一日）
    ［どうして忘れられようか。いつの日か彼女に十分に報いたい］

(8) A：昨天你们跟清华大学的那场篮球打得怎么样？
    B：快别提了，＿＿＿＿＿＿，可还是输了。（使出浑身解数）
    ［我々は力を出し尽くした］

# 索引

条 目⋯⋯⋯⋯⋯⋯解 释⋯⋯⋯⋯⋯⋯⋯⋯⋯⋯⋯⋯⋯⋯⋯⋯课 次

# A

| A 长 A 短 | 表示虽然不认识或不熟悉，可是非常亲热地称呼某人为 A，如"爷爷"、"奶奶"、"大哥"、"大姐"等。〔18-4〕 |
| A 得慌 | 因为 A（如"饿、累、憋"等）所以感觉不舒服、难受。〔14-5〕 |
| A 归 A | 虽然有 A 这样的情况，但是不产生相应的结果。〔19-22〕 |
| A 了吧叽 | 很，非常，带有不喜欢的意思。A 是单音节形容词，如"脏、苦、累、湿、乱、傻、臭、酸"等。〔20-6〕 |
| A 前脚 $V_1$，B 后脚 $V_2$ | 某人（A）刚刚做完一个动作，另一个人（B）紧跟着做了另一个动作。〔19-8〕 |
| A 是 A，B 是 B | A 和 B 没有关系或不一样。〔15-12〕 |
| A＋V＋不过＋B | A 不能胜过 B。如"跑不过、比不过、打不过"等。〔1-16〕 |
| A 也不是，不 A 也不是 | 做不做某件事都很为难。〔5-3〕 |
| adj.＋到家了 | 形容程度高，到了极点。〔5-1〕 |
| adj.＋到哪儿去 | 用反问句形式表示"不＋（形容词）"的意思。〔3-10〕 |
| adj.＋得不能再＋adj.＋了 | 程度已经到了最高了。〔4-22〕 |
| adj.＋了去了 | 表示程度高。形容词都是单音节的，常见的有"高、贵、深、远、多"等。〔6-16〕 |
| adj./V＋得什么似的 | 表示程度很高。／表示达到无法形容的状态。〔1-13〕 |
| 挨白眼儿 | 被埋怨、被指责或被看不起。〔12-11〕 |
| 爱～不～ | 说话人对某人怎么样不在乎，他怎么样跟自己没关系，带有不满或不耐烦的语气。〔1-25〕 |
| 爱～就～ | 想怎么样都可以，别人不能管或没有人管。也表示不在乎别人做什么。〔1-18〕 |
| 爱面子 | 怕被人看不起，怕损害自己的体面。〔14-16〕 |
| 碍手碍脚 | 碍事，妨碍人做事，不方便。〔20-2〕 |

# B

| 八竿子打不着 | 比喻关系非常远或没有关系。〔8-6〕 |
| 八字还没一撇 | 比喻事情还没有头绪，离完成或成功还很远。〔7-8〕 |
| 白日做梦 | 幻想，想不可能的事。〔20-14〕 |

\*解釈のあとの数字は、その項目が載っている課、例文解釈の番号を示す。
\* Vは動詞、adj.は形容詞。

| | |
|---|---|
| 败家子 | 挥霍钱财的人，含有贬义。〔11-16〕 |
| 败在（某人）的手下 | 被某人打败。〔17-22〕 |
| 板上钉钉 | 事情已经定下来，不可改变。〔9-5〕 |
| 半边天 | 指（中国新社会的）妇女。〔12-15〕 |
| 半路出家 | 中途改换工作。〔10-20〕 |
| 半瓶子醋 | 指对知识或技术知道得不多、很肤浅的人。〔13-15〕 |
| 半熟脸儿 | 只是认识某人，但是不很熟悉。〔3-11〕 |
| 半死不活 | 比喻没有精神、没有生气的样子。〔12-1〕 |
| 帮倒忙 | 想要帮忙，可实际增添麻烦。〔16-1〕 |
| 煲电话粥 | 比喻打电话时间很长。〔12-9〕 |
| 保不齐 | 可能，没准儿，不能保证。〔12-13〕 |
| 报一箭之仇 | 报仇。〔17-14〕 |
| 爆冷门 | 出现让人没想到、没预料到的结果。〔17-9〕 |
| 鼻子不是鼻子脸不是脸 | 很不高兴、脸色很难看。〔6-10〕 |
| 不出（某人）所料 | 正如某人事先预料到的。〔15-21〕 |
| 不定 | 不能肯定，没准儿。〔1-21〕 |
| 不对劲儿 | 不合适、不正常或不舒服。〔11-3〕 |
| 不敢恭维 | 委婉地表示不好，没有办法称赞。〔16-4〕 |
| 不够意思 | 不应该、不好。〔12-2〕 |
| 不管三七二十一 | 不顾一切，不管不顾。〔19-16〕 |
| 不过如此 | 也就这个样子，没有什么特别的，不是很好。〔14-13〕 |
| 不就得了 | 用反问的语气表示"就行了，就可以了"，常常带有不满或不耐烦的语气。〔1-5〕 |
| 不买（某人）的账 | 对某人不尊敬、不服从、不承认。〔17-20〕 |
| 不起眼儿 | 不突出、不特别，很一般。〔7-15〕 |
| 不是（某人）的对手 | 水平或能力不如某人。〔17-5〕 |
| 不是地方 | 地方不对或不合适。〔6-9〕 |
| 不是东西 | 是骂人话，表示对某人很生气或不满。〔4-15〕 |
| 不是省油的灯 | 比喻某人不容易对付、常招惹麻烦。含有贬义。〔9-17〕 |
| 不是时候 | 在时间上不合适。〔14-6〕 |
| 不是事儿 | 不正常或不是解决问题的办法。〔18-9〕 |
| 不是滋味 | 心里难过、不舒服。〔13-6〕 |
| 不听使唤 | 不受控制或不灵便。〔18-14〕 |
| 不像话 | 某种言语或者行为不合情理，不应该，表示说话人的不满或责怪。〔3-1〕 |

| | |
|---|---|
| 不在话下 | （对某人来说）不难、很容易或没问题。〔4-17〕 |
| 不怎么样 | 不太好，不好。〔20-3〕 |

# C

| | |
|---|---|
| 插不上手 | 不能参与进去。〔16-16〕 |
| 差点儿劲 | 不特别好，不是很好。〔9-1〕 |
| 唱对台戏 | 比喻采取与对方相反的行为，用来反对对方或破坏对方所作的事。〔16-18〕 |
| 唱反调 | 比喻持相反的观点或采取相反的行动。〔18-8〕 |
| 唱高调 | 说做不到的漂亮话。〔19-4〕 |
| 炒鱿鱼 | 开除某人，使某人失去工作。〔8-7〕 |
| 成问题 | 有缺点、有困难等。〔16-21〕 |
| 吃闭门羹 | 比喻被拒绝进门，不受欢迎。〔10-12〕 |
| 吃不开 | 某种做法或某种人不受欢迎，不被接受。〔11-12〕 |
| 吃不了，兜着走 | 自己造成的严重后果，承受不了也得承受。〔19-18〕 |
| 吃鸭蛋 | 比喻考试得了零分。〔9-18〕 |
| 吃定心丸 | 比喻放心、情绪稳定、思想安定。〔20-19〕 |
| 吃苦头 | 遭受痛苦、磨难。〔5-15〕 |
| 吃了 A 的亏 | 因为 A 或在 A 方面吃亏，受损失。〔9-15〕 |
| 吃香的喝辣的 | 比喻吃好吃的，也比喻得到好处或利益。〔16-13〕 |
| 吃哑巴亏 | 吃亏了可是还不能说出来。〔15-20〕 |
| 吃这／那一套 | 喜欢或接受某种做法。〔11-13〕 |
| 翅膀硬了 | 比喻有本事了，独立了。〔16-19〕 |
| 丑话说在前头 | 先指出不利的因素或不好的后果，警告、提醒某人。〔18-16〕 |
| 出气筒 | 发泄怒气的对象。〔16-22〕 |
| 出洋相 | 比喻出丑、丢面子。〔18-2〕 |
| 出（一）口气 | 发泄心里的愤怒、不满。〔19-17〕 |
| 除了 A 还是 A | 全都是 A 或只有 A 没有别的。〔14-4〕 |
| 穿不出去 | 因为衣服不好看、不流行或不合适等原因不好意思穿，怕让别人看见笑话。〔1-3〕 |
| 吹胡子瞪眼 | 比喻生气、发火的样子。〔20-18〕 |
| 此一时彼一时 | 意思是现在的情况跟过去不一样了，情况有了变化。〔17-8〕 |
| 凑热闹 | 哪儿人多热闹就去哪儿，也指已经很糟糕了又增添麻烦。〔14-9〕 |

# D

| | |
|---|---|
| 打保票 | 预料某事一定会发生，有绝对的把握。[9-23] |
| 打不起精神来 | 没有兴趣、没有活力。[2-18] |
| 打成一片 | 与别人相处很好、关系很密切。[13-14] |
| 打道回府 | 回家。[17-7] |
| 打得火热 | 关系非常亲密、亲热。[13-18] |
| 打(某人或某物)的主意 | 在某人或某物上想办法、想主意。[16-2] |
| 打定主意 | 下决心了，决定了。[15-2] |
| 打翻身仗 | 比喻彻底改变原来的落后、失败、不利等情况。[17-1] |
| 打光棍儿 | 成年人过单身生活。[10-22] |
| 打瞌睡 | 想睡觉或进入半睡觉的状态。[8-4] |
| 打水漂儿 | 钱白花了，什么也没得到，或者钱回不来了。[3-17] |
| 打退堂鼓 | 比喻遇到困难或不顺利就中途退缩。[10-18] |
| 打下手 | 做不重要的辅助性的工作。[10-14] |
| 打游击 | （做某事）没有固定的地点。[20-10] |
| 打着灯笼也难找 | 比喻很难得。[7-11] |
| 打肿脸充胖子 | 比喻为了面子好看而说大话或做自己没能力做的事。[14-17] |
| 大不了~ | 预料最严重、最坏的结果，可是说话人并不在乎。[19-19] |
| 大打出手 | 打人或互相殴斗。[17-11] |
| 大老粗 | 没有文化的人。[6-20] |
| 大路货 | 普通的、一般的东西。[14-14] |
| 大小 | 毕竟。[8-25] |
| 大眼儿瞪小眼儿 | 比喻大家互相看着，不敢做某事或很吃惊。[16-6] |
| 大鱼大肉 | 指各种好吃的东西（主要指肉类）。[11-15] |
| 戴高帽 | 比喻对人说恭维话。[16-17] |
| 当回事儿 | 重视、认真对待。[2-8] |
| 挡箭牌 | 比喻拒绝或推卸责任的借口，或起保护作用的人。[16-15] |
| 刀子嘴豆腐心 | 比喻嘴像刀子一样厉害但心像豆腐一样软。[8-24] |
| 到头来 | 到最后，最后的结果（多是不好的结果）。[4-13] |
| 倒吸一口凉气 | 形容人非常吃惊、害怕的样子。[19-11] |
| 得了吧 | 在对话中用于否定对方所说的内容。[2-10] |
| 底子薄 | 基础不好。[9-7] |
| 顶呱呱 | 非常好。[6-22] |
| 东家长，西家短 | 比喻议论邻里之间的事或别人的好坏是非。[15-11] |
| 东跑西颠儿 | 到处跑。[12-8] |

| | |
|---|---|
| 动不动就…… | 很容易或经常发生。〔5-22〕 |
| 动真格的 | 认真、严肃地对待并有所行动。〔12-18〕 |
| 对胃口 | 某事物适合某人的兴趣。〔10-13〕 |
| 对（某人）有意思 | 喜欢或爱上某人。〔10-17〕 |
| 对（某人或某事）有看法 | 对某人或某事不满、有不同意见。〔15-5〕 |

# E

| | |
|---|---|
| 耳旁风 | 别人的劝告、批评、嘱咐等听过之后不放在心上。〔1-23〕 |
| 二把刀 | 技术不好、水平不高或技术不太好的人。〔6-5〕 |
| 二话没说 | 马上做了某事，或者什么也没说就做了某事。〔3-21〕 |

# F

| | |
|---|---|
| 发脾气 | 发怒、生气。〔8-10〕 |
| 翻了个底儿朝天 | 比喻到处翻找东西。〔8-1〕 |
| 犯不着 | 不必或不需要（做某事）。〔15-13〕 |
| 犯脾气 | 发脾气。〔12-14〕 |
| 放出风儿来 | 透露出某种消息。〔17-12〕 |
| 放空炮 | 比喻说空话，说了不做。〔8-17〕 |
| 放马后炮 | 说晚了，事情已经发生了才说。〔3-22〕 |
| 费口舌 | （为了达到某一目的）说很多的话。〔3-6〕 |
| 费了九牛二虎的力气 | 比喻花了非常大的力气，很不容易。〔20-1〕 |

# G

| | |
|---|---|
| 该 A 还是 A | A 这种情况没有改变或不能改变。〔4-21〕 |
| 赶着鸭子上架 | 比喻勉强人去做其不能做或不愿意做的事。〔18-11〕 |
| 胳膊拧不过大腿 | 弱小的没有能力反抗或战胜强大的。〔14-26〕 |
| 给（某人）脸色看 | 对某人表现出不愉快的、讨厌他的脸色。〔7-14〕 |
| 给（某人）抹黑 | 使某人丢脸。〔12-21〕 |
| 给（某人）小鞋穿 | 暗中刁难、打击某人。〔19-14〕 |
| 给（某人）颜色看 | 要让某人看看厉害或惩罚、教训某人。〔17-13〕 |
| 跟不上 | 比别人慢、落后或不如别人。〔9-8〕 |
| 跟~过不去 | 为难、刁难某人或某物。〔2-16〕 |

| | | |
|---|---|---|
| 跟~红脸 | | 跟别人吵架、闹意见。〔7-13〕 |
| 跟~没完 | | 要彻底追究某人的责任。〔8-21〕 |
| 跟（某人）一般见识 | | 指跟水平低、没知识的人计较或争执。〔13-4〕 |
| 跟（某人）一个腔调 | | 跟某人的观点或说法一样。常含贬义。〔7-23〕 |
| 够可以的 | | 达到较高的水平、标准，或达到一定的程度。〔3-3〕 |
| 够（某人）一呛 | | 让某人受不了。〔12-10〕 |
| 管闲事 | | 关心或管跟自己没有关系的事。〔8-27〕 |
| 过来人 | | 对某事亲身经历过的人。〔7-3〕 |
| 过了这村没这店儿 | | 比喻机会很难得，失去了就不会再有了。〔7-19〕 |

## H

| | | |
|---|---|---|
| 还~呢 | | 说话人对某事物或某人不太满意，因为它或他不具备说话人认为应该具有的某种优点。〔16-5〕 |
| 还说呢 | | 在对话中用，表示说话人对对方所说的事有不满、生气的意思。〔10-16〕 |
| 好家伙 | | 叹词，表示惊讶或赞叹。〔14-10〕 |
| 好你个~ | | 说话人没想到对方那样，很吃惊。〔9-13〕 |
| 好说歹说 | | 用各种方法或说出各种理由反复劝说。〔4-7〕 |
| 好说话 | | （某人）脾气好或不太坚持己见，容易商量。〔3-12〕 |
| 好心当成驴肝肺 | | 比喻出于好心做某事却被别人认为是出于恶意。〔16-20〕 |
| 好样的 | | 很好的人。〔7-18〕 |
| 喝墨水儿 | | 学习。读书。钻研学问。〔20-9〕 |
| 喝西北风 | | 没有东西吃，挨饿。〔1-19〕 |
| 何苦来呢 | | 意思是不值得去做（让自己麻烦、不愉快的事）。〔14-19〕 |
| 横挑鼻子竖挑眼 | | 到处挑毛病，看什么都不顺眼。〔20-7〕 |
| 猴年马月 | | 指不可能的或不知道的年月。〔20-26〕 |
| 后悔药 | | 治疗后悔的药。当然世界上没有这种药。〔1-24〕 |
| 葫芦里卖的什么药 | | 不知道（某人）有什么想法或打算、想要干什么。〔11-8〕 |
| 花冤枉钱 | | 花了本来不必花的钱。〔14-3〕 |
| 划不来 | | 不值得。〔3-16〕 |
| 画等号 | | 指 A 和 B 相等或 A 等于 B。〔11-20〕 |
| 话里话外 | | 说的话蕴含着别的意思。〔3-5〕 |
| 话说回来 | | 表示从另外一个角度或相反的方面来说。〔6-19〕 |
| 换脑筋 | | 改变旧的观点或思想。〔1-15〕 |
| 会来事儿 | | 知道怎样取悦别人。〔15-15〕 |
| 会说话 | | 指会说好听的让别人喜欢的话。〔15-17〕 |

| | |
|---|---|
| 豁出去 | 决心很大，不惜任何代价。〔9-12〕 |

# J

| | |
|---|---|
| 鸡蛋里挑骨头 | 比喻故意挑毛病，没有毛病也要找出毛病。〔8-19〕 |
| 家常便饭 | 指很普通、很经常、不特别的事。〔10-6〕 |
| 家长作风 | 不民主，一个人说了算，别人必须绝对服从。〔16-23〕 |
| 拣软的捏 | 专门欺负老实人。〔14-21〕 |
| 见分晓 | 知道事情的结果或底细。〔17-16〕 |
| 见个高低 | 比一比看谁的水平高或技术好，或谁更厉害。〔17-15〕 |
| 见世面 | 经历各种事情、情况，增长见识。〔16-7〕 |
| 将军肚 | 开玩笑地指（男人）肚子大。〔18-10〕 |
| 绞尽脑汁 | 比喻努力地想、很费脑筋。〔20-23〕 |
| 脚踩两条船 | 比喻为得到好处跟两方面都保持联系。〔13-19〕 |
| 揭不开锅 | 很穷，连吃饭的钱都没有了。〔11-14〕 |
| 揭老底儿 | 揭露出隐藏着的内情或底细。〔19-12〕 |
| 节骨眼儿 | 最关键、最重要的时刻。〔2-7〕 |
| 井水不犯河水 | 各做各的，相互不发生关系，不互相影响，不互相侵占。〔17-21〕 |
| 就那么回事 | 不特别好、很一般或指没有特别的。〔14-12〕 |

# K

| | |
|---|---|
| 开空头支票 | 许诺、答应别人却不去实现。〔20-16〕 |
| 开小差 | 做某事中途逃脱。精神不集中。〔18-17〕 |
| 开夜车 | 夜里不睡觉做某事。〔10-7〕 |
| 看不出眉目 | 看不出头绪，看不出是怎么回事。〔11-22〕 |
| 看不下去 | 太过分了，让人看了以后不能忍受，不能再继续看。〔5-2〕 |
| 看（某人）的脸色 | 根据某人的态度来做什么事。〔17-19〕 |
| 看您说的 | 在对话中用，表示说话人不太赞成或不太满意对方说的话。〔1-22〕 |
| 看热闹 | 指在旁边袖手旁观。〔13-3〕 |
| 看人家 | 表示羡慕、佩服某人。〔1-12〕 |
| 看在（某人）的面子上 | 因为某种特别的关系而给某人好处或照顾。〔12-3〕 |
| 看着办 | 根据情况决定怎么做。〔6-2〕 |
| 看走眼 | 看错了，判断错了。〔11-9〕 |

| | | |
|---|---|---|
| 可也是 | 只在对话中用,表示同意某人跟自己不一样的说法或做法。〔4-8〕 | |
| 空城计 | 指别人认为某地应该有人,可实际没有人。〔20-17〕 | |
| 口气大 | 说话的气势很大。〔18-22〕 | |
| 哭鼻子 | 哭。〔7-5〕 | |
| 夸海口 | 说大话,吹牛。〔13-9〕 | |
| 亏~ | 口语句式,用讥讽的语气表达说话人对对方的不满或批评。〔2-21〕 | |

# L

| | |
|---|---|
| 拉不下脸来 | 碍于情面不好意思做某事。〔5-18〕 |
| 拉长脸 | 形容人生气、不高兴的样子,也指生气。〔17-17〕 |
| 烂摊子 | 比喻难以收拾、整顿的局面。〔11-21〕 |
| 老大难 | 复杂的、难以解决的问题。〔6-6〕 |
| 老掉牙 | 因时间长久而破旧,也指因时间久远而落后、不流行。〔11-1〕 |
| 老皇历 | 指过去、历史。〔18-13〕 |
| 落不是 | 受到别人的责备、批评。〔4-12〕 |
| 落埋怨 | 受到别人的责备、埋怨。〔9-25〕 |
| 雷声大雨点儿小 | 比喻说打算做什么事的时候说得很响可实际不做。〔13-20〕 |
| 里三层外三层 | 很多或很多层。〔6-1〕 |
| 里外不是人 | 惹双方生气,被双方责备、批评。〔6-11〕 |
| 连锅端 | 全部拿走。〔4-18〕 |
| 连轴转 | 白天晚上不停,连着做某事。〔10-25〕 |
| 脸红脖子粗 | 人非常气愤的样子。〔5-23〕 |
| 脸没地儿搁 | 意思是很丢脸。〔8-22〕 |
| 脸皮薄 | 容易害羞、不好意思。〔7-2〕 |
| 脸上挂不住 | 觉得很难堪、很尴尬或丢面子。〔13-12〕 |
| 两码事 | 没有关系或完全不同的两件事。〔19-9〕 |
| 留后路 | 留一条退路以防万一。〔15-4〕 |
| 留面子 | 照顾某人情面不使他难堪、为难或不好意思。〔19-13〕 |
| 留一手 | 有所保留,以防万一。〔3-13〕 |
| 露一手 | 把某一特别的技术或能力表现出来。〔2-24〕 |
| 乱了套 | 变得混乱,失去秩序、计划性。〔8-28〕 |
| 落汤鸡 | 形容浑身湿透像掉在热水里的鸡一样。〔18-6〕 |

# M

| | |
|---|---|
| 马大哈 | 马虎、粗心大意、随便的人。〔4-2〕 |
| 马屁精 | 向别人讨好、拍马屁的人。〔15-16〕 |
| 卖力气 | 出力气、努力。〔15-19〕 |
| 忙得脚底朝天 | 形容非常忙的样子。〔8-16〕 |
| 没大没小 | 对长辈不太尊重,没有礼貌。〔9-19〕 |
| 没的说 | 当然可以、没问题。〔2-26〕 |
| 没的挑 | 很好,找不出缺点或不足来。〔7-12〕 |
| 没救儿 | 来不及抢救、挽救或补救。〔11-7〕 |
| 没面子 | 失去了体面。〔1-11〕 |
| 没事人 | 跟某件事没有关系,或不受某事影响,跟平常一样的人。〔5-12〕 |
| 没头没脑 | 比喻没有头绪、很突然。〔19-1〕 |
| 没戏 | 没有希望,不可能。〔2-6〕 |
| 没下文 | 没有进展、结果或答复。〔19-5〕 |
| 没心没肺 | 没有心计、没有什么心眼儿。常带有贬义。〔2-11〕 |
| 没有什么大不了 | 不是什么重要的事。〔5-5〕 |
| 没有市场 | 不受欢迎,不被接受。〔5-17〕 |
| 摸不着头脑 | 不明白、糊涂,不知道怎么回事。〔13-13〕 |
| 摸透了(某人的)脾气 | 非常了解某人的脾气。〔8-15〕 |

# N

| | |
|---|---|
| 拿(某事物)当儿戏 | 比喻对某事物不认真、不负责,开玩笑一样。〔19-23〕 |
| 拿得出手 | 某事物很好,所以值得送别人或愿意别人看。〔14-15〕 |
| 拿得起来 | 意思是会做。〔16-12〕 |
| 拿～开刀 | 拿某人或某事作为典型或开端来批评、处理。〔6-12〕 |
| 哪壶不开提哪壶 | 说的话题或内容是某人不愿意涉及的。〔14-1〕 |
| 那叫 + adj. | 表示程度很高。〔17-18〕 |
| 那一套 | 某种说法或做法,含有贬义。〔1-26〕 |
| 脑子发热 | 一时的冲动,没有经过周密的考虑。〔15-1〕 |
| 闹了半天 | 很长时间后才知道事情的原因或真相。〔3-7〕 |
| 闹意见 | 发生矛盾。〔5-20〕 |
| 你看你 | 只在对话中用,表示对对方的不满、埋怨或批评。〔1-6〕 |
| 你看我这人 | 说话人用这句话来表示对自己的自责、批评。〔4-3〕 |

| | |
|---|---|
| 你呀 | 只在对话中用，表示说话人对对方的不满或责怪。〔1-1〕 |
| 你也是 | 批评、埋怨对方，只用于口语中。〔3-18〕 |
| 鸟枪换炮 | 用新的替换了旧的，用先进的替代了落后的。〔12-5〕 |
| 捏着一把汗 | 比喻很担心、害怕、紧张。〔13-1〕 |

## P

| | |
|---|---|
| 拍马屁 | 为了达到某种目的奉承别人。〔11-11〕 |
| 派上用场 | 有用，能用上。〔3-14〕 |
| 跑龙套 | 在别人手下做一些不重要的事。〔12-24〕 |
| 泡汤 | 没有达到目标或不能实现计划。〔8-2〕 |
| 炮筒子 | 性格很直，有什么说什么的人。〔5-21〕 |
| 赔不是 | 向某人道歉。〔4-14〕 |
| 碰钉子 | 被拒绝、遭到挫折。〔5-14〕 |
| 碰一鼻子灰 | 被拒绝。〔11-10〕 |
| 泼冷水 | 打击某人的热情或积极性。〔13-17〕 |

## Q

| | |
|---|---|
| 气不打一处来 | 形容非常生气。〔14-2〕 |
| 气不过 | 太生气，不能忍受。〔3-15〕 |
| "气管炎" | "妻管严"的谐音，开玩笑或幽默地指丈夫怕妻子。〔12-12〕 |
| 前怕狼后怕虎 | 有很多顾虑和担心。〔15-6〕 |
| 清一色 | 全都是同一种或一个样子、同一个颜色。〔14-18〕 |
| 穷光蛋 | 很穷的人。〔7-21〕 |
| 求爷爷告奶奶 | 比喻为某种目的去到处求别人。〔20-15〕 |

## R

| | |
|---|---|
| 让三分 | 忍让、容忍一点。〔14-25〕 |
| 让我说你什么好 | 这句话的意思是说话人太不满对方了，以致于不知道用什么话来批评对方。〔1-8〕 |
| 热锅上的蚂蚁 | 形容人因着急，坐立不安的样子。〔8-9〕 |
| 热心肠 | 很热情、积极帮助别人的人。〔7-9〕 |
| 软硬不吃 | 不管别人怎么说、用什么方法都不改变自己的立场。〔5-25〕 |

# S

| | |
|---|---|
| 仨一群，俩一伙 | 一些人分别聚在一起。〔15-10〕 |
| 三寸不烂之舌 | 比喻能说会道。〔13-8〕 |
| 三天打鱼，两天晒网 | 比喻做事不能坚持、持久。〔17-4〕 |
| 僧多粥少 | 比喻东西少，人多，不能每个人都分到。〔20-25〕 |
| 杀鸡给猴儿看 | 比喻借惩罚 A 来警告、威胁 B。〔11-18〕 |
| 伤脑筋 | 发愁、头疼。〔5-13〕 |
| 上气不接下气 | 形容人由于跑得快而呼吸很急的样子。〔4-1〕 |
| 上圈套 | 比喻被骗，上当。〔20-21〕 |
| 上西天 | 意思就是死。〔18-7〕 |
| 少说 | 至少。〔7-20〕 |
| 谁让～呢 | 这种格式表示实际情况就是这样，所以无可奈何。〔5-10〕 |
| 什么 A 不 A 的 | 在对话中用，表示不同意或不赞成对方所说的"A"。〔7-25〕 |
| 时不常 | 常常。〔4-19〕 |
| 使出浑身解数 | 用尽办法、手段和本事。〔20-22〕 |
| 事儿妈 | 喜欢挑别人毛病或非常挑剔的人。〔18-18〕 |
| 是＋V＋O＋V＋的 | 出现一个坏的结果是因为做了某事（动词＋宾语）。〔7-22〕 |
| 是～那块料 | 某人适合做某事。〔2-4〕 |
| 手头儿紧 | 没有钱或钱不够用。〔6-18〕 |
| 手痒痒 | 因为喜欢，所以很希望亲自（用手）做某事。〔1-2〕 |
| 数得着 | 有名的、排在前几位的。〔18-12〕 |
| 耍嘴皮子 | 很会说或者光说不做。〔13-21〕 |
| 甩手掌柜 | 这里指在家里什么事也不管的丈夫。〔16-11〕 |
| 说白了 | 用简单明白的话来说。〔2-17〕 |
| 说半个不字 | 表示反对。〔11-17〕 |
| 说不出口 | 不好意思说出来。〔5-6〕 |
| 说不到一块儿 | 相互之间没有话说，没有共同语言。〔519〕 |
| 说不过去 | 不应该、不合情理。〔10-11〕 |
| 说穿了 | 说出事情的实质或本质，说出实情。〔19-20〕 |
| 说到底 | 从根本上说。说到最后。〔3-9〕 |
| 说的一套，做的一套 | 说的和做的不一样，说的很好，但实际不这样做。〔3-20〕 |
| 说得比唱得还好听 | 说得非常好，但实际做的与说的不一致。有讽刺和不满的意思。〔1-20〕 |
| 说得过去 | 合乎情理或马马虎虎还可以。〔7-6〕 |
| 说得好听是 A，说得不好听就是 B | |
| | 说到某人或某事时，用好听的词说是 A，用不好听的词来 |

| | |
|---|---|
| | 说是 B。说话人想要表达的是 B。〔9-21〕 |
| 说得轻巧 | 说得很随便，说得很轻松。〔12-20〕 |
| 说话不算数 | 说了要做什么事，可实际不去做或没有做。〔4-4〕 |
| 说话就～ | 马上、很快（做某事）。〔15-3〕 |
| 说 V 就 V | 说到某事马上就做某事。〔10-2〕 |
| 说开 | 把心里的话或该说的话都说出来、说明白。〔12-19〕 |
| 说了算 | 有决定权，说的话就是最后的决定。〔4-5〕 |
| 说什么也～ | 不管怎么样。〔12-4〕 |
| 说一千道一万 | 不管怎么说，归根到底。〔16-9〕 |
| 说在点子上 | 指出问题的关键或最重要的方面。〔19-2〕 |
| 说着玩 | 开玩笑，不是真的。〔9-10〕 |
| 说正经的 | 表示不开玩笑了，要谈主要的或重要的事。〔7-10〕 |
| 撕破脸皮 | 不顾双方的情面。〔20-24〕 |
| 死脑筋 | 比喻思想不灵活、不改变。〔18-19〕 |
| 松了一口气 | 放心、放松。〔10-1〕 |
| 送上门 | 送到家，也指主动提供。〔18-1〕 |
| 算老几 | 用于反问句中，表示某人不是什么重要的人。〔20-13〕 |
| 随大溜儿 | 跟着大多数人说话或做某事。〔14-20〕 |

# T

| | |
|---|---|
| 抬不起头来 | 觉得羞愧、不好意思。〔2-20〕 |
| 太那个了 | "那个"是用来代替不便直接说的（不太好的）形容词语。〔5-8〕 |
| 谈得来 | 有共同的兴趣，在一起有话说。〔7-1〕 |
| 掏腰包 | 付钱、花钱。〔5-9〕 |
| 讨个说法 | 要求得到一个公正、合理的结果或解释。〔14-23〕 |
| 套近乎 | 拉拢某人使关系亲近。〔13-10〕 |
| 天上掉馅儿饼 | 比喻不花力气就能得到好处(这当然是不可能的)。〔20-11〕 |
| 铁饭碗 | 指有保证的、稳定的工作。〔15-14〕 |
| 铁公鸡 | 比喻很吝啬或节俭，含有贬义。〔18-20〕 |
| 听不进去 | 不能听取别人的意见。〔1-9〕 |
| 听见风就是雨 | 比喻听见什么马上就相信。〔18-5〕 |
| 捅娄子 | 惹起麻烦或做了错事。〔5-24〕 |
| 土包子 | 比喻没见过世面或穿着不时髦的人。〔16-8〕 |
| 团团转 | 形容非常忙或着急的样子。〔10-3〕 |
| 拖后腿 | 使人不能前进或做事。〔2-19〕 |

索引 | 277

# V

V＋砸了　　　　　　　某事没做好或失败。〔2-1〕

# W

玩儿命　　　　　　　不顾一切地做某事，命都不顾了。〔8-23〕
玩儿似的　　　　　　（做某事）像玩儿一样轻松、容易。〔10-8〕
往多了说　　　　　　至多，顶多，最多。〔14-7〕
往好里说～，往坏里说～　对同一事从好的方面和坏的方面分别评论，常常重点在后面的分句，表示批评、不满等意思。〔2-14〕
往枪口上撞　　　　　在某人情绪不好的时候去做惹他不高兴的事（当然会有不好的结果）。〔8-12〕
往心里去　　　　　　在乎、重视。〔2-13〕
忘到脑后头　　　　　完全忘了，忘得很干净。〔8-14〕
问个究竟　　　　　　问明白到底是怎么回事。〔15-7〕
我是谁呀　　　　　　意思是"我不是一般人"，含有自己夸自己的意思。〔12-22〕

# X

瞎猫碰上死耗子　　　比喻非常偶然。〔18-3〕
下本钱　　　　　　　为了达到某种目的舍得花钱或时间、精力等。〔9-9〕
下不来台　　　　　　很尴尬、难堪。〔8-11〕
下马威　　　　　　　一开始就向某人显示其厉害或威严。〔19-15〕
现买现卖　　　　　　刚学到或刚听到就马上说出来、表现出来。〔6-13〕
香饽饽　　　　　　　比喻非常好的、受欢迎的东西或人。〔20-5〕
想到哪儿去了　　　　想错了，不正确。〔4-6〕
想得开　　　　　　　不放在心上。〔2-9〕
想一出是一出　　　　想到什么就马上去做，不经过仔细考虑，有批评的意思。〔3-19〕
向～交代　　　　　　把事情的结果向某人加以说明。〔8-13〕
像样儿　　　　　　　好看的或者应该有的样子。〔9-20〕
小菜一碟儿　　　　　意思是很容易、很简单。〔2-22〕
小聪明　　　　　　　在小事上表现出的聪明，常含有贬义。〔2-12〕
笑掉大牙　　　　　　比喻被别人嘲笑、笑话。〔16-14〕

| | | |
|---|---|---|
| 歇不过劲儿来 | 休息以后还是不能恢复。〔10-9〕 | |
| 谢天谢地 | 非常庆幸。〔9-6〕 | |
| 心里打鼓 | 形容担心、害怕、犹豫。〔15-24〕 | |
| 心里没底儿 | 没有把握，不能肯定。〔9-2〕 | |
| 心里有鬼 | 心里有不可告人的打算或者事情。〔19-21〕 | |
| 心里有数 | 心里知道、有把握。〔9-4〕 | |
| 绣花枕头 | 外表好看但没有能力、没有学问的人。〔7-4〕 | |
| 血汗钱 | 比喻辛勤劳动挣来的钱。〔6-3〕 | |

# Y

| | |
|---|---|
| 眼里没有（某人） | 看不起或不重视某人。〔15-18〕 |
| 咽不下这口气 | 受的欺负不能忍耐。〔14-22〕 |
| 样子货 | 外表好看可质量或性能不好的东西，也指外表好看可没实际用处的东西。〔16-3〕 |
| 摇钱树 | 比喻可以得到大量钱财的人或物。〔18-21〕 |
| 要多+adj.+有多+adj. | 表示程度很高。〔6-14〕 |
| 也别说 | 说话人承认某种事实。〔4-16〕 |
| 一把好手 | 做某事技术非常好的人。〔2-23〕 |
| 一把屎一把尿 | 比喻（父母）养育儿女非常辛苦。〔10-10〕 |
| 一而再，再而三 | 一次又一次，很多次（地做某事）。〔5-16〕 |
| 一个劲儿 | 不停地（做某事）。〔4-11〕 |
| 一根筋 | 比喻人思想固执，决定了就不容易改变。〔8-20〕 |
| 一股脑儿 | 全部，都。〔11-2〕 |
| 一锅粥 | 形容混乱的样子。〔6-8〕 |
| 一句话的事 | （某人因为有权力或某种特殊条件所以）只要说一句话就能解决问题。〔12-23〕 |
| 一口气 | 同一个动作或同一种情况连续发生，中间不停、不休息。〔4-9〕 |
| 一口咬定 | 话说得非常肯定。〔3-4〕 |
| 一块石头落了地 | 比喻原来很担心，现在放心了。〔13-11〕 |
| 一来二去 | 渐渐地、慢慢地。〔5-11〕 |
| 一愣一愣的 | 比喻因吃惊或生气而说不出话的样子。〔13-5〕 |
| 一溜烟儿 | 形容跑得很快的样子。〔13-2〕 |
| 一路货 | 同一种人，含有贬义。〔11-5〕 |
| 一年到头 | 整年，一年从第一天到最后一天。〔1-10〕 |
| 一时半会儿 | 在短时间里。〔7-7〕 |

| | |
|---|---|
| 一是一，二是二 | 实事求是，很认真。〔8-18〕 |
| 一天到晚 | 每天从早到晚。〔12-6〕 |
| 一窝蜂 | 形容人多、混乱的样子。〔14-8〕 |
| 一星半点儿 | 非常少。〔17-3〕 |
| 一咬牙 | 下决心（去做自己不愿意做或害怕做的事）。〔12-7〕 |
| 一阵风 | 比喻行动时间短，不能持久。〔19-6〕 |
| 硬着头皮 | 不愿意但是没办法、勉强。〔6-7〕 |
| 悠着点儿 | （做某事）不要过度。〔10-5〕 |
| 由他去 | （说话人）不管，让他随便，他愿意做什么就做什么。〔18-23〕 |
| 有鼻子有眼 | 比喻（虽然没有亲眼看见，可是）说得很有根据、很详细。〔8-26〕 |
| 有分寸 | 说话或做事很适当，不过分。〔7-16〕 |
| 有后台 | 后面有有权势的人支持。〔14-24〕 |
| 有两下子 | 有本事、有本领。〔13-16〕 |
| 有路子 | 有达到个人目的的办法或途径。〔13-7〕 |
| 有你好看的 | 会遇到麻烦或难堪，含有威胁或警告的语气。〔8-5〕 |
| 有年头 | 很多年。〔6-17〕 |
| 有盼头儿 | 有（事情向好的方向发展的）希望。〔11-23〕 |
| 有日子 | 经过很长时间。〔12-17〕 |
| 有头脑 | 有自己的主意和想法，很聪明。〔9-3〕 |
| 有头有脸 | 比喻有地位或者有名（的人）。〔20-12〕 |
| 有眼光 | 观察、判断事物很有能力。〔9-22〕 |
| 有油水儿 | 对自己有好处，有利可图。〔15-8〕 |
| 有朝一日 | 将来有一天。〔20-8〕 |
| 又当爹又当妈 | 一个人又当爸爸又当妈妈抚养孩子。〔10-15〕 |
| 又来了 | 说话人对对方重复多次的话语不耐烦，不想再听。〔1-14〕 |

## Z

| | |
|---|---|
| 砸饭碗 | 丢了工作。〔8-3〕 |
| 砸锅卖铁 | 比喻把自己所有的钱或东西都拿出来。〔9-11〕 |
| 砸牌子 | 毁坏已有的好的声誉。〔18-15〕 |
| 栽跟头 | 比喻遭受失败、挫折或犯错误。〔17-6〕 |
| 再怎么说 | 不管怎么样。〔15-23〕 |
| 在刀刃上 | 比喻最需要、最能发挥作用的地方。〔6-4〕 |
| 在那儿摆着呢 | 某种情况很清楚，很明显。〔17-2〕 |

| | | |
|---|---|---|
| 在气头上 | 在最生气的时候。 | [4-20] |
| 咱们俩是谁跟谁呀 | 意思是关系不一般，关系很亲密。 | [5-7] |
| 怎么也得 | （说话人估计或认为）至少需要、至少要用。 | [1-17] |
| 炸开了锅 | 比喻因为吃惊、生气而大声吵嚷。 | [15-22] |
| 站不住脚 | 理由、说法、观点等不能成立。 | [10-19] |
| 站着说话不腰疼 | 比喻由于跟自己没关系或不了解情况等议论某人或某事，含有贬义。 | [20-20] |
| 找不自在 | 自己找麻烦、找不愉快。 | [6-15] |
| 找没趣 | 指自己让自己难堪，没有面子。 | [10-21] |
| 找门路 | 找能达到目的的方法或途径。 | [15-9] |
| 找~算账 | 出现坏的结果后去找某人争执较量。 | [8-8] |
| 照~不误 | 情况、条件变了可还是照样做某事。也可以表示不听别人劝告照样做某事。 | [2-3] |
| 这把年纪 | 年纪很大。 | [3-8] |
| 这不 | 只用在口语中，后面要有停顿。说话人说出一个情况或事实后，用"这不"引出相关的事情来加以证实。 | [3-2] |
| 这叫什么事呀 | 表示说话人对某事的不满或愤怒。 | [14-11] |
| 这是哪儿跟哪儿 | 表示说话人觉得某事或某人说的话没有道理或莫名其妙。 | [16-10] |
| 针尖儿对麦芒儿 | 比喻针锋相对，不示弱。 | [12-16] |
| 真是的 | 说话人对某人不满、批评，语意比较轻。 | [20-4] |
| 真有你的 | 一种感叹句，表示说话人的赞赏、称赞或批评、埋怨等。 | [9-14] |
| 睁眼瞎 | 不识字的人，文盲。 | [6-21] |
| 睁一只眼闭一只眼 | 对不好的或不应该的事不关心、不管。 | [5-4] |
| 整个一个 | 完全、彻底、百分之百的。 | [2-25] |
| 只不过~罢了 | 只是、仅仅。 | [2-2] |
| 只当 | 就当作。 | [4-10] |
| 煮熟的鸭子飞了 | 比喻已经到手的好机会或好的事物又失去了。 | [7-24] |
| 追时髦 | 穿最流行的衣服或做最流行的事。 | [1-4] |
| 总之一句话 | 这个句子是用概括的话总结前面所说的。 | [7-17] |
| 走到哪儿算哪儿 | 根据事情的发展，到时候再做决定，现在不去想。 | [9-24] |
| 走过场 | 走形式，不认真去做。 | [19-7] |
| 走老路 | 重复以前或别人的做法。 | [9-16] |
| 走弯路 | 犯错误、出现失误或因为方法不对而浪费力气等。 | [19-3] |
| 走下坡路 | 情况越来越不好。 | [2-5] |
| 走一步说一步 | 根据实际情况再做决定，不事先做计划。 | [20-27] |
| 走冤枉路 | 因走错而绕远多走路。 | [11-4] |

| | |
|---|---|
| 走着瞧 | 等着看以后。含有威胁的意思，预见某种结果会发生。〔11-19〕 |
| 钻牛角尖 | 想不值得想的小事或不能解决的问题。〔2-15〕 |
| 左一~右一~ | 表示数量很多。〔1-7〕 |
| 坐一条板凳 | 立场、观点一样，含有贬义。〔11-6〕 |
| 做文章 | 想办法、想主意。〔17-10〕 |
| 做样子 | 只是表面上说说并不真正去做，或假装做某事，不是真心做。〔19-10〕 |

日本語訳・練習問題解答

第一課　日本語訳
(麗華さんは興奮した面持ちで家に駆けて戻ってきました)
麗華：お母さん、新しいコートを買ったわ。どう？　見て。いいでしょう。さっきマーケットで一目で気に入ったの。
母親：あなたはね、給料をもらうとすぐにむずむずして家にじっといられない。先月、一着買ったばかりじゃないの。
麗華：あれはとっくに流行遅れなの。もう着れないわ。これこそ、今年一番の流行なの。
母親：毎月、あれっぽっちの給料で、いつも流行ばかり追ってお金がついていけるの。服は着られればそれでいいじゃないの。あなたって人はあれやこれや服ばっかり、家でファッションのお店が開けるぐらい。ああ、あなたにはいくら言っても効き目がないわ。私の言うことをどうして聞き入れてくれないの。
麗華：お母さんの言うことを聞いてたら、一年中いつもあの二、三着の服を着きりでかっこう悪くて、人に笑われてしまうわ。劉萍萍なんか毎日着てる服が違うし、頭のてっぺんから足先まですべてブランド品なのよ。
母親：あの人？　一番目障りな人ね、あの人は。毎日、なんとも言いようもないほど着飾って。彼女は映画館の切符売りでしょ。どこからあんなにお金が入るのかしら。私に言わせるなら、きっとわけありのお金なんでしょ。絶対彼女の真似をするんじゃないよ。私の若い頃は……。
麗華：お母さん、またその話、もう聞き飽きたわ。もしみんなお母さんのように一着の新しい服を三年、古くなってさらに三年っていうふうに着ていたら、国の経済はストップしたまま、市場もさびれたままになってしまうわ。今はもうそんな時代じゃないの。お母さんもそろそろ考えを変えなくちゃ。
母親：次から次に新しい言葉が飛び出すわね。口ではかなわないよ。これなんて、どうみても百元を超えるんじゃないの？
麗華：高くないわよ。ちょうど三月八日の国際婦人の日のバーゲンセールだったの。たったの四百六十元。
母親：何てことを！　四百六十元で安いって言うの？　私のひと月の年金が五百元なのよ。あんまりじゃないの……。
麗華：自分のお金だから使いたいように使うわ。他人から干渉されたくないの。
母親：こんなに金遣いが荒くて、将来家庭を持ったらどうするの。食べることもできなくて飢えるじゃないの？
麗華：私はね、お金持ちと結婚するか、そうでなきゃ、結婚せずにあなたのそばにいて一生お世話をするかだわ。
母親：あなたが？　よく言うわね。歌うよりきれいに聞こえる。どっちがどっちの世話をするのかわかったもんじゃないよ。麗華、お母さんはね、あなたにおしゃれさせないわけじゃない、でも今一番大事なことはお金を少しでも多くためて、いい結婚相手を見つけて、ちゃんと結婚して、ゆとりができたところでおしゃれをしても遅くないじゃない。
麗華：何をおっしゃいますやら。今おしゃれをしなくて七十、八十才になってからおしゃれして、誰が見てくれるって言うの。私はそんなばかじゃない。
母親：何を言ってもどこ吹く風なのね。言い伝えにあるわ、年寄りの言うことを聞かないといまに損をするってね。今、私の言うことを聞かないで、将来後悔しても知らないよ。言うべきことはすべて言いました。聞くか聞かないかは勝手だけど。そうだ、あとで、

1

お父さんが帰ってきたら、いくらだったかお父さんには言っちゃだめよ。お父さんが怒っても知らないからね。
麗華：お父さんのお小言なんて聞きたくないわ。いつもの決まり文句はそっくり覚えてるわ。安心して、ちゃんと考えてるから。もし聞かれたら、これは特売品の大安売りでびっくりするほど安かった。たったの六十元でしたってね。

[例文解釈日本語訳]
1. ②君の部屋は本当に汚いですね。一週間も掃除をしていないでしょう。君っていう人はね。
2. ②王さんたちがあんなに楽しそうに卓球をしているのを見ると、李さんもしたくなった。③兄さんは特にサッカーが好きで、サッカーボールを見ると足がむずむずして、したくなる。④彼らがまもなく旅行に出発するのを目にして、私も気持ちがむずむずして、自分も行きたくなった。
3. ②チャイナドレスは確かにきれいだけど、チャイナドレスを着るにはスタイルがよくなくちゃ。私はこんなに太っていてどうして着て出られようか。
4. ②厚底靴が流行っているのを見て、同じ事務所の李さんも流行を追うようになって、一足買ってきた。③ここ二年、テコンドーが北京でだんだん流行りのスポーツになり、多くの若い女性も流行を追いテコンドーをやり始めた。
5. ②何か言いたいことがあれば、彼に直接言えばいいじゃないか。どうして私から伝えなきゃならないのか？③私が行くのが心配なら、あなたが自分で行けばいいじゃないか。
6. ②本当にあなたという人はね、一日中本ばかり読んで、ほかのことはなんにもできない。③君っていう人はなんてせっかちなんだ。まず彼にしゃべり終わらせなさいよ。
7. ②彼は何回も君を騙したのに、どうしてまだ彼のことを信用するの？③うっかりして人の足を踏みつけたので、あわてて「ごめんなさい」とか「申し訳ない」とか何度も謝った。④息子が大学受験に失敗したのを知ると、王さんは大変腹が立って、「情けない」とか「見込みがない」とか叱りつけて息子を泣かせてしまった。
8. ②私が自転車でまた人にぶつけて、おまけに足も少し怪我したのを聞くと、おばあちゃんは「いくら言っても効き目がないね。もう何回注意したことか、そんなに急いでこぎなさんなって。本当に聞かないんだから、今は分かったでしょう」と言った。
9. ②彼は以前は父親の言うことは多少聞いたが、今は誰の言うことも聞かなくなった。③ガールフレンドに別れると言われた後は、彼は気持ちが混乱して、授業中の先生の言うことはまったく耳に入らなかった。
10. ②選手たちは年がら年じゅう試合か訓練で、お正月の時だけ家に帰って二、三日休む。
11. ②昨日父が人前で彼を叱ったことは、彼にとっては最も恥かしいことだ。
12. ②北方出版社なんかは、毎年、一、二冊はいい本を出版できている。③人様なんかは、車やら家やらブランド服やら何でも持っている。
13. ②このことで昨日二人は大げんかをして、子供をびっくりさせて、泣かせた。③「ここ数日、私は大変忙しく、テレビを見る暇がまったくない」と王さんが言った。④長年会っていない同級生も何人かやって来ると聞くと、彼は大変喜んで、朝早く起きて野菜や肉などを買いに出かけ、自ら料理をするとまで言い出した。
14. ②「強くん、あなたも本当に怠け者ね。ほら、この部屋を見てみなさいよ。それにこの汚れた服……」とお母さんが言うと、「またそんな話」強君はちょっとうんざりして「少し汚れているからって何？　別に誰か見学しに来るわけじゃないし」。
15. ②花や草を植えても万元戸になれるって？　これは初めて聞いたよ。どうやら、私も

考えを変えなくちゃだめね。③彼は書斎で五千字余りも書いたので、休憩して頭を切り替えようと、妻に付きあって山に登り、絵を描いている。
16. ②私はテニスを始めたばかりだが、あなたはもう二年以上しているので、あなたに負けるのは当然だ。③あなたは走るのは速いけれど、いくら速くても汽車には勝てないでしょう。
17. ②飛行機で行くなら一千元では無理です。どうしても三千元は必要だ。③仕事の時はまじめにやるべきだとおっしゃるのは間違ってはいないが、しかしトイレぐらい行かせるべきじゃないか。
18. ②私たちはもうこんな年になったので、子供のことは構わなくてよい。彼らにやりたいようにやらせればよい。③彼らは言いたいように言えばいい。言いたいことを言えばいい。いずれにしろ私は人様に申し訳のたたないようなことはしていない。
19. ②打つ手がなくても何か方法を考えなくちゃ、工場の工員を全員飢えさせるわけにはいかないじゃないか。③あなたの一ヵ月数十元の給料でどうやったら足りるっていうの？私が仕事に行かないと、一家全員飢えることになるじゃないの。
20. ②Ａ：息子さんは毎月あなたに送金すると言ってたじゃないか。Ｂ：彼はね、きれいごとばかり言って、今まで一銭も見たことがない。
21. ②車が必ず自転車より速いと思ってはいけない。見てなさい、どっちが先に学校に着くか分からないよ。③考えてご覧よ、二家族で一つの台所、トイレを共用して住んでいて、どれほど不自由なことか。
22. ②張さんは笑って言った。「あなたはいまや偉い社長になって、もう私のことを忘れたでしょう」。劉明も笑って言った。「親方、何をおっしゃっているのですか、誰を忘れたって親方のことは忘れることはできませんよ」。③私は言った。「おつりが十元足りなかっただけのことじゃないか。たいしたことじゃない。取り戻しに行くのはやめなさい」。妻は不機嫌そうに言った。「何を言っているの。十元だってお金じゃないの。取り戻したくないなら私一人で行くわ」。
23. ②人の言葉を彼はどこ吹く風と聞き流しているが、損しないわけがないじゃないか。
24. ②以前私たちが何を言っても君は聞き入れなかった。今はどうだい、後悔しているでしょう。もう遅い。
25. ②Ａ：あなたはこんなに彼を批判して、彼は不愉快に思うじゃないですか。Ｂ：不愉快に思おうが思うまいが向こうの勝手だ。間違いをすれば他人から文句を言われてあたりまえだ。③妻は不機嫌そうに言った。「ご飯は食卓に置きました。食べようが食べまいが勝手にしてください」。
26. ②彼女は言った。「あなたがこうしたのが間違いなんです」。私は怒って言った。「私にそんな言い方をするのはやめてちょうだい。たとえ私が間違ったとしても私をどうしようって言うの？」③うそをついて人を騙すようなやり方は、私はとても真似できないし、また真似をしようとも思わない。

[練習問題解答]
一、(1)⑦、(2)①、(3)②、(4)④、(5)③、(6)⑧、(7)⑤、(8)⑥
二、(1)怎么也得一个半小时 (2)怎么也得两米五 (3)你看人家王强，学习多用功呀 (4)你看人家老王，在家里什么活儿都干 (5)累得什么似的 (6)你说得比唱得还好听。你什么时候还过？(7)不定在不在家呢 (8)他爱高兴不高兴，他做得不对，别人当然要有意见 (9)他爱同意不同意，咱们干咱们的 (10)我劝过他好几次，他根本听不进去 (11)左一个电话，右一个电话 (12)不定什么时候回来呢

第二課　日本語訳
(高峰が同級生の周自強の部屋にやってきました)
高：自強くん、さあ、食事に行こう。
周：少しも食欲がない。食べる気がしないのだ、君一人で行ってくれないか。
高：ご飯も食べたくないって？　この数日、何もする気がないようだね。原因は何だい？
周：今回のテストもまたしくじった。
高：どういうことかと思ったら、たかが中間テストのことで、そんなに落ち込まなくてもいいじゃないか。僕は君より出来が悪かったけど、この通り欠かさず食べて遊んでいるじゃないか。
周：まったく、本当にお父さんの言った通り、僕は勉強する柄ではないよ。ほら、成績はますます落ち目だ。このままだと大学受験はきっと見込みがないよ。
高：大学受験はまだずいぶん先のことじゃないか、そんな先のことを考えてどうする？　それに君の勉強はいままでよかったじゃないか。君が見込みがないなら僕はもっとだめってことになる。
周：なぜか知らないが、僕、肝心な時になると頭がぼんやりして働かなくなってしまうのだ。
高：君はやれテスト、やれ成績とあんまり気にするからプレッシャーが大きすぎて緊張しすぎるのだ。僕は君と正反対だ。テストの時は緊張しようにも緊張できないんだ。
周：本当にうらやましい性格だよ。どんなことでも気にしないし、頭もいい。
高：やめてくれよ。昨日も母さんにまた分別が足りない、見込みがないと叱られたし、先生にも小才がきくが、こつこつ勉強しないと言われたよ。まあ、何と言われようと勝手に言わせておくさ、僕はまったく気にしないよ。
周：君のそういうところには一番感心するよ。僕はぜんぜんだめだ。
高：君という人はね、よく言えばまじめで真剣だけど、悪く言えばどうでもいいことによくよこだわっている。
周：それが良くないとはわかっていても、直らないのだ。
高：僕も直らない。ことわざに言うとおりだな。「山河の姿は変えることができても人間の性格は変えられない」。ところで、先生はなぜああいう重箱の隅をつつくような問題ばかり出すのかね。わざと僕たちを困らせているんじゃないか。
周：それは僕たちのことを思ってなのさ。将来みんな大学に合格できるようにとね。
高：しかし、はっきり言って、彼ら自分自身のためでもあると思うよ。もうよそう。つまらないから。
周：僕は今何をするにも元気が出ない。あんなひどい点数でクラス全員の足を引っ張っているのだ。同級生や先生の前でたまらない気がする。
高：まったく男のくせに。ゴマのようなちっぽけなことでそんなにくよくよする必要があるのかい。しっかり説教してやらなきゃ。
周：もうやめよう。説教なんてよしてくれ。ところで、パソコンのテストの準備はだいたいできたかい？
高：へっ、お茶の子さいさいさ。自慢じゃないけど、パソコンをいじるのはなかなかのものだよ。張先生に教えてほしいと言われて彼にちょっと披露したこともあるよ。今じゃ毎日、インターネットにアクセスしてチャットでしばらくおしゃべりするのが楽しくてね。
周：正直言って、僕はまるっきりパソコン音痴なんだ。休みになったら君に先生になってもらってもいいかい。

高：もちろん、その時は教えてやるよ。ああ、お腹がもうぐうぐう鳴っているよ。腹が減っては戦もできぬ。さあ、食事に行こう。遅くなったら食堂はしまってしまうよ。

[例文解釈日本語訳]
1. ②私はもう十何年も歌っていない。万が一失敗したらどうしよう。
2. ②「彼女はボーイフレンドはいらないと言ってたじゃないの」。「そう言ってるだけよ。彼女の言うことを信じてはいけないわ」。③この部屋もなかなかいい。ただあの部屋ほど広くないだけだ。
3. ②彼は毎日若い娘に手紙を書いている。返事は来ないのだけれども書き続けている。③家族、医者も含めてみんなが彼にお酒をやめるように勧めたが、彼は聞かずに相変わらず毎日飲んでいる。
4. ②彼の父は著名な作家で多くの作品を書いた。彼は小さい頃から父親のそばにいて、大学に通ってからも詩を何篇か書いたりしたが、結局父親のような作家になる素質はないんだ。③私は指導者になる柄じゃない。人が大勢いる前で話すと顔が赤くなる。
5. ②数年前までは彼はまだ体が丈夫だったが、今はもう衰えてしまって、毎日薬を手放せない。
6. ②旅行がだめになったと分かると、みんながっかりした。③君は北京大学に受かる可能性があるが、私の場合はきっとだめだ。
7. ②明日はもう公演だというのに、彼はこんな大切な時に倒れてしまうなんて、まったく困ったものだ。
8. ②あの頃はこの島は小さくて住んでいる人もいなかったため、二つの国はどちらもこの島のことについて真剣に考えていなかった。③彼女の言うことにこれまで夫はまったくとりあわなかったので、彼女はとても不愉快だった。
9. ②親友が亡くなったのを知り、彼はつらくて食事ものどを通らないので、私たちはみんな彼にそんなに嘆かないようにと慰めた。③私が旅行のことで大変腹を立てているのを見ると、彼は私に言った。「こんな小さなことで腹を立てることはない。今回がだめでも次があるじゃないか。体に障るほど怒るなんてくだらない」。
10. ②王さんは「違う違う、泣いてなんかいない。ちょっとつらかっただけです」と言ったが、私は「もういいじゃない。みんな見たんだから。もう照れなくても」と笑いながら言った。③「恋人ができたのかい。本当に？ なんていう名前？ 勤めはどこ？ どんな様子？」と王さんは聞いた。「今はまだ教えられない。その時が来たら見ればすぐ分かるよ」と大山さんは言った。「もういいよ、はじめからそんな人なんかいない、きっとほらを吹いているんだ」王さんは笑いながら言った。
11. ②あの連中は彼に悪態をつき、いつも彼をからかっているのに、彼は相変わらず一日中彼らといっしょにいる。本当に思慮分別がない人だ。
12. ②彼は小才がきく人間だ。そんなに勉強していないが、テストの成績は毎回なかなかいいので、彼は得意だ。
13. ②ある時彼女は、外で他人に腹を立てたが、家に帰ると、夫が気にすることはない、つまらないことだと彼女を慰めた。
14. ②人に会ってすぐにあんなに沢山の事を聞いてはいけない。これはよく言えば人のことを気にかけていると言えるが、悪く言えば人のプライバシーに干渉することになって、嫌われるんだよ。
15. ②あなたはね、ちゃんと養生して、不愉快なことをあまり思い悩まないほうがよい。

どんなことにもこだわっていると病気でなくても病気になってしまうよ。
16. ②父は彼女に言った。「こんなご馳走をどうして食べないの。腹を立ててご飯を食べないなんて、自分で自分を困らせるだけじゃないか」。③私が張さんを批判したため、彼はどんなことでもわざと私を困らせる。
17. ②彼女はとても敏感な女性で、はっきり言ってしまえば、ちょっと気が小さい。③彼は誰に対しても冷たい人で、はっきり言ってしまえば感情に乏しい。
18. ②なぜだか分からないが、ここ数日は私は何をしようにも興味がわかない。テレビでさえ見たいとも思わない。③午後いっぱい、彼女はぼんやりとソファに座っていて何もしたくなかった。六時になったのを見てようやく元気を出して夕飯を作りにかかった。
19. ②今は交通問題をちゃんと解決しなければならない。そうしなければ交通問題が都市経済の発展を妨げる恐れがある。
20. ②夫の無能ぶりや意気地のなさが将軍の娘を恥ずかしくてたまらない気持ちにさせた。
21. ②王さんは言った。「このような配置が気にそまないのなら行かなくてもいいんだ」。「なんだって？行かないって？」張さんは顔を真っ赤にして怒った。「よくもそんなことを思いついたものだ」。③そんなことを口にするなんて、彼が教養のある人だなんてよく言えますね。
22. ②あの人は卓球の世界チャンピオンで、小さい頃から練習をはじめたのだから、この数人の子供に教えるぐらい朝飯前じゃないか。
23. ②王さんは車の修理ではなかなかの腕利きなので、多くのタクシー運転手と知り合った。
24. ②最近、太極拳を習ったのだが、ご覧になりたいのなら少し披露しましょう。
25. ②彼女は子供を生み終えてからの変化がとても大きくて、もともと細い娘だったのが今はまったくの太っちょおばさんだ。
26. ②ほかのことならお手伝いできないかもしれないが、何か運んだり、使い走りをしたりするくらいならまったく問題はないよ。ひとこと言ってくれればすむことだ。③張さんは友達に対してまったく申し分がない。友達に何かあれば、いつも親切に助けてくれる。④この会社の製品は最高の品質とは言えないが、アフターサービスは本当に申し分がない。

[練習問題解答]
一、①C ②E ③B ④A ⑤D ⑥F ⑦G ⑧H
二、(1)⑦、(2)⑧、(3)⑥、(4)⑨、(5)①、(6)②、(7)④、(8)⑩、(9)③、(10)⑤
三、(1)得了吧，你跑得一点儿都不快 (2)我只不过跟她开了个玩笑罢了，没想到她当真了 (3)只不过有点儿感冒罢了 (4)他才不是当老师的那块料 (5)他真是做生意的那块料 (6)亏你还是记者呢 (7)亏你还是中学生呢 (8)别跟自己过不去 (9)他还是照爬不误 (10)整个一个机盲

第三課　日本語訳
(張さんがぷんぷん怒って事務室に入ってきました)
張：あの手の女はひどすぎる。見え見えのうそをつくし、まったくお金のことしか頭にない。
陳：どうしたんですか、張さん。誰かとけんかでもしたのですか。そんなに腹を立てて。
張：あーあ、あきれたよ。おととい、道沿いの小さな店でラジオを買ったんですが、一日聞いただけで音がしなくなったんですよ。それで、ほら、取り換えようと思ってね、また行ったんです。
陳：換えてもらえなかった？

張：換えてもらえなかったばかりでなく、さんざん当り散らされたよ。あの女は本当にひどい。明らかに自分で売っておきながら、彼女は自分の店で売ったものではないと言い張るんだ。僕がひと言言うと彼女は十倍言い返して、言葉のはしばしに何か僕がうまい汁を吸おうとでもしているようなことをにおわせるんだ。

陳：領収書を出して見せてやればそれで済むんじゃないですか。

張：それがあれば、あんなに口を酸っぱくして言うこともなかった。

陳：なんだ、領収書を持っていないのですか。それなら人のせいにはできませんよ。

張：しかし、僕は確かにあの店で買ったんですよ。こんな年になって、彼女を騙してどうなるっていうんだ。

陳：わかりましたよ。ちょっと落ち着きましょう。結局はそんな店で買物をすべきじゃなかったっていうことです。小さな店に満足できる品物を置いているはずがない。

張：あの店はうちの横町の入り口にあって、いつもそこで買物をしているんです。もう顔なじみと言ってもいいんだから、話が分かってもよさそうなのに。あーあ、まさかこんなことになるなんて。

陳：今時は、何を買うにしても用心に越したことはない。領収書は絶対取っておかないとね、万が一何か起こったらそのレシートなんかが役に立つんですから。一度つまずけばそれだけ利口になるって言うが、どうしても腹の虫がおさまらなかったら彼らを訴えればいい。でなきゃ表示されている住所に直接メーカーを訪ねたらいいでしょう。どこのメーカー？

張：ほら、表示にはただ「広東製造」としか書いていない。広東はあんなに広いんだ、どこに行って探せばよいのやら。もうよそう、こんな物のためにあっちこっち探すことはない。もしさらに腹立たしい目にあったら、それこそ割に合わない。もういい。運が悪かったと思えばいい。

陳：それじゃ、その六十元は泡と消えるわけですね。でも、あなたもあなただ、家にはテープレコーダーやらステレオやらあるのに、なんでまたラジオを買うんですか。考えてごらんなさいよ、今時誰がラジオを買うものですか。あなたは本当に何か思いついたらそうしないと気が済まないんですね。

張：僕はただ便利だろうと思ってね。ニュースを聞いたり京劇を聞いたり、どこでも持ち運べるし、いいことばかりだと思ったんだが。あーあ、今時の個人商店の連中ときたら、もう本当にあんな連中のところで買物はできない。いつ騙されて損をしてしまうか分かったもんじゃない。

陳：そうですよ。ああいう個人商店はみんな言うこととやることが別なんですよ。買う時は山ほど甘い言葉をかけるけど、いざ返品するとか取り換えるとかしようとすると、態度ががらりと変わって相手にしなくなる。だから、買物をするならやはり国営商店に行かなくちゃだめです。この前、王府井で買ったあの革靴は半月でだめになったので、取り換えに持って行ったらすぐに換えてくれましたよ。

張：もういいよ。陳さん、いくら言っても後の祭りなんだから。

[例文解釈日本語訳]

1. ②劉夫人は申し訳なさそうに「本当にすみませんね、李さん。初めていらっしゃったのにご飯を作ってもらうなんて。うちの人は本当にひどいわね」と言った。③このようなひどい人間はどこに行っても歓迎されないだろう。

2. ②毎日マージャンばかりしているのを私が非難していることを聞きつけると、彼は「私

はマージャンをしているのではないよ。手でマージャンをしながら心では小説を練っているのだよ。それで、ほら、もう二つも長編の構想が出来上がっているよ」と言った。
3 ②君の英語はたいしたものですね。目を閉じたまま聴いていたら、アメリカ人がしゃべっているのかと思ってしまうよ。③兄さんは本当にひどい。私の本を勝手に持って行ってしまって一言も言ってくれない。おかげで長いこと探してしまった。
4. ②任北海は確かに疑わしいのだが、最終的な事実がはっきりしていないうちは、あなたは彼が殺したと断定しないほうがいい。③彼はあの子がどの犬に噛まれたかを実際には見ていないのに、うちのあか犬が噛んだと言い張る。
5. ②「どうしてだめなの？　趙さんは反対するなんて言わなかったのに」。梅さんがいぶかしげに聞くと、高さんは「反対するとは言わなかったが、彼の話のニュアンスが聞き取れなかったのか」と答えた。③この二、三日、李二おばさんは近所の人を見かけるとこのことを話題にしたが、言葉のはしばしにいかにも他人の不幸を喜んでいる様子が見えた。
6. ②もう彼に口を酸っぱくして言っても無駄だよ。彼が君の言うことを聞くはずがないじゃないか。③私は張先生に長いこと骨を折って頼みこんだあげく、やっと行かせてもらえることになった。
7. ②なんだ、君は私に聞いているのか。兄さんに聞いているのかと思ったよ。③知っていると思っていたが、なんだ、みんな知らないのか。
8. ②この髪は君に任せるから、思い切って切りなさい。どんな切り方でも構わないから。もうこんな年だから、見た目なんかどうでもいいさ。
9. ②今や会社間の競争とはせんじ詰めれば、質とサービスの競争だ。
10. ②小学一年生の授業がそこまで難しいはずがない。家庭教師を頼む必要はない。③ここで買おう。西単で買ってもそんなに安くはならない。
11. ② 彼の交際範囲はとても広くて、どこに行っても友達や相棒がいる。顔見知り程度ならもっと多い。
12. ② 彼は女性は普通情にもろくて相談しやすいと思い、東よりの出口へ歩いていった。そこに一人の中年の女性が立っていた。③もし融通のきかない事務員にあたったら、数字を一つ間違ってもだめで、書き直さないといけないんだ。
13. ②昔は師匠が弟子に技を教える時は、みんな極意のところは明かさないようにしていたんだ。弟子がマスターして自分の商売が取られるのを恐れてね。③ずっとこの人はあまり信用できないと思っていたので、用心して、電話番号と住所は彼に教えなかった。
14. ②彼は若い頃上海で見習い工をしたことがあるので、上海語はなかなかうまい。これはそののち彼の芝居でずいぶん役に立った。③私たちが学校で学んだ理論や知識などの多くが、ここではあまり役に立たない。
15. ②最初は彼はちょっと我慢すれば済むだろうと思って黙っていたが、しかし彼女が罵り続けるので、彼はとうとう我慢できず、机に置いてあったお碗をさっとつかんで投げつけた。
16. ②そこに着くとみんながっかりして、二時間以上かけてやって来たのに割にあわないと言った。③もしこんな小さなことで腹を立てて体に障ったら、それこそ引き合いませんよ。
17. ②当時は一年後に返すと約束したのだが、四年も経ったのに一元もお目にかかっていない。一千元はこうして消えてしまった。
18. ②私も私だ。何を言ってもよかったのに、よりによって大牛君の話をしてしまい、李おばさんがしきりに涙をぬぐった。③君たち張さんをそんなふうに言ってはいけないよ。しかし、張さんも張さんだよ、事前に知らせてくれたらこんなことにはならなかったのに。

19. ②私たちはみんな彼の行動は衝動的だと言った。本社にいれば何の苦労もないのに、どうしてわざわざ工場に行きたがっているのか？③兄がバスケットボールの練習をするとかで、いきなり庭の花を全部抜いたものだから、母は怒って何日も叱りつけた。
20. ②君はどうして彼の言うことが信じられるんだい。彼はこれまでずっと言うこととすることが別だったのに。
21. ②彼は話を聞き終わると、あれこれ言わずに私たちの提案を受け入れてくれた。③この前友達が彼に車を借りようとしたら、彼は二つ返事で貸してくれた。
22. ②早く言ってくれたらこんなことにはならなかったのに。いまさら何を言っても後の祭りだ。③彼に聞いても無駄だよ。彼はいつも後知恵ばかりだ。

[練習問題解答]
一、(1)⑧、(2)⑥、(3)⑦、(4)②、(5)④、(6)③、(7)⑤、(8)⑩、(9)⑨、(10)①
二、(1) 闹了半天，都是听你姐姐说的呀 (2) 闹了半天，是你干的呀 (3) 王府井的鞋能好到哪儿去？算了，就在这儿买吧 (4) 这么冷的天还穿着裙子，够可以的 (5) 够可以的，来这儿也不多坐会儿 (6) 你也是，干吗要迟到呢？ (7) 这不，上个月刚结了婚 (8) 可他一口咬定没借过 (9) 再说也没用，我不想再费口舌了 (10) 说到底还是咱们的努力不够

第四課　日本語訳
(王さんがハアハアと息を弾ませて走って入ってきました)
王：李明くん！　李明くん！
李明：ハアハア息せききって走ってくるなんて、何をそんなにあわてているんだい？
王：何かなくしたんじゃないかと思って。
李明：あっ、僕の財布が、財布がなくなってる。
王：これは君のだろう？　君の自転車のかごで見つけたんだよ。君は本当に粗忽者だね、財布もちゃんと身につけていない。
李明：さっきは自転車に鍵をかけるのに気を取られちゃったんだ。ほら、一ヵ月分の給料が全部この財布の中だし、身分証明書も入れてあった。もしなくしていたら、大あわてするところだったよ。ねえ、どうしてそんなにうまいぐあいに見つけられたの。
王：けがの功名だよ。自転車を置く時うっかりして一台自転車を倒したんだ。その自転車を起こしてみるとなんと君の自転車だった、それでさらに、君の財布がかごの中に置いてあるのに気づいたってわけだ。できすぎだと思わないかい？　もし一歩遅かったら誰かに持っていかれて、やっかいなことになっていたと思うよ。李明くん、ちょっと水を頂戴、のどがもうからからだよ。
李明：僕ときたら、水を出すのも忘れてるよ。氷で冷やしたやつをひとつどうぞ。のどがすっとするよ。あっ、そうだ、王くん、先週一緒にダンスパーティーに行くと約束したじゃないか。どうして約束を守らなかったんだい？おかげでずいぶん君たちを待ったよ。
王：本当に行きたかったんだが、僕一人で決められることじゃないんだ。
李明：どうして？　麗麗さんが行きたがらなかったの？　お二人の間に気まずいことでもあったのか、それとも麗麗さんが僕たちと一緒に行きたくなかったのか。
王：考えすぎだよ。彼女はまだ自転車を盗まれたことを怒ってるんだ。昨日あれこれ説得してみたんだけど、どうしてもだめだった。自転車をとられて踊る気分にはなれないって。彼女が行かないとなると、僕も行くわけにはいかないじゃないか。
李明：それもそうだな。続けて三台も盗まれて腹が立たないやつがいるかい。でも、君も

彼女をちょっとなだめてやれば。腹を立てても意味がないじゃないか。

王：ずいぶんなだめてはみたんだ。いつまでも気にかけるな、とられたものはしょうがない、雷鋒を見習って愛の心を捧げたと思えばいいじゃないかってね。でも彼女は僕を責めてばかりで、やれ彼女に買ってあげたチェーンが丈夫じゃなかったとか、やれぼくが自転車を置く場所を間違えたとか、ね、ぼくが悪者にされてしまってるんだ。結局、僕が彼女に謝らなければならない羽目になってしまうなんて、冗談じゃないよ。あのこそ泥たちは本当にろくでもないやつらだ。

李明：とは言え、あいつらもたいしたもんだ。もっと頑丈なチェーンでもまったく問題にせずに、さっさとはずしてしまうだろうさ、きみが鍵で開けるよりも速くね。

王：趙さんの家では四台もごっそりやられて、趙さんは何日もご飯がのどを通らなかったって。

李明：この辺は早くから力を入れてちゃんと取り締まるべきだったんだ。ひどいありさまで、真昼間に、見張りもいるのに、しょっちゅう物が盗まれる。あの守衛たちはいったい何をやっているのか、まるで飾りものだ。

王：その通りだ。あの日も怒り心頭にきて叱り飛ばしたんだ。ずいぶんと叱り飛ばして、うっぷんを晴らしはしても、とられたことに変わりはない。だから、今は毎日、二つの鍵で自転車を木に止めているんだ、これでもなくすかってとこだね。ほら、この鍵はね、ハイテクだそうで、ダブル安全措置付きで、もうこれ以上丈夫なものはないんだそうだ。

李明：どこで買ったんだい？　本当に丈夫だね。えっ、しかし、鍵がどうしてここにあるの。君の自転車は？

王：あっ、しまった。さっき、君を追いかけるのに気をとられて鍵をかけるのを忘れてしまった。じゃ、行くよ。

李明：おい、君の帽子だ、王くん……

[例文解釈日本語訳]

1．②私達数人はグラウンドをぐるぐると五、六周走って、みんな疲れて息を切らしたが、王先生が止めと言わないので、私達誰一人として止める勇気がなかった。③八時過ぎになってやっと彼女は息を切らしながら教室にかけこんできた。

2．②王強さんというそこつ者は、数日前しくじって笑いものになりましたよ。彼は恋人とお父さんへそれぞれ手紙を書いたのだが、郵送する際に封筒に入れ間違えてしまった。その結果は皆さんご推察のとおりです。③私が百貨店に勤めていた頃、そそっかしいお客さんがよく買ったものをカウンターに忘れていきました。

3．②私の頭ときたら、さっきはどこまで話したかな、ああ、そうだ、出発の時間までだよね。③ぼくときたら、忙しくなるとこんな大事なことも忘れてしまって。これは君の手紙だよ、どうぞ。

4．②安心しなさい、言ったことは守るから。明日君に返すと言ったら明日返します。③心配するな、男の約束だ。その時になってもし約束を守れなかったら何と罵られようとかまわない。

5．②今は僕がここの社長だ。僕が決める。君たちは僕の言うことを聞くんだ。③「引越しするのかしないのか、誰も決められない。みんなで決めるしかないよ。今引越しするのに賛成の人は手を挙げて」と母が言った。

6．②「あなたたち二人がいっしょにいるのを見た人がいるのよ。また彼女とよりを戻したの？」母が不満そうに言った。「違うよ」私は笑って「思い違いだよ。私達はただ少し

おしゃべりをしていただけです」。③「どうして一人だけ帰ってきたの。けんかしたの？」母が不安そうに尋ねた。大海が笑って言った。「勘違いしてますよ。彼女は今晩当直なのです。だから帰ってこないのです」。

7. ②私達何人かであれこれ説得したので張さんはやっと承知してくれた。しかし、彼も条件を一つ出した。③船長が、船には乗せるが、一人あたり二百元だと言ったので、私達があれこれ交渉した結果、彼は一人あたり八十元で承知した。
8. ②お母さんは納得のいかない様子で言った。「あの二人をいさめることのなにが間違っていますか」。私は忍耐強く言った。「ここは郷里のようにどの家の事情も分かっている、というわけではない。相手の家庭の事情がわかりますか？」お母さんは聞くとうなずいて「それもそうだね。あの子たちの名前さえわたしは知らない」。
9. ②この子は一気に物語を語り終えた。途中で人から（話を語りつぐ）ヒントをもらうようなことはなかった。③彼は杯を持ち上げて一気に飲み干すと、大きな声で「もう一杯！」と言った。
10. ②これからは彼女は彼女、私は私、彼女が行くというのなら行かせればよし、こんな娘は産まなかったことにすればよい。③わかった、わかった、もう何も言わない。わたしに口がないことにすれば気がすむんでしょう。
11. ②王さんは入ってくるなりひたすら試合の結果がどうだったかを尋ねた。
12. ②四おばさん（親族関係で四番目になる「おば」）は笑いながら言った。「あなたたちのためにその大切なお客さんたちをもてなしたのに、逆に文句を言われるなんて。次はもうお世話しないわ」。
13. ②張さんは私達に忠告してくれた。「気をつけてやるんだな。商売は生易しいことじゃない。うまくいかないと最後は他人が儲けて、自分はすっからかんってことになる」。
14. ②道すがら、劉さんはずっと、家に帰って妻にどう謝ろうかあれこれ考えた。
15. ②人に陰でだらしないと言われているのを知りながら、彼は相変わらず毎日あの女の家に行く。③老人は声を落として言った。「次男はろくでなしだが、しょせんわしの息子なんだ」。
16. ②四番目の兄嫁は小声で私達に言った。「ねえ、彼今はこんなに威張って、偉いお役人にでもなったようじゃない。まあ、そうなんだけど、この仕事に就いてからもうそんなにお酒を飲まなくなったことは確かね」。
17. ②きみがもしこの本を理解できれば、ほかの本は易しいものだ。③汽車の切符を一枚買うぐらいはもちろん、たとえ盗んでくる、奪ってくることだって、君がやれと言いさえすれば何でもやるよ。
18. ②家にはたいしたものはないので、引越しするにも手間がかからない。トラック一台あれば何もかも全部運べる。
19. ②郊外に近いために、しばしば農民たちがここに自家栽培の野菜を売りに来ます。
20. ②昨日、私達二人は喧嘩をして、頭に血が昇ってしまい、お互いあれこれと聞くに堪えないことを言ってしまった。
21. ②彼女はたくさんの方法を試した。運動をし、節食につとめ、はては気功までやってみたが、やはり太っている。彼女は腹が立ってきっぱりダイエットを止めてしまった。③この種の予防注射を打っても効きめはない、風邪を引く時はやはり引くのだ。
22. ②私達みんな彼と一緒に食事を取りたくない。なぜなら、彼は食べるのがとてつもなく遅いからだ。③ここ数年はこのあたりは大変な旱魃に見舞われてきた。人々の日々の飲

み水でさえ確保できない。

［練習問題解答］
一、(1)⑤、(2)⑪、(3)⑫、(4)①、(5)⑥、(6)⑩、(7)③、(8)⑦、(9)⑨、(10)④、(11)⑧、(12)②
二、(1)想到哪儿去了，我这两天太忙，没有时间(2)只当散散步，呼吸呼吸新鲜空气来了(3)只当我说错了(4)该玩儿还是玩儿(5)是啊，他们该唱还是唱(6)忙得不能再忙了(7)作业多得不能再多了(8)可也是。我的话他从来不听(9)可也是。我可能是说得有点儿过头了(10)老王家不满意，我倒落了一身不是(11)还别说，我的英语口语比以前进步多了(12)还别说，比买的做工还精细呢

第五課　日本語訳
（周強と親友の劉威が食事をしながらおしゃべりをしています）
周強：君とルームメートはうまくやっているかい。
劉威：あのルームメートはね、本当に怠け者だよ。彼のベッドの上はいつも乱雑で目も当てられない、汚れた服はそのまま、これまで寮の部屋を掃除したこともない。子供じゃあるまいし、ぼくが言ってもだめ、言わなくてもだめなんだ。
周強：そんないいかげんなやつと一緒になるなんて本当についていないね。でも、散らかしているのならそうさせておけばいい。我が家と比べるわけにはいかないんだから、見てみぬふりをすればいい。
劉威：そうだね。どうせ訪ねてくる人もいないから。いつも思うんだが、人はみんな生活習慣が違うのだから、取るに足りないささいなことで仲たがいしてもつまらない。
周強：正直なところ、親友たちの中で君が一番包容力がある。
劉威：包容力があるとまではいえない。仔細に考えてみれば、生活の中の多くのトラブルは実はたいしたことではない、あまりまじめに考えすぎないほうがよい、これが僕の一貫した原則だ。
周強：みんなが君のようだと何の問題もない。
劉威：僕は陰で人の悪口を言うやつは大嫌いだが、一件、僕のルームメートと関係があることで、黙っていれば、気持ちがおさまらないし、言うとなるとまた、ちょっと言いづらいことがあってね。
周強：君と僕の仲じゃないか。言ってしまいなよ。
劉威：僕のルームメートは、やり方がちょっとあまりにもあれでね。
周強：言葉を濁すなよ、いったいどういうことなんだ。
劉威：知ってのとおり、食堂のメニューがまずいもんだから、数日おきに料理屋に出かけるんだが、毎回僕が払う。これはまあ何でもない。僕が年上なんだから。それより、彼は三日にあげず僕に金の無心をするんだ。そうこうするうちに金額もばかにならなくなる。ところが、彼はどこ吹く風で、お金を返すことなど一言も口に出さないし、僕もやれ返せとは言いづらい。近いうちにまた金の無心だと思うとね、貸してやるといっても、僕は大金持ちでも何でもない、貸さないとなると、それも気まずい。これには本当に随分悩まされて、板挟みで困り果てるよ。
周強：何が困り果てるだよ。今彼にびしっと釘をさしておかないと、やつはこれから先さらに調子に乗って、君はひどい目にあうぞ。君は本当にお人よしすぎる、君がやつのしたいようにさせているから、次から次とやつにしてやられるんだ。こんなやつよそでは

12

絶対許されないよ。
劉威:そうは言っても、突っぱねるのもしづらくてね。もういい、僕のことはもうよそう。ところで、君のルームメートはどことなく人づきあいがよくなさそうだね。
周強:その通り。人は悪くないんだけど、話が合わない。それで毎日お互い勝手に好きなようにやっているけど、このやり方はとてもいい。仲たがいもしないしね。
劉威:それもいいけど、君のその無鉄砲な性格もちょっとは直さないと。何かと言えばすぐにけんか腰になるのはやめろよ。
周強:ごもっとも。君を見習わないとね。
劉威:あ、そうだ。昨日、王先生が君を事務室まで呼び出していたけど、また何か面倒でも起こしたのかい？
周強:級長と喧嘩しただけだ。あいつはほんとに煮ても焼いても食えないやつだよ。
劉威:なんだ、そうだったのか。また何をしでかしたのかと思ってびっくりしたよ。

[例文解釈日本語訳]
1. ②数人の子供が不満そうに「こんないい球をみんな蹴りそこなって負けるなんて、へぼ！へたくそ！」と叫んだ。③彼はこれ以上ないほどはっきりと語ったので、あの人たちがニュアンスを聞き取れないことはなかろう。
2. ②老人たちは口々に言った。今の若者はあまりに開けっ広げで、大通りでいちゃつく男女もいる。本当に見ちゃいられない。③二人がまた子供のことで喧嘩をはじめ、どちらも口汚く言い合うものだから、おばあちゃんは聞いていられず、部屋から出てきた。
3. ②その話を聞くと、二番目の姉さんの伸ばした手は空中で止まり、テーブルの上のお金を見て、受け取ったものかどうか判断がつかなかった。③小雲はふと部屋の中のそんな様子が目に入り、入口に佇んで、入ろうか入るまいか迷った。
4. ②あれほど多くの不公平を全部扱えますか。もうやめよう、見て見ぬふりをしましょう。③彼は事務所のことについてはずっと無関心で、ただ自分のことだけをきちんとやっている。
5. ②「なぜ喧嘩したの」と聞かれて、王さんは「実はたいしたことじゃない、ただ一言のせいなんだ」と答えた。③彼は意に介さず、「これは別にたいしたことじゃない、たかが数字を一つ間違えただけじゃないですか」と言った。
6. ②他人の前では、「君を愛している」という言葉を彼はどうしても言い出せない。
7. ②たかが百元のことじゃないか。返すのが早かろうが遅かろうが構わない、俺とおまえの仲なんだから。③君たちは俺おまえの仲なんだから、君が彼のところに行こうが、彼が君のところに来ようが、同じことじゃないか。
8. ②「彼らのああいう態度が失礼だとは言っていない」、彼は言い訳がましく続けた。「でも、子供があんな口調で大人に話すのはちょっとあれでは……」。③男女平等には賛成しますが、僕みたいな大の男が女の上司の秘書になるなんてのはどうもちょっとあれではと思いますね。
9. ②「私達を呼んでおいて昼食代を支払わせるなんて、聞いたことがない」。林さんがぷんぷん怒りながら言った。
10. ②この事は人のせいにするわけにはいかない。自分にはそれほどの腕がなく、ただの物書きにすぎないんだから。③「本当は、おやじにちょっと叱られたぐらい何でもない、僕は彼の息子なんだから」李さんが笑いながら言った。
11. ②以前、人に女性を紹介されて、彼も会ってはみたけれど、相手が彼のことを気に入らなかったり、彼のほうが相手のことを気に入らなかったりで、とにかくしっくりこない。

13

そうこうしているうちに、彼は自信を失ってしまった。
12. ②「明日は試験だというのに、どうして平気で毎日遊びまわっているの？」と母が言った。③私は三千メートル走ってもうそれ以上足が言うことを聞かなかったが、彼は五千メートル走り終えて、まったく平気な様子だ。
13. ②母が来学期の学費のことで頭を悩ませているのを見ると、彼はとても辛かった。
14. ②彼は王さんとは長年の友人なのできっと承知してくれるだろうと思ったが、思いがけずやんわりと断られた。それで何日も気が晴れなかった。
15. ②彼は十代からボクシングの練習を始め、数え切れないほどの辛酸をなめた末に、ついに今の成功を手にした。
16. ②彼は再三私に役人になったおじに会いに行かせ、彼に私の仕事の手配をさせようとしたが、私は承知しなかった。
17. ②ああいう男たちはみんな、綺麗で頭が空っぽな女の子が好きなんだから、あまり賢くならなくていい、でなきゃ男にもてないよ。
18. ②この件ではとても不愉快な思いをさせられているが、彼は昔からの近所同士なので、どうしても言い出せない。
19. ②彼は私に「実の兄弟で小さい頃から一緒に大きくなったけど、私達は気が合わない」と言った。
20. ②夫婦の間で喧嘩をしないものはないが、大切なのは処理を誤らないことだ、でないと夫婦仲にひびが入る。
21. ②明日の会議では、また無鉄砲にずけずけ言うんじゃありませんよ、ちゃんと考えてからしゃべりなさい。
22. ②彼の体は今は情けない状態で、すぐ風邪にやられ、出社できなくなる。
23. ②この木のために、張さんは庭に立って彼と長いこと激しく言い争った。
24. ②彼は小さい頃非常に腕白で、よく両親に面倒をかけ、父によく叩かれた。
25. ②私はさまざまなやり方をすべて試してみたが、彼はどうしても承知してくれない。

［練習問題解答］
一、(1) 彼はのろのろと家に向かった。学校を除籍されたことなど母に言えたものではない。母はここ数日体の調子がよくないのだ。しかし言わないわけにはいかない。これは鉛筆を一本失くしたようなこととはわけがちがう。どう言おうか。あれこれ思いめぐらしたが、考えれば考えるほど、わけが分からなくなった。考えることはない、まず母に会ってからだ。もしその時母の機嫌がよかったら話そう。そこで、彼は何事もなかったふりをして母の部屋に入っていった。(2) 両親が亡くなったあとの日々、私はやりきれない寂しさに、友達を招いては遊びに気をまぎらわせていた。そのうち、いったい誰の手に我が家の鍵があるのか分からなくなった。いずれにせよ私が帰宅するといつも、家の中には大勢の知らない人間が遊び騒いでいて、私は何度か床板の上で寝るしかない始末だった。それでも私は連中を追い払うことなど気がひけて出来なかった。なんと言っても、みんな友達なんだから。(3) 三番目の叔母は、彼がやってくる時はきまって用があってのことだと分かっていたので、彼に「何ごとなの。言いなさいよ」と聞いた。立秋が用件を話すと、「それっぽっちのことなの。なんとまあ、何でもありゃしない。いいわ、うちの人が帰ってきたら言っとくわ」。用件はこれでうまくいくことになった。
二、(1) ④、(2) ①、(3) ⑦、(4) ③、(5) ⑧、(6) ⑤、(7) ⑥、(8) ⑩、(9) ⑨、(10) ⑪、(11) ②

三、(1) 动不动就发脾气 (2) 动不动就哭 (3) 这种人在哪儿都肯定没有市场 (4) 没那么容易, 让我们碰了个软钉子 (5) 你求他也没用, 肯定得碰钉子 (6) 不就是台电脑吗？没什么大不了的 (7) 老张他们一天到晚就知道打麻将, 我和他们说不到一块儿 (8) 你说这话就见外了, 咱们俩是谁跟谁呀 (9) 听说数学难到家了 (10) 说也白说, 您就睁一只眼闭一只眼吧 (11) 谁让我是头儿呢 (12) 说也不是, 不说也不是, 真拿他们没办法

## 第六課　日本語訳

(タクシーの中で)

運転手：私はいま向こうから来ましたが、前のほうの交差点で事故が起こり、人々が十重二十重に取り囲んでいて、車がまったく通れません。私達はやはり三号環状線を走った方がいいと思います。少し遠回りになりますが、渋滞はありません。どう思われますか。

乗客：いいですよ。お任せします。いずれにせよ早いほうがいい。ところで、私の言った行き先ご存知ですよね。

運転手：実を言えば、私のあだ名は「生きている地図」と言いまして、この北京全体どこでも知らないところはありません。どうぞご安心ください。絶対御用には遅れませんから。

乗客：それはけっこう。おや、この肉まん三個がお昼ご飯ですか！

運転手：その通りです。一日中道を走っていますから、昼ごはんはいつも間に合わせです。だれが苦労して稼いだ大切なお金を飲食なんかに使うものですか。このお金はいちばん肝心なところに使わなきゃあ。そう思いませんか。

乗客：そうだね、今は誰だって稼ぐのは楽じゃないからね。

運転手：この仕事は、毎日朝早くから夜遅くまで働くうえに、心配の種も尽きないんです。近頃はほら、車も人も多く道が狭いときている。それにまたいい加減な運転手も結構いるから、本当に困ります。

乗客：北京の交通事情はこれまでずっと問題を抱えっぱなしだね。

運転手：この道はすぐに渋滞してしまう。前が渋滞しているのがわかっている時でも、お客がどうしてもその道をと言えば、こちらは無理矢理走らせるしかない。渋滞するのなら渋滞させておくさ、お客様は神様だからね。

乗客：交差点によってはもう蜂の巣をつついたような騒ぎで、警察がいないとだめだね。

運転手：その通りですよ。警察はなかなか手厳しくてね、この間など、勝手な場所に停めたら、警察に嫌な顔をされて散々しぼられました。しかしお客さんはその場所でなきゃだめ。ほんとに、私達タクシーはお手上げですよ。一方にはお客、もう一方には警察、どちらの機嫌も損ねてはいけない。ほんとに、いつも板挟みで、悪くすると免許取り上げをくらってしまう。

乗客：警察もなかなか大変だね。

運転手：そうですよ、毎日が警察との付き合いです。今は交通事情が悪くなるとすぐにタクシーをやり玉に挙げるべきだと言う人がいて、タクシーがどうのこうのと言いますが、実際は私達こそ一番ルールを守っているし、交通事情が悪くなるのを一番心配しているのも私たちなんです。いつも渋滞されたら食事代さえ稼げなくなりますから。

乗客：あなたたちはとにかくみんな口が達者だね。津々浦々のことをよく知っているし、なかにはとびきりユーモアのセンスがある人もいたりするし。

運転手：何も知っちゃいません。耳にしたことを口にする、それだけですよ。世間話をすると悩みを忘れてしまいます。でなきゃ、ひとりで一日中車に座っているのは、いいか

15

げんうんざりします。でも世間話をするといっても、相手を見てのことでね、もしお客さんがしゃべりたくないようなら、こちらはさっと口を閉ざして、つまらない目に合わないようにしますよ。

乗客：運転手をされてからいろいろな人に出会ったでしょう。

運転手：たしかに。たくさんの人に出会いましたよ。いい人にもそうでない人にも。

乗客：運転されてもう長いんでしょうね。

運転手：六年近くになります。子供が学校に行くのに、お金が足りなくて。そうでなきゃとっくにやめています。とは言え、私のような無学な人間は、専門もなければ技術もない、文盲とほとんど変わらないから、車の運転のほかに何ができるっていうんです？

乗客：おっと、気をつけてくださいよ。ああ、びっくりして、冷や汗が出た！

運転手：大丈夫、私の腕前はとびっきりいいんです。

乗客：それでも気をつけたほうがいい！　一万を恐れずとも万が一を恐れよと言うじゃないですか。

［例文解釈日本語訳］

1. ②入学の日に、学生達が事務室を幾重にも取り囲んでいた。③おばあちゃんは私に「今はまだそれほど寒くないんだから、子供にあまり着込ませないで」と言った。

2. ②プレゼントを買うのは君に任せるよ。いくら使っても構わない、彼は喜んでくれさえすればそれでいい。③いずれにしろ招待状はここに置いておくから、行く行かないは、自分で決めなさい。

3. ②息子の命を救うために、彼らは何十年もかけて少しずつ貯めてきた虎の子のお金を使い果たしたばかりでなく、多額の借金までこしらえた。

4. ②ああしたどうでもいいことには構わなくてもよい。力は一番大切なところに注がなければならない。

5. ②君があのいい加減なシェフを呼んできたせいで、お客がどんどん減ってきた。③もともとはテレビの音声が出なかっただけなのが、あのいい加減な技師に直してもらったら、画像さえも写らなくなった。

6. ②これはわが社のかかえる難題の一つで、解決しようとしてもなかなかたやすいことではない。

7. ②この知らせを聞くと、彼女は心配でたまらなかったが、ここには親戚が一人もいないので、仕方なくいやいやながら前の夫を訪ねるしかなかった。③父に呼び出されて絶対いいことはないと知りつつ、行かないわけにはいかないので、いやいやながら父の部屋に入った。

8. ②遠くから車が来るのが見えると、バス停で待っていた人々がたちまち蜂の巣をつついたような騒ぎになって、押し合いへしあいし始めた。

9. ②小説を書くのに俗っぽい言葉を使うのは何でもないが、使う場所を間違えるのが怖い。③その言葉はもともと間違ってはいないのだが、君が使う場所を間違えたから、皆を不愉快にさせたのだ。

10. ②彼が一番恐れていることは田舎の親戚が訪ねて来ることだ。彼らがやって来ると妻の顔がたちまち曇り、嫌な顔つきになって、彼を困らせる。

11. ②王さんは支配人の機嫌は損ないたくないし、工員たちからも悪人にされたくない、この仕事は双方から恨みを買って板挟みになると思った。

12. ②王さんは今日遅刻したのを工場長に見られ、工場長は全工場集会で彼女を名指しで

批判したばかりでなく、ボーナスをカットするという。みんな分かっていた。工場長が王さんをやり玉に挙げて、遅刻した者はみな王さんのようになると見せしめにしたのだ。
13. ②ここで今聞いてきたように言わないで。あなたの言うことはたった今お兄さんのところで聞いたばかりよ。
14. ②考えてもご覧なさい。農村で、女一人で三人の子供を育て、その上私を学校に行かせる、その暮らしがどんなに苦しかったか。③母はどうしても彼女に謝らせようとする。僕がどれほどむしゃくしゃして気が晴れないことか。
15. ②李先生は生徒の暴力沙汰や喧嘩を耳にするのを一番嫌っているんだ。君が彼の目の前で小胖と取っ組み合いの喧嘩をやるなんて、わざわざ面倒を引き起こしているようなものじゃないか。
16. ②昔は、森には野うさぎや雉などが、数えきれないほどいたが、その後森がどんどん小さくなり、何の動物も見かけなくなった。③この数十年、ずいぶん不運に見舞われてきたので、こんなことは私にとってまったく大したことではない。
17. ②彼がここに住んでもうかなり長くなるので、大人も子供も彼のことを知らない者はいない。
18. ②あの頃は両親とも給料が安かったし、二人の子供は養わなければならないしで、毎月お金に余裕がなかったから、私におもちゃを買ってくれるお金なんかあるはずないでしょ！③先月パソコンを一台買ったばかりなので、今は懐具合がちょっと心もとない。旅行の話はまた今度ということに。
19. ②ほんとにマナーを知らないっていうか、ほら、あの芝生、踏みつけられて小道ができている。とは言え、彼らが事務所の窓口をあそこに設けなければ、誰も芝生を踏みつけたりしないんじゃないか。
20. ②彼は学校に行ったことがない、無学な人なんだけど、なかなかの物知りで経験豊かだ。
21. ②昔農村では、女性はたいてい字が読めなかった。
22. ②彼は工場では一流の技術者です。③楊軍はサッカー歴も長いし、テクニックも素晴らしい。彼をキャプテンに選びましょう。

[練習問題解答]
一、(1)②、(2)④、(3)①、(4)⑥、(5)⑪、(6)⑦、(7)⑫、(8)⑤、(9)⑧、(10)⑨、(11)⑩、(12)③
二、(1)要多有趣有多有趣(2)太可惜了，比赛要多精彩有多精彩(3)话说回来，他给你帮过不少忙(4)话说回来，有时孩子实在不听话，父母动手打孩子的心情也是可以理解的(5)我向小王好好请教一下，只好现买现卖了(6)哪敢直接跟他说呀，那不是找不自在吗？(7)用在刀刃上(8)看着办吧

第七課　日本語訳
(李美英と張麗紅が部屋でおしゃべりをしています)
李：紅さん、あなたは劉寧さんと気が合うんでしょう。どんな感じなのか教えてよ、そんなに恥ずかしがらずに。私は赤の他人じゃないんだから。
張：まだ二回しか会っていないのよ、何を言えばいいの。まあまあ話は合うほうね、ただ彼の身長が……。
李：まあ、彼の背が低いのが気に入らないのね。紅さん、お姉さんは経験者だから、包み隠さず言うけれど、外見ほどあてにならないものはないのよ。背が高いからって何の役

17

に立つの？　見かけ倒しだわ。かっこいいのはかっこいいかもしれないけど、そんな人と暮らしたら、将来きっと泣きを見るわ。外見はまあまあよければそれでいいのよ。大切なのはあなたを大事にするかどうかということだわ。
張：短時間に誰が見抜けるものですか。
李：それはそうだけど。正直言うと、あなたたち二人は本当に理想的なカップルだわ。結婚式を挙げる時には私という仲人を忘れないでね。あなたたちのために駆けずり回って足も細くなったわ。
張：冗談はやめて。まだどうなるかも分からないのに。でも、どちらにしてもあなたのご親切には感謝します。
李：そう言ってもらえばけっこうだわ。そのときには王府ホテルでご馳走をいただきましょう。
張：私は大丈夫だけど、あなたはもうダイエットをやめちゃったの？
李：食べてからにするわ。あのね、まじめな話、劉寧さんはほんとうにめったに見かけない若者よ。仕事は申し分ないし、性格もいいし、誰かと喧嘩したなんて見たこともない。心の中ではどんなに不愉快に感じていても、人には見せない。年はまだ若いし、外見はふつうだけど、言うことなすことにちゃんと分別がある。要するにすてきな若者だわ。
張：美英お姉さん、ことわざではね、「人様に食べさせてもらえば弱みが生まれ、人様の手をわずらわせば借りができる」って言うのよ。まじめな話、劉寧さんに何かよくしてもらった恩義でもあるの。こんなに一所懸命に彼をほめそやすのは。
李：ひどいわね、なかなかいい人だと思ったからこそあなたに紹介してるんじゃないの。ひとつも嘘はないわ。私たちのところではみんな彼のことをいい人だと褒めているのよ。ぼんやりしてちゃだめよ。このチャンスを逃したらもう二度とないんだから。
張：冗談よ。でもこれは一生の大事ですから、あせってはだめ、しっかりと考えなきゃ。
李：あのね、言っておくけど、聞くところでは、彼の蓄えは控えめに言っても六桁あるそうよ。
張：彼のお金目当てじゃないわ。お金のためなら、とっくにほかの人とつきあってます。わたしも彼の外見をそんなに気にしてるわけじゃない。愛情さえあれば、素寒貧でもお嫁に行くし、愛情がなければ、山ほどお金があってもその気にならないわ。
李：もし本当に素寒貧と結婚したらご飯も食べられないのよ。それでも愛情を語れるかしら。あなたは日がな一日何かと言えば愛、愛ばかり、ちっとも現実的じゃない。これはね、みんな恋愛小説を読み過ぎたせいよ。これからはあんなものはあまり読まないことね。すべてでたらめなんだから。
張：おっしゃることがどうしてうちの母親そっくりなのかしら。愛のない結婚は不謹慎だわ。ほんとのところ、あなたは今幸せ？　昔、もしお母さんの言うことに従わずに、あの大学生と結婚していれば、今頃は……。
李：あなたのことを話しているのよ、どうして私のことを持ち出すわけ？　どう言われようと、とにかく言っておきますけど、時間を無駄にしないことね。急がないと煮えたアヒルが飛んでっちゃうわよ。
張：アヒルも何もないもんだわ、下品ね。
李：下品でけっこうだわ。意味が分かってくれればそれでいいの。

[例文解釈日本語訳]
1. ②私はずいぶん昔から一度銭老人とお話したいと願っていた。この世界で私と気が合うのは三人だけで弟、趙さん、そして銭老人です。
2. ②二番目の姉さんは李先生に好意をよせていたので、映画に誘おうとチケットを二枚買ったけれど、恥ずかしがりやで、自分で渡すのはきまりが悪いからと、どうしても私に行かせようとする。
3. ②君は経験者だから、きっと当時の私の気持ちが理解できるだろう。
4. ②私は見かけ倒しの男はきらいです。実力のある、能力の高い男性を探したいと思います。
5. ②おばさんもやってきてなだめた。「ほら、みんな見ているよ、こんなきれいな服を着ている子が泣くなんて、みっともないよ」。
6. ②「しかし、私は確かに用事があったので、私は……」。馬林が適当な口実を考えつく暇もなく、その警官は微笑みながら彼の話をさえぎった。
7. ②みんながベッドを取り囲んでいるのを見ると、おばあちゃんは言った。「この病気のことはよく分かっている。すぐには死にはしないんだから。付き添わなくてもいいから、みんなやるべきことをやりなさい」。
8. ②「趙さんは本当に僕に仕事を紹介してくれるだろうか」天明さんが尋ねた。「そうとはかぎらないよ」。「もし仕事が見つかればもう商売をやらなくてもいいし、僕はパリッとした服を一セット揃えることもできる」。天明は考えれば考えるほど嬉しくなった。「まだ何も分からないんだぞ、有頂天になるな」。楊おじさんは息子をじろっとにらんだ。
9. ②あの娘は容貌はどうってことはないが、親切な人であることは間違いない。君に何か困ったことがあれば彼女に助けてもらえばいい。
10. ②分からないからでたらめには言えない。言い間違えば人に笑われる。まじめな話、私達はこの分野の本をよく読むべきだ。
11. ②僕の妹のような人は、君が金のわらじで探しても二人といないよ。
12. ②彼が新しく探してきた秘書は、てきぱきした仕事ぶりで申し分ないので、彼はだいぶ身軽になった。
13. ②李おじいさんは一生まじめに暮らしてきた。これまでの人生で人とけんかしたことがないし、善人、悪人を問わず恨みを買ったことがない。
14. ②昔はお店で買物をする時は、物を選ぶことなどできなかったが、今はよくなって、どんなふうにでも選べる。長い時間をかけて選んだ末買わなくても、店員の機嫌の悪い顔を見せられるなどという心配は無用だ。
15. ②侯家の屋敷の外観はまことにぱっとしないが、中に入るとまったく違って、決して王族の屋敷に引けを取らない。③学生時代は一番普通で、ぱっとしなかった趙くんが今では名の知れ渡った発明家となっている。
16. ②もし確かにその必要があるのなら叱ってもけっこうだが、程をわきまえて叱って、彼をいらだたせないでほしい。
17. ②そこは山美しく、水美しく、人はさらに美しい。要するに、とにかく一度行ってみる価値がある。
18. ②あの警官は本当に見上げたもので、一人で三人の悪党を倒した。
19. ②「あなたの言い値は家に帰って相談しなくちゃいけない」。あばたの劉はうんざりして言った。「言っとくが、この機会を逃したら終わりだ。もし手間どってうまくいかなくても俺のせいじゃないからな。早く行って来い」。

20. ②おばあさんは少なくとも七十歳にはなっているが、歩き方はちっとも遅くない。
21. ②彼は娘が地位もなくお金もない素寒貧と結婚してほしくなかったが娘はちっとも彼の言うことを聞かない。頭の痛いことだ。
22. ②彼があんなに太っているのは肉を食べているせいだ。もし一ヵ月肉を食べなければ、絶対痩せられる。③母が言った、「あなたが今回風邪を引いて熱を出したのはスカートを穿いていたせいですよ。真冬にスカートを穿くなんて見たことがない」。
23. ②君はまだこんなに若いのに、どうして話をするとあのおばあさんたちとそっくりなの。考え方があまりにも保守的だ。
24. ②君にあげたあのお金は銀行に預けておいた。これで安心しなさい。もう手に入れたものを失うことはない。
25. ②「どうもありがとうございました。本当にご面倒をかけました」。「何が面倒なの？ みんな友達なんだから、そんなに遠慮しなくてもいいよ」。

［練習問題解答］
一、(1) 今では、彼の一番上の息子は就職して、ある大会社で働いている。二番目ももうすぐ大学を卒業するので、まもなくいい仕事に就けるはずだ。三番目はまだ高校（中学）だが、将来大学進学の見込みがある。娘のほうは、師範大学を卒業して、今では小学校の先生だ。自分の子供たちを見ていると、彼の胸中はことのほか満足というわけではなかったが、中の上といったところで、まずまずよい、少なくとも彼自身よりずっとましだと感じた。(2) ある考え方があるが、私に言わせれば、あまり正しいとは言えない。ある人は快板（即興風に謡い語る芸能）を書くのだから、即席で書けばいいのであって、深く考える必要はないと思い、それでまだ何を書くのか目鼻もついていないのに、さっさと「牡丹の花、紅のうえに紅」と書きつける。これはあまり正しいとは言えない。これは快板をばかにしているのである。ばかにしているものだから、しっかりと書くには及ばないということになり、その結果うまく書けないのだ。
二、(1) ④、(2) ③、(3) ⑦、(4) ⑨、(5) ⑤、(6) ②、(7) ⑥、(8) ①、(9) ⑫、(10) ⑧、(11) ⑩、(12) ⑪
三、(1)你怎么跟咱妈一个腔调啊(2)少说也得万把块啊(3)什么钱不钱的，咱们是老朋友了，就别客气了(4)都是玩游戏机玩的(5)是踢球踢的吧(6)八字还没一撇呢，平常衣服就行了，用不着买新衣服

第八課　日本語訳
（趙さんは同僚の慶春とオフィスにいます）
小趙：慶春さん、ちょっと手伝ってくれよ。オフィスを引っくり返すほどかき回してもあの文書が見つからないんだ。もしかしたら提携の件が水の泡だ。提携が水の泡になれば飯の食い上げだよ。
慶春：君はね、どうしてこの数日物をなくしてばかりなんだ。会社にいる間、よく居眠りもするし、もし社長に見つかったらひどい目にあうぞ。
小趙：実は家にまったく関係のない遠い親戚が何人かやってきていて、一日中騒がしくて、睡眠もよく取れないんだ。彼らは早く来るわけでもなければ遅く来るわけでもなく、なんだってこんな時に来るんだ？　首になったら、彼らとかたをつけてやる。
慶春：あのね、社長は提携の件が気がかりで居ても立ってもいられないんだ、昨日だってなぜか分からないが王秘書に当たり散らして、王秘書はかわいそうなほどだった。君は

火に油を注ぐようなことはするな。しっかりと探してみなさいよ、早く見つけないと面倒なことになるぞ。
小趙：ああ、もうずいぶん探したし、くまなく探した、どうしても見つからない。もし見つからなかったら社長にどう釈明しようか。社長は成功したら食事をおごると言ってくれたのに。
慶春：おごるって？　考えるだけやぼだ。そんなこと彼は言ったそばから忘れてしまってるよ。我々はとっくに彼の性格をお見通しだ。それに、彼は毎日忙しくてばたばたしているのに、暇などあるものか。
小趙：そうか、結局はできもしないことを言ってるのか。こちらは真に受けたのに。
慶春：でもね、仕事の面では一貫して几帳面な人で、少しもいい加減なところがない。この点はまったく頭が下がる。
小趙：ただ時々、あら探しをするし、生真面目すぎる。言わせてもらえば、彼はちょっと融通が利かないよ。あの日も、ただ一つの日付のことで、どこまでも私を追及しようとするんだ。そこまでやるか？　大勢の前で面子が丸つぶれだ。
慶春：でもね、彼のいいところは話が終わればそれで終わり、気にとめないし、仕事にかかれば命がけだし、言葉はきついが心根は優しい、悪気がないんだ。だから我々の間では結構受けがいいんだ。
小趙：昨日、劉さんから彼には愛人がいると聞いたけど、本当かい？　彼はなんといっても社長だよ、そんなことありえるかい。
慶春：そのことは分からないから無責任な事は言えない。うわさだとさもありそうなことのようだけど、どうもそうは見えないね。それに、自分のことでさえ手を焼いているのに、余計な世話は焼かないほうがいい。
小趙：ああ、あの文書はどこに置いたんだろう？　ほんとうに私のせいでだめになったら、もうここには居られないよ。
慶春：家に持ち帰ったかどうか考えてみたら？　もしオフィスに置いたのなら、なくなるはずがない。よく思い出してみなよ。
小趙：わが家は今めちゃめちゃなんだから、家に持ち帰るなんてするはずがないよ。オフィスはこれっぽっちの広さだし、どこに置けるって言うんだい？
慶春：それなら、昨日新聞を読み終わってそのまま新聞にくるまなかったか。
小趙：あ、そうだ、ありがとう、言うとおりだ。十中八九あの新聞の山の中だ。すぐ探してくるよ。

［例文解釈日本語訳］
1. ②数人が劉家をひっくり返して探したが、ぼろ服が数着、ぼろぼろの本が二冊出てきただけだった。
2. ②彼らはけっしてもう酒を飲んで騒ぎを起こしてはならない。もしそうなればわれわれがやった仕事と努力がふいになる。
3. ②張さんは最近まったくついていない。三回遅刻をしたために首にされ、彼が失業したのを見て奥さんから離婚を持ち出されている。③支配人が大声で私達に言った。「ちゃんと働かない者は首にするぞ」。
4. ②毎日、老人たちはおしゃべりする人もいれば、ひなたぼっこをしながら居眠りをする人もいます。
5. ②兄が「これはお母さんが一番好きな花瓶だ。おまえはこともあろうに落として壊し

てしまうなんて、帰ってきたらやっかいなことになるぞ」と言った。
6. ②彼女が小麗のことをとりあげたので私はちょっと不満に思って言った。「小麗のことは言わないで。私のこととまったく関係がないのに、どうして一緒にするの？」
7. ②私達は何かのミスで首にされるのが心配で、毎日気をつけて仕事しています。③私が三十分遅れたために、社長は私を首にしました。
8. ②張さんが低い声で息子に言った。「ここは人が多いから放っておくが、家に帰ってから話をつけてやる」。そして立ち去った。
9. ②あと十分しかないのに、まだ彼女の姿が見えないので、王さんは気が焦って居ても立ってもいられなかった。
10. ②この数年、彼は母親を気づかうことはめったになく、機嫌が悪い時などは母親にまで当たり散らした。
11. ②君は時々やり方をないがしろにしすぎる。あんなふうに劉さんを叱責したのでは、彼の面目を失わせるじゃないか。③私は言い出したかったが、彼女に断られるのも怖くてためらった。でも最後は勇気を出して彼女に申請を出した。
12. ②支配人はこの二、三日息子のことで腹立たしい思いをしていたので、張さんが仕事を休んで旅行に出かけると聞くと、急に怒り出して、張さんをこっぴどく叱った。張さんの不機嫌な様子を見て、王さんは笑いながら「行くなと言ったのに、どうしても行くっていうから、ほら、自分からつらい目にあいに行ったようなものじゃないか」と言った。
13. ②私は規則通りにやらなければいけない。これは会社全体の利益につながるので、いい加減にはできない。そうでなきゃ、問題が起きたら、会社の上司や社員にも説明できない。
14. ②小強は友達と遊ぶのがとても楽しくて、お母さんに頼まれたことをとっくに忘れてしまった。
15. ②長年一緒に暮らしてきて、彼女はとっくに夫の性格がよく分かっているので、こういう時はやはり、なんでも彼に従った方がいいと思った。
16. ②私達みんながいそがしくてテンヤワンヤなのに、君はどうしてここでゆっくり寝ていられるのか？
17. ②彼の考えはとてもいいように聞こえるが、どうしてそんな大金が手にいれられるものか。彼はただ大ぼらを吹いているだけだ。
18. ②王さんが怒って「工場長のところにかけつけて私の悪口を言うなんて」と言うと、張さんは冷ややかに「私はただ事実通りに報告しただけです」と言った。
19. ②彼らを満足させないと面倒なことになります。絶対嫌がらせをされるから。③工場長は私達に「製品の品質を第一に考えなければいけない。品質に対しては『あら探し』の精神を持ってほしい。そうしてこそ、マーケットに定着することができるのです」と言った。
20. ②張さんは典型的な頑固者だから、彼が何かしようとしたときは、説得しようなんて思わないことだ。いくら言っても無駄です。
21. ②張さんがいきなり椅子から飛び上がって言った。「やつらよくも私を騙したな。今すぐやつらのところに行って、今日のことをとことん追求してやる」。
22. ②あのパーティーには行かないよ。皆地位のある人ばかりで、私はただの運転手、一緒にいると恥をかくよ。
23. ②貸したお金が取り戻せないと見ると、じいさんはなりふり構わず矢のように催促してきたので、私は仕方なく友達にお金を借りてひとまず彼に返した。③あの黒犬を見かけると、彼ら二人は踵を返して命がけで家まで走って帰った。

24. ②彼女は口ではあの子の面倒はもう見ないと言いながら、実は口はきついが心は優しくて、誰よりも面倒見がいい。
25. ②しばらく怒った後、彼は機嫌を直してこう思った。自分はいずれにしろ教養のある人間だ。たいした出世はしていなくてもあの連中を相手に怒ることもない。③おばあさんが言った。「息子の嫁は人はいいし、家事の切り盛りもうまい、私達に親孝行もしてくれる。しかしもうずいぶん長い間孫一人も産んでくれていないのは、何と言っても足りない点だね」。
26. ②たとえ彼女が自分の目で見たことがなくても、いったん彼女の口から語られると真に迫って聞こえる。
27. ②隣の王さんがまた子供を叱りつけるのを聞いて、父は様子を見に行こうと思ったが、母が余計なことはするなと止めた。
28. ②君がこんなふうに労働者に対処していたら、万が一彼らが本当に来なくなったとき我々の生産計画はすっかり狂ってしまう。その時君はどうするつもりなのか。③家は家らしくないといけない。父親は父親、子供は子供。もし父親が父親らしくなく子供が子供らしくなかったら秩序も何もなくなるじゃないか。

[練習問題解答]
一、①C ②D ③B ④E ⑤A
二、(1)⑧、(2)④、(3)①、(4)⑥、(5)⑤、(6)⑩、(7)⑨、(8)③、(9)⑦、(10)②
三、(1)他因为跟别人打架，饭碗给砸了 (2)这不挺好的吗？真是鸡蛋里面挑骨头 (3)您大小也是个经理呀 (4)要是你干得不好，有你好看的 (5)你这不是往枪口上撞吗？／你这是撞在枪口上了 (6)你少管闲事

第九課　日本語訳

(孟さんは学校の懇談から帰ってきて、団地の入り口で近所の張さんに出会いました)
張：お帰り。強ちゃんの今回のテストはどうでしたか。もちろん、きっとよかったでしょう。
孟：ほかの科目はまあまあよかったのですが、英語がね、ちょっといけない。先生が今はラストスパートの時だって言うんです。正直、競争がこんなに激しいと、強ちゃんが受かるかどうか、ちょっと自信がないんです。
張：強ちゃんは賢い子です。ふだんは口数が少ないけど、何をするにも飲み込みが早い。あえて言いますけどね、強ちゃんが清華に受かるのはもう間違いないことだ。
孟：そんなことはどうかおっしゃらないで。普通の大学に入れるだけで、もうこの上なくありがたいのですから。ところで、張さん、英語を教える先生をご存知じゃないですか？強ちゃんは英語の基礎ができていなくて、ちょっとついていけなくなっている。それで家庭教師を頼もうかと思ってね。
張：なかなか張り込みますね。家庭教師を頼むのは冗談ではできない話で、いい先生だと一回で百元以上かかります。
孟：子供が勉強ができさえすれば、ありったけの物を持ち出してもいいのです。子供のためなら何だってやりますよ。大金を稼ぐ能がないのなら、節約する。ほら、たばこもやめてしまいましたよ。
張：すごいね、孟さん。もう三十年近くの喫煙歴でしたでしょう？　いっぺんにやめてしまった？　よくやりましたね。
孟：私たち夫婦は教養がなかったためにずいぶん損をしました。この人生、ほしいものは何にも手に入らなかった。苦労をかさねたのはもちろん、精神的にも虐げられてばかり。

23

どうあっても子供には同じつらい目に会わせたくないのです。私たちはふだん食べるものや着るものはひかえるほうだけど、子供の勉強にはお金をいくらかけても平気なのです。幸い、強ちゃんは勉強ではあまり心配をかけてこなかった。

張：うちの息子が強ちゃんの半分でもあればいいのになあ。あいつはおとなしくおさまっているような子じゃない。学校にかよっていた頃はテストでしょっちゅう零点を取っていた上に、よく面倒を起こしていた。フン、今はちょっと金ができたものだから、長幼の序などどこ吹く風、この前などは、何と私のことを「張さん」と呼びやがった。あいつめ、ピシャリとびんたを食らわせてやった。母親が甘やかしすぎて、この子をだめにしてしまった。

孟：大軍君はけっこう才能がありますよ。大学には行かなかったが、商売はなかなかの腕前じゃないですか。車さえ持つようになった。

張：ああ、ぼろぼろの中古車で、たいした値じゃないよ。あいつのは腕前などと言えるものか。よく言えば商売、悪く言えば「闇ブローカー」、個人経営者、もう触れたくもない。今は私たちふたりはお互いに目障りでね。やはりおたくはものを見る目がある。息子さんが大学に入れば、おたくはよくなるからね。

孟：受かるかどうかはまだ何ともいえない。誰だって保障できないでしょう？　様子を見ながらやっていくしかない。両親たるものほかのことはさておき、ただ将来恨まれないで済むように願うだけです。

張：そうだ、思い出しましたよ。友人の近所の人が子供に英語の家庭教師を頼んだことがあって、なかなか教え方が上手で、その後、その子は北京大学に合格したそうです。

孟：それなら、急いで尋ねてみてくれませんか。お金のことは相談に応じます。時間や場所なども何でも相談に応じますから。けっして忘れないでくださいね。

張：大船に乗ったつもりで、まかしてください。

［例文解釈日本語訳］
1. ②この数冊の本はなかなか面白いが、あの二冊はそうでもない。
2. ②彼もちょっと試してみたいのだが、劉さんたちが彼を応援してくれるだろうか。彼には自信がない。③直接彼女に尋ねたことはないが、しかしきっと私の味方になってくれると確信しています。
3. ②こうした人たちは、綺麗な女性はみな頭が足りなくて、たいしたことがやれないと思っています。③人が君にやらせることは何でもする、考えもしない。自分の考えってものがないんじゃないか。
4. ②私が君にどう接してきたか、君自身はちゃんと分かっているはずだ。どうして他人の言うことを聞くのか。③いったいどこへ探しに行くのか、どうやって探すのか、私はずっと分からなかった。
5. ②家のことは父が頷いて認めればもう決まりで、誰が何を言おうと無駄です。
6. ②王さんは私が来たのを見て、「ありがたや、やっと来てくれた、もう来ないかと思った」と言った。
7. ②我々の工場はできたばかりなので、エンジニアが少なく、基礎も弱い。それでまだこうした問題を考慮する力がない。
8. ②彼は少ししゃべるとポーズを入れ、私の記録する速度がついていけないのではないかと心配して、待ってくれた。③当時の鉄道の発展は国民経済の発展の需要にまったく遅れをとっていたので、彼は卒業するとすぐに鉄道部門の職に就いた。

9. ②面接に行くんじゃないのか。そんな服ではだめだね。面接に合格したいのなら、少し元手をかけないといけないよ。まず最近流行のブランドものを一そろい揃え、高級化粧品を買わなきゃ。
10. ②今は氷がまだしっかり張っていないので、決してスケートをしてはいけない。もし溺れたりしたら冗談事じゃないぞ。③料理店を開くっていうのは冗談で言ったんじゃない。やるなら本気でやる、しかもちゃんとやる。
11. ②李さんは「あの車は外国製なので、とても修理などできない。万一壊しでもしたら、自分のすべてを投げ出しても弁償できやしない」と言った。
12. ②王さんはサッカーファンなので、サッカーの試合があると聞くと「とにかく明日の仕事をサボってでもこの試合を見なくちゃ」と言った。③彼らは長いこと待っていたがなかなか船が来ないので、張さんがいらだたしげに言った。「いつまでもこうして待っているわけにもいくまい。思いきって自分で向こうまで泳いで渡るというのはどうです」。
13. ②私は趙さんが来たのを見て、彼に冗談を言った。「ひどいわ、趙さんったら。新しい家に引っ越してもひとことも言わないなんて。わたしがお邪魔するのを心配されているのかしら」。③おばあさんは言った。「ひどいね、強ちゃん。お前はなんとまあ私からまでお金を騙し取るつもりかい」。
14. ②仕事をほったらかして、家に引きこもってぐっすり寝るなんて、君には恐れ入ったよ。③君には恐れ入ったよ、財布をなくして三日も気づかなかったなんて。
15. ②以前家を借りる時、彼は仲介者を通して損をしたことがあるので、今は彼らの言うことを信用せず、無駄足を踏んでも自分で探すことにしている。③一番上の姉が言った。「ちょっと気をつけなさいと言ったのは、あの男に騙されないか心配したためで、他意はないわ」。
16. ②以前は平均主義だったので、よくやろうが悪くやろうが同じだった。今はもう昔のやり方ではだめで、あんなやり方では活路が開けない。
17. ②あの張さんは市長の親戚なのです。決してすんなり話が通るような人ではない。ただの課長とはいえ、誰も彼に逆らえない。
18. ②この前の数学のテストで零点を取って以来、彼は必ず数学をものにするとかたく決意した。
19. ②大力はお父さんとの長幼の序をわきまえずに、お父さんとしゃべる時はまるで同級生としゃべる感じで、他人の目には見ていられないのだが、お父さんはとても上機嫌だ。
20. ②おばあさんが病に倒れてから今まで、もうすっかり痩せてしまって見られたものではない。③君の字はひどすぎる。小学生にも及ばないよ。
21. ②お兄さん夫婦は今は二人とも家で待機していて、よく言えば職場を離れているのですが、悪く言えば失業です。③彼はこれまでずっと思ったことは何でもストレートに口にし、相手が聞きたいかどうかなどかまいもしない。よく言えば率直で飾り気がないのですが、悪く言えば、ちょっと愚かなのです。
22. ②私の母はとても目がきくのです。彼女が買ってくれる服はどれも安くてかっこいいけど、私はだめです。③以前は若い女性の多くが恋人を地元で探したが、今はちょっと見る目のある女の子ならみんなほかの土地の出身者から選ぶ。なぜなら、ほかの土地の若者はもっと努力家で、働きもので、気持ちもずっと一途なところがあると思っているからだ。
23. ②我々の商品は品質は一流、価格も最低価格、これは責任を持って保証できます。③明日のことなどどうなるかわかりゃしない、私は保証などとてもできません。

24. ②彼女の家に行く道すがら、私はどういう結果になるかとても不安だった。王さんは私の様子を見て、笑いながら言った。「もうあれこれ下らないことを考えるな。成り行きにまかせたらいい。もし彼女が同意すればすべてうまくいくだろうし、同意しなけりゃまた手立てを考えよう」。
25. ②彼は私達が彼の仕事の邪魔になったなんて言う。ねえ、私達は良かれと思って彼を助けたのに、却って恨みを買うなんて、本当に腹が立つじゃない？

[練習問題解答]
一、(1)③、(2)②、(3)①、(4)⑧、(5)④、(6)⑦、(7)⑥、(8)⑤
二、(1)咱们都吃了外语不行的亏 (2)我豁出去了，今天夜里也去排队 (3)说得好听是现代艺术，说得不好听是糊涂乱抹 (4)不学跟不上时代啊 (5)我不想让他走我的老路 (6)管不了那么多了，走到哪儿算哪儿 (7)真是谢天谢地，大夫，太谢谢您了 (8)哪个孩子也不是省油灯

第十課　日本語訳
(昼休みに張さんと孫さんが事務室でおしゃべりをしています)
張：お父さんがまた入院されたそうだけど、今はもう大丈夫ですか。
孫：この二、三日は大体落ち着いて、どうにかほっとしたところだよ。年寄りはふっと病気になるからね、入院できて安心したよ。近頃は、昼間は職場でテンヤワンヤ、猫の手も借りたい忙しさ、夜は夜で病院に駆けつけて付き添いをする。毎日が夜昼なしのこんな具合で、もう疲れはててへとへとさ。
張：まだ頭痛がするのかい。体に気をつけて何事も少し控えめにしなきゃ。
孫：私の頭痛はもういつものことさ。ああ、若い頃は数日徹夜をしても平気だったのに、今はね、もうなかなか回復できない。こういうことは親父には言えない、心配すると悪いから。
張：みんな親父さんは幸せな人だ、こんな孝行息子をもってと言っているよ。
孫：人には良心ってものがなきゃ。両親が私達を手塩にかけて育ててくれたのは並大抵のことではないのだから、親孝行しないのは筋道がたたない。正直言うと自分の息子の手本にならなきゃね。上の者が姿勢を正さないと下の者も歪んでしまう。
張：その通りだな。私に言わせれば、親孝行は毎日山海の珍味を並べることじゃない。老人が耐えられないのは孤独なんだ。
孫：なるほど。とは言え、うちはそれぞれ学校やら、会社やら、みんな忙しくて時間の余裕がない。人に頼んで親父に連れ合いを紹介してもらってたんだ。あのおばさんもなかなかいい人だったんだが、一、二回会っただけで親父が倒れてしまった。昨日家内がおばさんの家を訪ねてみたんだ。どう考えてるか聞こうと思ってね。ところが門前払いされた。私が思うには、この件は多分おじゃんになるね。考えてみりゃ、誰だって病気の爺さんと一緒になどなりたくないやね。
張：まあそうあせらずに。親父さんが回復してからにすれば。それはそうと、病院はまあまあいけるか？
孫：医者も、看護婦も皆親切なんだが、ただ食事が親父の口に合わなくてね。それで家内が毎日家で作っておいたものを私が病院まで届けているんだ。幸い、息子が大きくなって母親の手伝いができるようになった。
張：うらやましいかぎりだ。立派な息子に、賢夫人。私の場合は子供がまだ小さいから、

父親と母親の二役だ。手伝いもいないから大変だよ。
孫：だってさ、この前君に紹介したあの女性、君に本当にちょっと気があったんだぜ。どうして一、二回会っただけでもう手を引いちゃったの。
張：あれこれ考えたんだが、やはり子供がつらい目にあうのが心配でね。
孫：どうも腑に落ちないな。だって継母はたくさんいるけど、みんな悪い人間と決まってるわけじゃないぜ。
張：胸の内を打ち明けて言うと、相手は大学の先生だろう。私は中途採用のヒラ編集だし、気に入られるはずがないだろう？　自分から味気ない思いをすることもあるまいと思ってね。
孫：そうやって、男やもめで一生終わるつもりかい。
張：まあ、子供がもう少し大きくなってからだな。

[例文解釈日本語訳]
1. ②李先生の言葉を聞いて私はほっとした。息子がいつも試合に出るから勉強に悪い影響を与えるんじゃないかとずっと心配していたからだ。
2. ②彼は本当にせっかちで、行くというなり出かけてしまい、挨拶一つしなかった。③小さい女の子はとてもかわいいのだが、一つだけ頭が痛いのは、泣き虫で、すぐに泣くことだ。
3. ②家族の者はこの結婚式のために上も下も大忙しでテンヤワンヤなのに、結婚式の主役である一番上の兄だけが、自分には関係ないかのように、一人で部屋に引きこもって本を読んでいます。③お客さんたちが明日やって来るというのに、宿泊の手配がまだできていないので、張さんは気が気でなかった。
4. ②張さんは昼間友達とお酒を飲んだり、おしゃべりをしたりして、夜帰ってからまた翻訳を始める。いつもこんな調子でいっときも休まない。いったいどこからあんな元気が出てくるのかしら？
5. ②小白が笑って言った。「ゆっくりと飲まなきゃ、順子。一気に飲み干してしまったら、あとで彼らが来た時何を飲むの」。③今月は私たちお金を控えめに使わなくちゃ。先月のように十五日にならないうちにおサイフがからっぽなんてことにならないように。
6. ②昔は女性が夫に殴られ罵られるのは日常茶飯でした。それは女性が経済的に自立しておらず、夫に頼らざるをえなかったからです。
7. ②彼は行動がのろいし、またきわめてまじめときているので、しょっちゅう徹夜をし、昼間はいつも居眠りをしています。
8. ②大壮は小さいころから力持ちで、五十キログラムあまりの袋を片手で持ちあげるとすたすたと歩き出し、まるで遊んでるようだった。
9. ②へとへとに疲れたけど、彼らは一眠りすると回復した。
10. ②彼女は君のお母さんで、小さい頃から手塩にかけて君を育ててくれたっていうのに、どうしてこんなことができるのか。
11. ②私たちは小さい頃から一緒に大きくなった友達です。今は彼に友達の慰めと励ましが一番必要な時なのです。私が行かずにどうして申し訳がたちますか。
12. ②いくら彼のことが嫌いで、面倒だと思っても、やはりお客さんなんだから、門前払いを食わせるわけにはいかないよ。③姉は「彼のことが気に入らないなら、今度また来たら門前払いを食わせてやるけど、どう？」と言った。
13. ②彼女は「彼女に何人か男の人を紹介してあげたことがあって、みんな立派な人ばかりなのに、ただ彼女の好みではなかった」と言った。③これらの提案はどれも素晴らしいものなのに、なぜだかわからないが彼らの好みに合わないようで、一つも採用されなかった。

14. ②副支配人を担当させられると聞いて、彼は心中面白くなかった。自分はアメリカから帰国した留学生なのに、ここで他人の下働きをさせられるなんて本当に冗談じゃない。
15. ②一番上の姉は勝気で、夫と離婚してからは一人で父とも母ともなり、三人の息子を大学生にまで育てあげました。
16. ②小紅が私を見かけると、「ねえ、どうしてあのスカートもう穿かないの？」とたずねた。私はふてくされて言った。「だって、あのスカートのせいでお母さんから深夜まで叱られたの。どうしてもスカートが短すぎると言い張って、穿かせないのよ」。
17. ②私は笑って彼女に言った。「思うんだけど、あなた絶対彼に気があるでしょう。そうでなきゃどうして彼のことばかり私に聞くの」。
18. ②バス停まで来てみんなびっくりした。バスを待っている人たちが長い列を作っていたのです。母が一番目にしり込みをして言った。「あらまあ、こんなに大勢いるなんて、いつになったら乗れるかしら。もうやめよう、行くのをやめましょう」。
19. ②王先生が言った。「天気が悪かったので授業には出なかったなんて、理由にならないね」。
20. ②彼はもともと教師なので、彼にしてみれば会社で業務管理をするのは全くの畑違いで、仕事をしながら勉強しなくてはいけない。
21. ②私は言い終わって王さんの顔色がとても悪いのに気づいた。自分の言い方があまりに直接すぎたのだと分かり、自己嫌悪におちいった。
22. ②その当時は郷里があまりに貧しかったので嫁ぎに来たい女性はいないし、地元の女性は遠くへ嫁いでしまうし、独り身の男が少なくなかった。

[練習問題解答]

一、(1) 潘進は陳松が最近羽ぶりが良くなってきたのを見て、ぜひとも彼に息子の就職の口をきいてもらおうと思った。何と言っても、陳松の今日あるのは彼の推薦があってのことなのだから、日を選んで、酒席を用意し、陳松をもてなすつもりでいた。ところが、今朝陳松を見かけて声をかけたのだが、彼が口を開くなり陳松に断られてしまい、味気ない思いに腹が立って、胸の内で長いこと悪態をついた。(2) もし遠方へ出かけるのなら、それっぽっちのお金では話にならない。往復の旅費にも足りない。どこか近郊に出かけたほうがよい。でも、たとえ近郊に出かけるにしろ、控えめにするべきで、高級なところなどに泊まってはいけない。(3) 君が仮説として考えたこの前提は真実ではないし、不可能だ。ゆえに、この前提から導き出された君のいかなる結論も成り立たない。

二、(1)⑤、(2)③、(3)⑥、(4)⑦、(5)⑧、(6)①、(7)②、(8)⑨、(9)④

三、(1) 他当过举重运动员，拿这些行李玩儿似的 (2) 他们俩常常闹别扭，可说好就好 (3) 说发火就发火 (4) 还说呢，样子那么土，叫我怎么穿得出去？(5) 还说呢，你那把椅子让我绊了一跤 (6) 哪儿啊，这儿的饭菜实在不对我胃口 (7) 我前些天去找他，也吃了闭门羹 (8) 是不是对你有意思？

## 第十一課　日本語訳

（周さんが定年退職した李師匠の家を訪ねてきました）

李師匠：周さん、これは珍客ですね。さあ、ウリの種もあれば、みかんもある。どうぞ、ご自由に。ちょっとお茶を入れるから。

周さん：どうぞお構いなく。李師匠、新しいお家は本当にきれいですね。おや、家具も全部新調したんですね。

李師匠：前の家具はどれもぼろぼろだったから、引っ越してすぐに息子に一切合財処分されてしまった。最初はちょっと惜しい気もしたんだが、思い切って手放すことにした。古いものを捨てないと新しいものは買えない。捨てるべきものは捨てる。残しても何の役にも立たない。それに、この真っ白な新築の家に古い家具を並べてみると確かに不似合いだ。

周さん：このリビングは本当に広いですね。三十平米以上あるでしょう？　こうなるとお客さんが八人来ようが十人来ようが座れますよね。

李師匠：そうですね。昔は三世代が一つの部屋に暮らしていて、食べるのも寝るのもそのひと間の部屋でしたよ。今はリビングはリビング、寝室は寝室、こんなことは昔は考えもしなかった。どうだね、周さん、初めてでも、探すのに手間取らなかったでしょう。

周さん：まあね。でも、ここの建物はみんな同じような造りなので、もし番地を知らなかったら探しにくい。あっ、そうだ、李師匠、工場長が近いうちに時間を割いて一度工場に戻って来てくれないかとのことです。

李師匠：かまわないよ。それで、この新しい工場長は前の連中とは同じ類じゃなかろうね。劉副工場長らと同じ考えを持ってほしくないな。もしそうであればわが工場はもう救いようがないよ。

周さん：「着任早々の役人は万事派手にやる」と言うけど、この新工場長は来てからまだ一度も大きな集会を開いていない。ただこの人、あの人と訪ねて話をするだけです。彼がいったい何を考えているのか誰にも分からない。

李師匠：今度こそは上層部が誤った判断をせずに、レベルの高い、能力のある工場長を派遣してきたことを願うばかりだ。これまでの工場長のやつらがわが工場を台無しにしてしまった。よその工場はますます発展しているっていうのに我々は倒産に瀕しているんだ。

周さん：劉副工場長らは新工場長をカラオケに誘ったが、きっぱり断られたそうだ。おべっかばかり使うあいつらももうだめだろう。新工場長はそういうやり方には乗らないよ。

李師匠：そりゃあいい。あの連中は本当に憎たらしいやつらだ。工員たちが三度の食事にも事欠こうかというのに、あいつらは毎日贅沢三昧、工場の金を金とも思わず、毎日、ナントカOKやら、ナントカ海鮮やら、まったく工場の穀つぶしだ。

周さん：その通りです。みんなちゃんと見てはいても誰も文句一つ言えない。第二作業場の張之明さんがあいつらにちょっと不満をこぼしただけで、因縁をつけて張さんをリストラに追いやった。これこそ見せしめじゃないか。

李師匠：やつらがずっとこのままでいられるとは思わない。この連中はウサギのしっぽで、長くはない、先はないよ。今は楽しそうにやっているがそのうち泣く日が来るさ、今に見てろ。

周さん：新工場長は学歴がけっこう高いそうだが、学歴と能力をイコールで結ぶことはできないよ。いったいこのひどいありさまの工場の収拾がつけられるかどうか、今はまだ分からない。

李師匠：いい工場長であれば、工員たちも望みが持てるよ。

[例文解釈日本語訳]
1. ②小麗は「またあなたの古臭い恋の物語、もう八百回にもなるんじゃないかしら。聞きたくないわ」と言った。③これらの図表はすべて彼があの古臭い486（パソコンの型番）を使って作った。丸々一週間もかかった。
2. ②彼女は何人か連れてきて部屋の中のものを何もかも持っていってしまい、お箸一膳

すら残さなかった。
3. ②彼女のこの手紙を読めば読むほどますますおかしいと思う。いつ彼女にセーターを買ってあげたのか、どうして私にセーターのことでお礼を言うのか、まったく身に覚えがない。
4. ②行く前に地図をちゃんと見て、道を間違えないように。③あそこには以前行ったことがなかったし、道を尋ねても方言で相手の言うことが分からないし、さんざん無駄な遠回りをした。
5. ②私は張さんがひとこと公平なことを言ってくれるだろうと思ったのだが、なんと彼はあいつらと同じ類の輩で、ひたすら出世ばかりを考え、我々工員のためにものを言おうなんて思ってもいなかったのだ。
6. ②李さんらは決してほめられた人間じゃない、やることは悪事ばかりだ。決して彼らと一緒になってはいけないよ。
7. ②試合終了まであと五分しかない。得点は3対0。今や青年チームはどうやっても挽回できない。③李じいさんは指をその若者の鼻の下にあてて計ってみると「まだ救いようがある！ 早く酒を持って来い」と言った。
8. ②王主任は何も言わずに、ただぼろぼろになった本を一冊カバンから取り出して机の上に置いた。みんなは互いに顔を見合わせ、彼が何を考えているのかその真意をはかりかねた。
9. ②おばあちゃんは笑いながら、「小強はまだ子供だね、たいしたことは何にもできない」と言った。清蓮が「それはおばあちゃんの見間違いだよ。小強はたいしたものだよ。ほかのことはとにかく、この感謝状を読んでごらんよ」と言った。③お前たちは用心をおこたるな。もしもうっかりして、劉の野郎を逃したら、俺たちも平穏には暮らせないぞ。
10. ②姉の夫が彼が机に置いたお金を地面に投げ捨てるのを見て、彼の顔面は蒼白となり、また怒りで赤くなった。確かに彼が親切心で姉の夫にお金を届けにやって来たのは、姉の夫の歓心を買うためだったが、なんときっぱり断られてしまった。
11. ②工場長の奥さんが朝食レストランを始めると、金橋は毎日その店で朝食をとることにした。同僚たちは、金橋は工場長にうまくおべっかを使っているのだと陰口をたたいた。③劉さんが言った。「張さんはほかのことはだめだけど、人におべっかを使うのはうまい。この前などは院長のへたくそな字を、彼はなんと家に持ち帰って飾りましたよ」。
12. ②彼女が舞台に立つ番になって、彼女は扇情的な歌謡曲を歌った。しかし、愛国心に燃える聴衆には、彼女がどのように色っぽく歌って気を引こうとしても、艶っぽい歌謡曲は人気がなく、聴衆は彼女に冷たかった。③詐欺師たちの手口はそれほど巧妙とは言えなかったが、意外にも順風満帆で、いたるところでうまくいった。ということは騙された人々の頭がいかに単純であったかを物語っている。
13. ②来客がカバンの中から腕時計を二つ取り出して机の上に置いた。王さんはすぐにその意図を察し、立ち上がって言った。「君のものを持っていきなさい。こんなやり方はほかの人ならいざ知らず、私には効き目がないんだ」。③私はずいぶん彼女の機嫌をとるようなことを言い、また若い女性が喜びそうな品もたくさんあげたのだが、彼女はまったく受け入れてくれなくて、何を言おうとこの手紙を届けてくれようとはしなかった。
14. ②私の知っている限り、村の人々はみんな裕福とは言えないが、三度の食事に事欠くほどの貧しさでもない。
15. ②母がいつも父に注意して言うには、「あなたは血圧が高いのですから、もう肉類をたくさん食べてはいけません。野菜や豆腐を多めに摂りなさい」。

16. ②彼は祖先が残した財産を売り払えば人々に不肖の息子と見られ、近隣の村の人に放蕩息子という恥ずかしい評判を残すことになるのは分かっていた。
17. ②その男は拳銃を片手に脅かした。「言うとおりにしろ。もしイヤだというなら、その足をへし折ってしまうぞ」と。
18. ②彼はやって来るとすぐに私たち二人のボーナスをカットした。理由は出勤が十分遅れたからだ。これは見せしめであって、気をつけろ、ばかにするなという皆への警告だ。
19. ②彼は目の前の張局長をばかにしていた。自分は大卒なのになんでこの何も分かっていないやつの指図を受けないといけないのか。今に見ていろ、いつか今の立場を逆転してやる。③孟輝：もう言うな、君たちが協力したくないのならただではおかないぞ。王大力：ただではおかないってどうするんだ。言っとくがな、もしあの悪党どもとぐるになって悪事を働こうって了見なら、本当に告発するぞ。孟輝：今に見てろよ。
20. ②愚昧と落伍は常に等号で結ばれるし、双子であるとさえ言えるだろう。
21. ②その時、会社はまだ銀行に数百万の借金があったが、彼はこんな乱脈を極めた状態を後任者に残していた。
22. ②そのうちに友人たちは少しずつ様子が分かってきたので意識して彼ら二人きりになる機会を作ってあげた。みんなは二人がなかなかお似合いだと思った。
23. ②早魃が三年続いて、作物どころか飲み水さえ危なくなった。年寄り連中は寄り集まっては「もう少しも望みがない」と首をふってため息をついた。

[練習問題解答]
一、(1) ①、(2) ⑩、(3) ⑦、(4) ②、(5) ⑧、(6) ⑪、(7) ⑤、(8) ⑥、(9) ⑨、(10) ③、(11) ④
二、(1) 糟糕透了，我走了冤枉路了 (2) 他们是一路货 (3) 当着李主任的面，谁敢说半个不字啊？ (4) 让我拍马屁？ (5) 我看走眼了 (6) 那好，咱们走着瞧吧 (7) 爸爸不吃这一套 (8) 我看了半天，也没看出眉目来 (9) 有学问和有道德可不能画等号 (10) 你别把我和他们画等号

## 第十二課　日本語訳

(鉄軍さんが道で昔の同級生の強子さんに出会いました)
鉄軍：強子さん！　君か。
強子：鉄軍さん！　ここで会うなんて。おや、ちょっと太ったんじゃないか。会社がうまくいってるんだね。
鉄軍：いやそれが大変でね。会社はここ二、三年ずっと青息吐息で、いつ倒産するかも分からない、君のような大手の会社とは比べものにならないよ。最近ずいぶん忙しそうじゃないか。全然連絡が取れないし、僕の結婚式にも顔を見せない。ずいぶんひどいじゃないか。同級生に免じてということじゃなきゃ、拳骨を一つ二つお見舞いしたいところだ。
強子：おっと、出張でね、一度出ると一ヵ月以上だ。ほら、一昨日帰ったばかりなんだ。そうでなきゃ何があっても顔を出してるよ。でも、祝い酒は取っておいて、息子さんが生まれた時に一緒に飲もう。あ、そうだ、名刺を一枚渡しておこう。僕の携帯電話の番号があるから、これからは何かあればすぐ連絡がつく。
鉄軍：へぇ、大変身したね。どれどれ、うん、デザインがなかなかいい。君は毎日朝から晩まで出歩いてるから、携帯があれば、奥さんも君を遠隔コントロールしやすくなってわけだ。

強子:とんでもない。しくじるのが怖くなったからだ。事務所には電話が一台しかないし、得意先から何度も電話があって、僕が不在となれば仕事がとどこおってしまう。それで決心して買ったわけだ。携帯があると便利だよ。君も一台買ったら。
鉄軍:私は君みたいに毎日東奔西走するわけじゃないから、そんなもの買っても使い道がない。君が持っていればこれから君を捜すのに便利だ。
強子:でもね、長電話をしないでくれ。そうでないと月々の電話代が大変なことになる。
鉄軍:たしかに。電話代が高すぎると、家に帰ってまた奥さんに叱られる。そうそう、君は毎月の給料をそっくりそのまま渡しているそうで、みんな君のことを「模範亭主」と褒めているよ。
強子:僕を褒めるって？　面と向かって「恐妻家」と言えばいいのに。君たちはね、僕のことを笑いものにしてばかりいるが、そちらが僕と同じにならないとは限らないよ。ところで、馬朋夫婦が離婚したそうだが、いったい何が原因なんだい？
鉄軍:知るものか。実際、馬朋は強情を張り出すと本当に手に負えない。でも彼の奥さんもけっこうはげしい。二人が一緒にいると角突きあわせているようなもので、離婚すると騒ぎ出して随分日が経つが、みんなただ口先だけだと思っていたんだが。今回は本当にその気になったとはね。
強子:夫婦の間に手に負えないほど深刻な矛盾などあるはずもない。打ち明けて話し合えばすむことじゃないか。君は彼をちゃんと説得すべきだよ。
鉄軍:簡単に言うけどね、彼の性格は分かってるだろう。とことんまでやらないとすまない人間なんだ。それに、家庭の揉め事は他人には処理できないって言うだろう。私が行って何を言うんだい？
強子:それはそうだけど。馬朋ってやつはいい人間なんだが、ただ気性があまりにも……。
鉄軍:もう彼のことはよそう。君の会社と我らが母校との合弁事業が盛んになっているそうじゃないか。しっかりやれよ、母校の面子をつぶしてはいけないよ。
強子:僕を誰だと思ってるんだ！安心したまえ。これから先何か手伝うことがあれば、ひとこと言ってくれればやってあげるよ。
鉄軍:よくぞ言ってくれた。いつかリストラされたら君のところで走り使いをやらせてもらっていいかい？

[例文解釈日本語訳]
1. ②このレストランは半年の間に支配人が三人変わったし、腕のいい料理人もみんないなくなったし、店の商売は息も絶え絶え、客もどんどん減っていて、すぐにも店じまいしそうな状態だ。
2. ②王さんが不満そうに「君もけっこうひどいよ、みんながやり終わるころにやっと来るなんて」と言った。③私たちは口々に「小路、ほんとうにひどいよ、いい仕事を見つけたのにみんなにおごらないなんて」と言った。
3. ②「いったいどういうことなんだ？　死を前にした人間に免じて、真相を教えてくれ」と院長が彼に懇願した。③彼は行きたくなかったが、娘の顔を立てて、結局出かけた。娘を困らせたくなかったからだ。
4. ②二番目のおばにはいくら考えても納得がいかない。どうして若い女の子も警察官になれるのか。③私は歯を食いしばり、この時こそどうあっても気持ちを落ち着かせなければならないと思った。彼らが私を見ているのだ。
5. ②大劉は支配人になってから、持ち物を新調した。長年親しんだ自転車を捨て、小型

のマイカーを買って乗り回し、得意満面だ。
6. ②彼女は朝から晩までやることがなく、誰かが一緒におしゃべりをしにくるのを心待ちにしている。③穆さんは朝から晩まで大変忙しいのはもちろん、ちょっと太ってもいるので忙しさで息切れするありさまだ。
7. ②プールの横に立ったが、彼女は飛び込む勇気がなかった。周りの同級生はみんな飛び込み、彼女だけが残った。みんなが拍手をして彼女に声援を送り、彼女は目を閉じ歯を食いしばって飛び込んだ。
8. ②彼らはセールスをしており、毎日あちこち歩き回るので、北京の大小の通りや路地にとても詳しい。③彼は事務所に座っているのが嫌いで、昔のようにあちこち走り回りたいのだが、妻になかなか理解してもらえない。
9. ②この女性たちは勤めに出る必要がなくなると、最初は毎日家でテレビを見るか長電話をするかどちらかだったが、そのうちにだんだんこのような生活がつまらないと感じるようになった。
10. ②夫がなくなってから、家にはまだ物心がつかない子供が三人いる上に病弱な姑もいて、そのすべてが彼女一人の肩にかかり、生活がほんとうにたまらない。
11. ②貧しさのために彼女は実家に帰る勇気がない、兄嫁に白い目で見られるのが怖いし、耳に痛いことをあれこれ聞かされるのも怖いからだ。③小さい頃、彼はよくまま母から邪魔者あつかいされたが、そんなことにはお構いなく彼は大きくたくましい青年に成長した。
12. ②お客さんを呼ぶことについて、彼は困り果てている。人に「恐妻家」と笑われるのも嫌だし、妻の機嫌を損ねて暮らしがうっとうしくなるのも怖いからだ。
13. ②君が彼にそんなふうに話したら、罵声を浴びて追い払われるかもしれない。③彼の言うことを君が信じるのか？　言っていることの十のうちせいぜい一つか二つはほんとうだろうけど、時には一つもないかもしれない。
14. ②母が私に「家では何とでもなるが、外に出たら何かあるとすぐにかんしゃくを起こしたりしてると絶対損をするよ」と言った。
15. ②老工場長にこう言われて、女性たちはみんな反発しはじめた。工場長の考え方は古くさいし、女性をばかにしていると言うのだ。
16. ②彼らは時々些細なことで激しくいがみ合い、最後はいつも父親がやって来て二人を叱りつけ、二人は静かになる。
17. ②馬師匠の胃の痛みはもう長いこと引かないが、彼は気にしなかった。
18. ②姉は以前も仕事をやめると何度も言ったけど、ただ口で言うだけでした。今度はどうやら本気になったようです。
19. ②馬威さんが目を剥いて言った。「どうして家のことを持ち出してはならないのか？　このことはずいぶん長い間腹にためていたが、今日はどうあっても打ち明けて、はっきりさせなきゃいけない」。
20. ②「彼らに借金があるってことだろう？　返せば済むことじゃないか」と言うと、李お姉さんは「ずいぶん簡単に言うわね。一万元あまりなのよ。どこへ行けばこんな大金を工面できるって言うの？」と言った。
21. ②私のおじいちゃんはずっと父が離婚することは彼の顔に泥を塗ることだと思い、断固として反対してきた。そしてもし父がどうしても離婚するなら彼はもう息子ではないと言い放った。
22. ②李大山が後ずさりしながら言った。「私はただの人間じゃないんだ。私をどうする

気だ?」
23. ②合格証がほしいだけのことなのか? 心配しなくていい。私の一言で明日のうちにちゃんとやってあげるから。③叔父があの会社の社長なのだから、僕があの会社に入りたいと思ったら、一言ですむことじゃないのですか。
24. ②彼にはとてもじゃないが、納得できなかった。自分は大卒なのに、なんと小学校さえも終えていない人間の下で働くなんて、冗談じゃない。③張さんが「下働きも大切な仕事です。私は支配人とはいえ、君たちの助けがなければ、私一人では何もできませんよ」と言った。

[練習問題解答]
一、(1) 私は彼女の家の玄関口で立ち止まり、高まる緊張を抑えようと努めた。今日はどうあってもこの花を彼女に手渡すのだ。(2) 彼に贈り物をする人間はとりわけ多い。なぜならその人間の綿花が一級か二級かは、彼の一言で決まるからだ。その一級二級の差は一斤あたり四元にもなる。(3) 呉双がまた階を上がってきて私を呼んだが、私は寝たふりをして取りあわなかった。彼がドアの外でこう言った。「恵珠、起きろよ、僕が自己批判するからどうだい。僕たちがほんとに悪かったよ、この数日君をひとりで家に放っておいたりして」。(4) 王大発が言った。「老四、充分休んだろう、出かけて少しは仕事を探したらどうだ」老四が言った。「今日は友達をふたり待つんだ」。王大発はちょっと考えて言った。「老四、俺たちはたがいにはっきりさせよう。これからは、君は家でごろごろしてただ食いすることは許されないのだ」。
二、(1) ② 、(2) ④ 、(3) ⑦ 、(4) ⑥ 、(5) ⑧ 、(6) ① 、(7) ⑩ 、(8) ③ 、(9) ⑤ 、(10) ⑨
三、(1) 你说得轻巧, 请保姆那么容易?!(2) 看在我的面上, 你帮帮他吧 (3) 这下可够郑老师一呛的 (4) 这回动真格的了 (5) 别给学校抹黑 (6) 我是谁呀, 妈妈放心吧 (7) 我一咬牙, 就跳下来了 (8) 我换女裤, 非挨售货员的白眼不可 (9) 他犯起脾气来, 吓人着呢 (10) 他是有名的"气管炎"

## 第十三課　日本語訳

(朱明が仲良しの衛国にばったり出会いました)

朱明:衛国、王先生の家に行くと言ったじゃないか。こんなに早く戻ってきたのかい?
衛国:違うよ。まだ行っていないんだ。本当についていない。さきほど自転車で、手前の交差点まで行ったところで、ぶつけられて倒れてしまった。自転車もだめになって、もう乗れない。
朱明:バスで行けば何も問題ないのに、なんでわざわざ自転車で行くの。今は人も車も多い時間帯だから、自転車で行くと聞いてはらはらしていたんだ。まあ、怪我しなかったのは不幸中の幸いだな。
衛国:あいつはまったくひどい。ぶつけておきながら一言も言わずに、さっさと逃げやがった。近くに野次馬も多かったが、誰も助けようともしない。ほんとうに腹立たしい。
朱明:そういう連中とはやりあわないほうがいい。今はみんなだいたい余計なことにかかわりたくないんだ。世話を焼いて却って面倒なことになるのが心配なんだ。この前など一人のおばあさんが転んで倒れたので、親切心から家まで送ってあげた。ところがなんと私がおばあさんにぶつかったんだろうと言われて、愕然としたよ。
衛国:まあ、ぼくは今はもう怒りはおさまったけど、ただ名状し難い気分だね。どうやら、明日のコンサートにはやはりバスで行ったほうがよさそうだ。

朱明：チケットを手に入れたのか？　結構コネがあるよね。
衛国：コネなんてないよ。すべて僕の弁舌さわやかなおかげさ。ぼくはガールフレンドにどんなチケットでも手に入れると大見得を切った。そこでだ、ぼくはチケット売りと長いこと親しげに話しこんで、やっと二枚手に入れたってわけさ。こうして、チケットを手に入れてやっとほっとしたよ。さもないと彼女の前で面子丸つぶれだ。
朱明：ますますわけが分からなくなった。ガールフレンド？　誰のことだい。ぼくがどうして知らないんだ？
衛国：李文竹、新しく来た大学院生だ。
朱明：道理であの院生の女の子たちがやって来るとすぐに打ち解けていたんだ。下心があったんだな。兄弟、よくやるよ。君はほかのことは生かじりだけど、女子学生との付き合いはほんとうにたいしたものだ。でも、また前みたいに振られないように、しっかり追いかけなきゃ。しかし、李文竹が君のことを好きだと、このぼくがどうして気づかなかったのかな。片思いじゃないのかい？　そうなら、早くこんな機嫌を取るようなことはやめたほうがいい。結局は竹カゴで水を汲むようなもので、何も残らないよ。
衛国：君はそうやっていつも冷水を浴びせる。
朱明：あ、そう言えば、この前君が王先生の娘さんと熱々でいるところを見かけたよ。気をつけるんだな、二股をかけるんじゃないよ。
衛国：どうしてぼくのことをそんなに悪く考えるんだい？　王先生の娘さんとはただの友達だよ。言っとくけど、来年、大学院の試験を受けるつもりで、もう参考書も買いそろえた。そうだろ、相手は大学院生なんだから、ぼくも少なくとも大学院生でなくちゃね。
朱明：そいつはけっこう。でも、ぼくは信用しないがね。君のことはぼくが一番よく知っている。何をしてもかけ声ばかりで実行したためしがない。
衛国：今度こそは、本気だ。このぼくがただ口先ばかりの人間であるかどうかちゃんと見てもらうよ。
朱明：おやまあ、愛の力はまことに大いなるもの、だね。

[例文解釈日本語訳]
1. ②王応山が舞台に上がって歌い始めたが、緊張のあまり少し声が震えていて、歌詞を忘れてしまったかとみんなはらはらしていた。
2. ②彼女は出かけたかったが、目を上げると父が玄関に立っていたのでびっくりしてすぐに考えを変え、小ねずみのように一目散に自分の寝室へ潜り込んだ。③一台の車があっという間に独身寮に着いた。車から中年の男が降りてきた。
3. ②庭にはお客さんのほかにたくさんの子供も立って見物をしていた。
4. ②劉さんはしきりに「すみません、すみません、この人は飲みすぎでだらめを言ったのです。ふだんはこんなんじゃありません。どうか彼のことを大目に見てやってください。帰ってから私たちがちゃんと言ってきかせますから」と言った。③いとこが納得しかねるというふうに「君は男だろう？　どうして女と言い争うのさ。彼女がわめいても相手をしなけりゃ済むことじゃないか」と言った。
5. ②彼はまだ十九歳だが、果樹についてとても詳しい。ある時林業学校の学生が見学にやって来て彼がガイドを担当したが、その解説に学生たちは言葉を失うほどびっくりして、しきりにメモを取っていた。
6. ②みんな彼ら二人が抱き合って泣いているのを見ると、名状し難い気分になったが、何を言えばいいのか分からない。

7. ②偉業は農村に四年間住みつき、上海へ帰るコネがなかったために現地で結婚し、今ではレストランの支配人をしている。③劉看護婦がこっそりと私に転職の手づるがあるか聞いてきた。看護婦の仕事はきつくて収入も少ないと言った。
8. ②朱さんはそれを聞いて二人に言った。「私ができることと言えば文章を書くことくらいだ。ほかのことは分からないし、弁舌もたくみではない。議長になどなれるはずがない。ほかの優れた方にお願いしたほうがいい」。言い終わるとさっさと立ち去った。
9. ②「私は十年以内に全国をくまなく歩き回り、各地の名物を味わいつくす」と李非が野心に燃えて大言壮語した。
10. ②宝慶が作り笑いをしながら運転手に親しげに話しかけてタバコを勧め、かなりのお金を握らせて、ついでに家族を温泉まで連れて行ってくれないかと頼むと運転手は喜んで承知した。
11. ②彼ら一家が静かに朝ごはんを食べているのを見て、白隊長はやっとほっとした。もし本当に何かあればけっしてこんなに静かに朝食がとれるはずがない。
12. ②彼の返事は礼儀正しく、また物言いも穏やかだったが、小麗の要求はみんなの前で突っぱねられたので、彼女はいささかきまりが悪くなって、顔を真っ赤にした。③その子供が走って行って、「パパ」と呼んだので、近くの人々が大笑いした。その女性はその光景を見ると、決まりが悪くて、さっと子供を引っぱり、子供の鼻をつつきながら「その人はお父さんじゃないのよ」と言った。
13. ②老人がため息がついて「君には小棠という娘がいるでしょう」と問いかけるその一言がさっぱりわけが分からないので、うなずいて黙っていた。③丁書傑が大笑いしたが、王さんはさっぱりわけが分からず、何がおかしいのか分からなかった。
14. ②この職場はたくさんの若者がいて、かれらは親切で、さっぱりしていて、時事問題に関心を持っており、文芳はやって来てすぐに彼らに溶け込んだ。
15. ②わが工場は小さくて、優秀なエンジニアを雇うことができない。白老人の次男が一、二年しか学んだことがなく半可通とは知っていたが、しかたがなく彼を呼ぶしかなかった。
16. ②青青が笑いながら「あなたは本当に大したものですね。まだ何も言っていないのに、言いたいことがもう分かったなんて」と言った。③李先生は本当にすごいです。あんなに難しい問題を、簡単な言葉ですぐ分かるように説明してくれました。
17. ②小麗が家に帰ってサッカーチームに入りたいと言い出すと、母が冷水を浴びせて、女の子がサッカーをするなんてでたらめもいいところだと言った。
18. ②この時文博士はすでに麗琳さんと熱々の仲になっていた。二人は毎日一緒にいて、もうほかのことなどどうでもいいようで、事務所にさえめったに現れなくなった。
19. ②「こういう時はどちらか一方にちゃんとつくべきで、二股をかけるのはまずい。君が斉暢さんの家に行ったことがもし会社の人に見られ、報告でもされたら、面倒なことになりはしないか」と高秘書が言った。
20. ②喧嘩にかかわったのが他でもなく総支配人の甥だったので、会社は最初厳しく処分すると言っていたのになかなか実行しない。そのうち上司たちはこの件を話題にしなくなった。③おばあちゃんが言った。「あなた小剛をちょっとなだめてあげて、もう長いこと泣いてるから」。私は「とりあわないで。聞いてもらおうとわざと大泣きしてるんだから」と言った。
21. ②私の言うことをしばらく黙って聞くと、彼女は最後に冷たく言った。「べらべらしゃべらなくていいわ。何を手伝ってほしいのかストレートに言いなさい」。

[練習問題解答]
一、(1) ④、(2) ⑩、(3) ⑥、(4) ①、(5) ⑧、(6) ③、(7) ⑤、(8) ②、(9) ⑨、(10) ⑦
二、(1) 你不该给他们泼冷水 (2) 别跟小孩子一般见识 (3) 不行, 你别跟我套近乎 (4) 不过他干什么都是雷声大雨点儿小 (5) 他非得做好不可, 他已经跟领导夸下海口了 (6) 就打得火热, 太不像话了 (7) 不过是个半瓶子醋 (8) 想不到, 你们还真有两下子 (9) 总算一块石头落了地

第十四課　日本語訳
(お昼ごろ小麗と同僚の芳芳が食事をしながら世間話をしています)
小麗：芳芳、あなたたちの今回の南方旅行、楽しかったでしょう？
芳芳：痛いところを突くようなことは言わないで。今回の旅行に触れられるととにかく腹立たしくなるわ。無駄なお金をどっさり使ったばかりか、腹をたてさせられたり、つらい目に遭ったり、散々だったわ。
小麗：ほんとに？　テレビで見たけど、観光地によっては黒山の人だかりで、どこも人だらけね。
芳芳：その通りよ。野生動物園に行った日は、たっぷり三時間以上並んでようやく数匹のライオンやトラにお目にかかれたんだけど、もともと並ぶ気なんかなかったの。でも遠くからやってきて見ないとなると、なんかすごく損をする気がしたから。ほんとに、今回はタイミングが悪すぎたわ。ふだんだと、多くても毎日せいぜい数十人くらいだそうだから。
小麗：実際どうしてみんなわっと「五月一日（「メーデー」の休日）」に遊びに出かけるのかしら？　私はそんな騒ぎには加わりたくないわ。
芳芳：そうね。今回私は、散々痛い目に遭ったわ。もともと休暇を利用して、ちょっと出かけてリラックスするつもりが、ほんとに、出勤よりも疲れるなんて。いったいなんということかしら。
小麗：なんと言おうと、大いに視野を広げたんだから、少しくらい疲れても引き合うんじゃない。
芳芳：南方はね、行く前はどうしても行ってみたいと思ったんだけど、実際に行ってみたらそれほどでもなかったわ。たくさんの観光地があんなに良い、こんなに良いと宣伝するけど、実際に行ってみるとどこもまあこんなものかと思う程度だわね。
小麗：南方から帰ってくる人はみんな何かしらたくさんの荷物を抱えて帰ってくるけど、あなたたちは何かいい物を買ってきた？
芳芳：少しお土産を買って贈り物にと思ったんだけど、あちこち歩きまわっても珍しいものは見当たらないし、どれもありふれたもので、とても人にあげられるものじゃない。結局、きっぱりと何も買いませんでした。
小麗：そうね。今は何でも北京で買えるのよね。あ、そうそう、秀文さんが来月結婚するんだけど、大きなホテルで結婚式をするそうよ。結構かかるんじゃない？
芳芳：あの人は、面子ばかり気にして、しょっちゅう無理なことをしているわ。言い聞かせたこともあるけど、聞く耳もたないのよ。彼女の新しい家を見たでしょう？　家の中は輸入電化製品一色、それも全部あちこちからかき集めたお金で買ったものなの。
小麗：面子のためにあちこち借金するなんて、何もわざわざそんなことをしなくてもいいのに。それはそうと、もしご祝儀を出すのならどのくらいにすればいいかしら。

37

芳芳:みんなに合わせれば。様子を見てからにしましょう。今度の研修にまたあなたが入ってないそうだけど、どういうこと？
小麗:フン、私がおとなしいと思って、弱いものいじめをするなんて、そんな簡単にやられてたまるものですか。私は絶対納得できないわ。明日張主任に会って、理由をちゃんと説明してもらうわ。張君は私よりずっと後から入ったのに、なぜ彼を選んだのか。
芳芳:あの人には後ろ盾がついているのよ。張主任は何事もあの人に遠慮しているじゃない。
小麗:なんて不公平なの。道理が通らないなんて信じないわ。
芳芳:そんな考えさっさと捨てることね。長いものには巻かれろでしょ。
小麗:そう言われると、却ってやってみたくなるわ。
芳芳:おやおや、いさめるほど張り切るのね。

[例文解釈日本語訳]

1. ②もともと最初のころは雰囲気もよかったし、兄さんの顔にもちょっと笑顔が浮かんだりしていたが、思いがけず小鵬がまたよりによって、商売のことを話し始めたとたん、兄さんはたちまち興味を失い、さっさとその場を立ち去った。
2. ②家に帰ると部屋は散らかしっぱなし、夫と息子はテレビの試合中継に夢中、彼女は無性に腹立たしくなって、手にした野菜を力いっぱいゆかに投げつけた。
3. ②母は私たちを散髪屋に連れて行ってくれたことがない。あんなことはお金の無駄使いで、彼女自身が散髪するほうがよほどうまいと言っている。
4. ②私たちの車が村の外れにやって来ると、そこは一面の野草で、人影ひとつとしてない。まるで無人の世界に来たかのようだ。
5. ②こんなにたくさんの人が小さな部屋に詰め込まれており、その上タバコを吸う人もいるので、窓を開けてもやはり息苦しく感じて、こっそりと外へ抜け出した。③息子が彼と喧嘩して家を出てからは、彼は気が塞ぎっぱなしで、食事もおいしくなくなった。
6. ②彼は玄関先まで来てふと、今入るのはタイミングがよくない、もう少し待つべきだと思った。③二番目の姉がいい時に来てくれた。彼女が来ると緊張した空気がたちまち和らいだ。
7. ②彼らは家を出てからめったに帰ってこない。年にせいぜい一、二回です。
8. ②廊下からざわざわと足音が聞こえてきた。どのクラスが教室からグラウンドに出るのだろうか。「さあ、早く！」と担任の先生があわててみんなを促したので、生徒たちがどっと教室から溢れ出た。
9. ②瑞豊さんはにぎやかな雰囲気が好きなので、ふだん親戚や友人の家にめでたいことがあれば必ず顔を出すし、人の家の葬式でさえ彼は欠かせない存在だ。③この数日彼女は体調が悪く、食事の用意でさえ大変なのに、よりによって住んでいるぼろ家も厄介をかけて、雨が降ると、部屋は雨漏りが絶えない始末だ。
10. ②おじいさんがその二頭の羊は地元の品種ではなく、「コーカサス」だと、私に教えてくれた。羊を見ると、すごいのなんの、小型のロバよりもでかい。③彼の目の前に出現したのは一面のきのこだった。彼は有頂天になり、胸が高鳴った。「すごいなあ！ こんなにたくさん！」彼はどのきのこから手をつければよいのか見当もつかなかった。
11. ②馬瑞はぷんぷん怒って「私と夏清とは何でもないのよ、普通のクラスメートです。勝手に推測しないでよ。お父さんでしょう。いつもこんな冗談ばかり言って、なんということなの」と言った。
12. ②一年後我が家はようやく3DKの家を割り当てられた。母や弟は生活条件が格段に

よくなったと言うのだが、私にしてみれば別に大したことはなく、住宅事情のよい人とは比べものにならない。
13. ②高松はそれを聞くと、口をへの字に曲げて言った。「何かお考えがおありだと思っていたのですが、それくらいのことだったのですか」。③その女の子が右足を上げて、かかとで彼の胸を突くと、彼は体を支えきれずに、仰向けになって倒れた。その女の子は笑いながら「あなたはチャンピオンじゃないの？チャンピオンって言ったって大したものじゃないわね」と言った。
14. ②何行か書いて、彼はこれは論文と言えるものではなく、夕刊か旅行雑誌に載るようなありふれた文章だと気づいた。
15. ②彼女は大いに自信があった。彼女の容貌や年齢、風格なら、きっとどこへ出ても恥ずかしくないだろう、きっと曹奥様に気に入られるだろう。③ほかの人の贈り物が少なくとも一、二百元はする物だったので、それを見て、私たち二人はがっくりきてしまった。三十数元くらいのものではまったく話にならない。
16. ②はじめは小林は体面を気にして、もし自分が何もできないと言えば故郷の人々にばかにされると思い、やってみることを承知したが、しかしやってみてもいつも無駄に終わった。
17. ②おばあちゃんはしきりに彼に恨み言を言った。力がなければその仕事を請けるんじゃない。なぜわざわざ無理をして良く見せようとするんだい。結局最後は自分がひどい目にあうだけじゃないか。
18. ②ブラスバンドの隊員たちはそろって堂々とした体格の港湾労働者である。③あの女性たちの服装は実にモダンだ。出入りはもちろん輸入車だし、それもそろってブランド車ときている。
19. ②君たちのこんなやり方は、彼の名誉を傷つけただけではなく、君たちの威信も失わせたのだ。なぜそこまでやるのか。③私は笑いながら言った。「きみはそこまでやることもないだろう？　彼が行きたくないのならやめておけ。なにがなんでも彼を連れていったって意味がない」。
20. ②彼女は服装については決して大勢の流れに従うようなことはせず、いつもどこか際立たせようとしていたので、時には笑い者になることも避けられなかった。
21. ②あの連中はとびきりの悪党で、もっぱら弱いものいじめをやる。君がそこへ着けばすぐ分かる。だから、君がやつらにきついところをすこし見せておけば、やつらも君をいじめたりできないだろう。
22. ②彼らは多勢で、銃も持っている。君はまずこの悔しさを胸におさめるのだ。君子の復讐は、十年かかっても遅くはない。
23. ②一年前、国内のある輸出企業がアメリカの反ダンピング調査を受けたが、彼らは勇敢にもアメリカの法廷で被告として提訴に応えた。最後はこの企業が勝訴した。これは中国第一の輸出企業がアメリカへ赴いて自らのために「公正を求めた」事件だったので、国内のメディアも特別重視して、詳しく報道した。
24. ②厳さんには後ろ盾がついているのだ。ここにはそう長くはおらず、すぐに異動になって戻り、それから昇進なさるのさ。
25. ②彼は殴り合いには命がけになるので、あのチンピラ連中も彼を見かけると遠慮したが、だからといって、彼のほうから人を困らせるようなことは一度もしたことがない。
26. ②彼らはかなり頭を使い、骨を折ってもみたのだが、かいなで太ももは捩れないの喩

えのとおり力及ばず、おとなしく鍵を渡して、立ち去った。

[練習問題解答]
一、(1) 彼らは引っ越してきてまもなく、年寄り夫婦が住む部屋を客間にしてしまい、年寄り夫婦は上の小さな屋根裏部屋に追いやられた。近所の人々がそれを知ると、口々に、何ということか、屋根裏部屋は物置に使うところで、どうして人が住めるものかと言った。誰かがさっそくこのことを町内会の王主任に告げた。(2) 彼はもともと「これはみんなあなたたちが幼い頃から彼を甘やかしてきた結果だ」と言うつもりだった。しかし、そう言ったところで何の解決にもならないし、年寄りたちの悩みを増すだけだ。何もそこまでやることもない。それで、彼は口を閉じて、何も言わなかった。(3) 大春が走って入ってくると、手にした包みを置き、レインコートを脱ぎながら言った。「なんてこった。すんでのところで二度もころぶところだった。雨がふるとこのあたりの地面はまったく滑りやすい」。(4) 劉さんは如恵の話を注意深く聞いていたが、どう聞いても自分が「ばか」だとけなされているように聞こえ、思わず恥ずかしく腹立たしくなった。その上すきっ腹だったので、いやがうえにも怒りがつのった。(5)「やつらはあんなひどい乱暴をはたらきながら、派出所で何日か留め置かれただけで釈放されるなんて、やつらがあの所長の親戚のせいにきまっている。私はとうてい我慢できない。やつらに弁償させてやる、このまま終わってなるものか」。おばさんは泣きながらそう言った。

二、(1)⑧、(2)①、(3)③、(4)②、(5)④、(6)⑥、(7)⑦、(8)⑤、(9)⑨

三、(1) 我不想花冤枉钱 (2) 嗓音大，吵得慌 (3) 光送一盘磁带，有点儿拿不出手 (4) 人家刚回来，正忙呢，你别去凑热闹 (5) 除了书还是书 (6) 谁都得让他三分 (7) 我们要讨个说法

## 第十五課　日本語訳

（宝山さんが親友の京生さんとおしゃべりをしています）

宝山：僕にはさっぱり分からんね、ちゃんとした仕事を放り出して、辞職もないだろう？まさか本気じゃなかろうね。いっときの衝動に走らないほうがいい。

京生：嘘なもんか。私はもう決心したんだ。辞職届も出したし、すぐに決裁が下りるさ。その時にはやつらと徹底的におさらばだ。

宝山：今は仕事をやめて新しい商売を始める人が増えてはいるが、君のように退路をひとつも残さずにっていうのはない。大したもんだ！上司が君に不満を持つのは気にならない？

京生：どう思おうと思わせておくさ。ひとりであれこれ思い悩んでいては、何もできやしない。

宝山：そうだな。ところで、ずっとはっきりさせたいと思ってきたんだが、何事もないのにまたどうして辞職しなけりゃならないんだい？　君の仕事はけっこうメリットがあるし、手づるを探して割り込もうとする人間がうようよしてるっていうのに。

京生：私はあいつらが気に食わない。どうしようもないほどくだらない。立派な男がまるで家庭婦人のように、会社に来ると何人か寄り集まってはぺちゃくちゃひそひそ、うわさ話にうつつを抜かして、まともなことはちっともやらない。こんな連中と一緒にいるのはほんとにくだらない。

宝山：まあまあ、彼らは彼ら、君は君。彼らがそうだからと言って何も安定したけっこうな仕事を投げ出すことはないでしょう。

京生：いやほんとうにもうごめんだね。知ってのとおり、私は人との折り合いがうまくつけられない、ものの言い方もストレートだ。おべっか使いの連中と違ってね。それで上司のおめがねにはかなわず、どんなにがんばってもやっただけ無駄、損をしても泣き寝入りをするしかない。それだけならまだしも、もっとたまらないのは、自分の専門がちっとも生かせないことなんだ。
宝山：話を聞くと、すこしは分かった気がする。それで、ご家族はどう思っているんだい？
京生：一昨日思い切ってこのことを打ち明けたが、予想通り、話を始めたとたん、家中もうかんかんで、その騒々しいことったらなかったよ。父はもう私にビンタのひとつやふたつ、食らわしたくてたまらない様子だった。
宝山：君もずいぶんだな。どうあろうと、まずは家族と相談すべきじゃないか。
京生：彼らの古くさい頭では、話が通じないし、無駄な相談をするのも面倒だから、いっそのこと事後報告でいこうと思ったのさ。どうせ今となってはもう何を言っても遅い。責めるのなら責めればいい。
宝山：ということは、ちゃんと仕事が見つかった？
京生：広州や深圳に行って経験を積むつもりだ。でも、そっちに行ってからどうなるか、いささか不安なんだ。
宝山：思い出したよ、仲のいい友人がひとり深圳にいる。向こうへ行ってもう何年にもなるけど、彼の住所を君に渡すから訪ねてみたらどう。もしかすると助けてもらえるかもしれないから。外では友人に頼れだものね。
京生：それはありがたい。

[例文解釈日本語訳]
1. ②父は常々私を戒めて言った。何事をやるにも慎重にやらなくてはいけない。考えをはっきりさせてから行動に移すべきであって、衝動にかられてばかげたことをしてはならない。
2. ②私はこのすべてを彼には告げないことにした。我々二人の間に生じる不愉快さをこれ以上大きくしたくなかった。
3. ②彼の家に着くと、彼は留守で、奥さんが中に入って待つように言った。彼はタバコを買いに出かけ、すぐに戻ってくるからと。
4. ②私は手元のお金をすべて持ち出したわけではない。この種の提携は長く続かず、自分に逃げ道を残しておくことが絶対必要だと最初から分かっていた。
5. ②生活スタイルや問題の処理のしかたについては、私は母にいささか不満を持っているが、そのことが私の母への尊敬、孝行心に影響することはない。母はもうそういう生き方になってしまっているので、私はその生活スタイルや考え方を変えることができないからだ。
6. ②彼は、あの無名の英雄たち、その多くは何の教育も受けたことがない田舎者であり、彼らは国のために命を捧げた、しかし、知識教養のある人間は、たとえば彼自身のように、かえってあれこれ恐れてまっすぐ前に進む勇気がない、と思った。
7. ②この不思議ですばらしい一幕を見て、観衆は皆なんとか真相をはっきりさせたくなった。いったいいかなる力が彼に激しく燃えさかる火を恐れさせなかったのか。③庭園にいる人たちも皆、秀雲のあの恐ろしい叫び声を耳にして、何が起きたのかと走ってやって来た。
8. ②彼は笑いながら言った。「貧乏のよさが一つだけある。それは泥棒を心配しなくてすむことだ。長い間ここでは盗難が発生したことがない。泥棒にはここは何の旨味もないことが分かっているからだ」。
9. ②彼は自分もどうしようもないと言った。本当に国を出たくて、長年かけてやっとこ

の手づるを見つけた、この機会を逃したらもう国内で一生教師稼業を続けるしかないのだ。
10. ②村の人々がやって来たが、彼らは周りを取り囲むことはせずに、ただ遠くに立って、あちらこちらでひそひそと言葉を交わしていた。
11. ②村の女たちは退屈で毎日集まっては他人のうわさ話をしていた。どんなことでも彼女たちの口にのぼればにぎやかな話題となる。
12. ②私たちの出身や家庭があまりにも違っていたので、彼女は初めて私の家にやって来て、二人は釣り合わない、地位がかけ離れていると思ったが、私は「家は家、私は私だ」と言った。確かに私には別に何の優越感もなかった。③姉の夫から渡されたお金を見て、私はあわてて「お兄さん、姉からもう五百元もらいました」と言ったが、彼は笑いながら「受け取っておきなさい。彼女の分は彼女の分、私のは私のだよ」と言った。
13. ②柳霞が「子供をちゃんとしつけられなかった、それは私の責任です。叱るなら私を叱って。怒るなら私を怒ってよ。子供に何の責任があるって言うの？ 子供にそんなに腹を立てなくてもいいじゃない」と言った。
14. ②私たちの事務所の仕事はほんとうにつまらない。外へ出てちょっと経験を積みたいとも思うけれど、食いはぐれる心配のない仕事を失うのはもったいないとも思うのだ。
15. ②彼女は私が上司とうまく付き合えないから、いいことは何も私に回って来ないと不満げに言った。
16. ②劉さんは私たちのところでは名高いおべっか使いで、ごますりは一流、あのボス連中は彼の甘い言葉におだて上げられ、きっと見返りも多いのだろう。
17. ②一番上の姉が「志芳、あなたは口下手だから、万が一言い間違えたら、おばあちゃんの機嫌をもっと損ねることになるから、やはり私が行きましょう」と言った。③呉平さんはそれほど口達者な人ではないが、やることはちゃんとやります。
18. ②彼はコンテストで入賞してからは、さらに得意になって、もう誰も眼中にはなく、先生でさえもちょっとばかにするようになった。
19. ②中秋節を過ぎてから、彼は一日も休まなかった。疲れてベッドに上がる力すらない時もあった。彼は息子のためにこんなに骨身を惜しまなかったのだ。
20. ②阿昌はお金を大事にするあまり、詐欺師の甘い言葉を信用して、大金を騙し取られた。詐欺師が姿を消して、彼はやっと気づいたが、すでに手遅れだった。泣き寝入りするしかなく、危うく気が狂うところだった。
21. ②最後にやっと問いただしてはっきりしたが、案の定、このことに大海は確かに関係していた。③この知らせを聞くと、私たちの予想した通り、李おじさんは怒りで口が歪むほどだった。
22. ②駅で起きた事を一通り説明すると、何人かがすぐに騒ぎ立て、彼のために復讐すると叫んだ。
23. ②斉さんが「私の言うことなら彼は聞くはずだ。何と言っても私は彼の師匠であるし、彼の性格はよく分かっている」と言った。③彼には彼の悩みがあることは分かるが、何がどうであれ、彼も一言もしゃべらずに黙っているわけにはいかないよ。
24. ②組合の委員長が喫茶店でお茶を飲みながら話をしないかと言ってきた。宝慶はこのふだん自分をまったく無視してきた人間が一体何をするつもりなのか、おそらくいいことではあるまいと、不安な気持ちに襲われた。

42

[練習問題解答]
一、(1) 出国する前に、彼女は売れるものは何でも売ったが、家だけは売らなかった。それは自分のために保険をかける意味があって、万一国外でやっていけなくても、帰国して落ち着く先もないことにはなりたくなかったからである。(2) その男は一束のお札を彼に手渡すと、「今銀行から下ろしてきたところだ、もう一度数えてくれ」と言った。張さんは一枚一枚数えたのでは、相手を信用していないと思われるかもしれないと思い、数えなかった。家に帰って、百元紙幣が五枚少ないことに気づいたが、今さらその男を捜し出せてもはっきりさせられない。長いこと苦労したのにもうけを出すことができず、泣き寝入りするしかなかった。(3) 張さんが言った。「あの首飾りは値打ちもので、失くしたのはたしかに惜しい。しかし何がどうあろうと、あれもただの物にすぎない。物ひとつのために人を殴るなんてことはしてはいけないよ」。
二、(1) ⑪、(2) ⑧、(3) ⑦、(4) ⑥、(5) ③、(6) ⑨、(7) ⑤、(8) ⑩、(9) ⑫、(10) ①、(11) ②、(12) ④
三、(1) 再怎么说，你是她姐姐啊 (2) 说话就好 (3) 我心里直打鼓 (4) 我对你们的做法有看法 (5) 你哥哥是你哥哥，我是我 (6) 大哥是大哥，我是我 (7) 他眼里没有人 (8) 家里就炸开了锅，都反对我去

第十六課　日本語訳
(大龍が仕事を終えて家に帰ると、妻の紅霞が台所で食事の用意をしていました)
大龍：食事はまだ作り終わってないんだろう？　何か手伝うことはないかい？
紅霞：あなたに手伝ってもらうのは、ありがた迷惑よ。今晩は麺類よ、もうすぐ出来上がり。
大龍：炸醤麺（ジャージャンメン）かい？　うれしいね。今日の昼ごはんはお腹半分ほどしかなくて、もうぺこぺこ。
紅霞：どこで食べたの？　どうして満腹にならなかったの？
大龍：僕が主任になっただろう？　張さんたち何人かが僕を狙って、どうしても西洋料理をおごらせようとしてね。それで、今日のお昼は西洋レストランを見つけて食事をしたというわけだ。
紅霞：西洋料理ですって？　いいじゃない。何を食べたの？
大龍：僕に言わせれば、西洋料理はただの見かけ倒しだ。きれいにセットされているよ、ナイフやら、フォークやら。しかしあの料理の味はまったくお世辞にもおいしいとは言えない。あれでもフランス料理なのか。炒めてもいない料理もあってそのまま生で食べるんだ。牛肉も生焼けで、運ばれてきても、みんなあっけにとられてただお互い顔を見合わせるだけで、誰も口にする勇気がなくて、結局お金を張り込んだのに、お腹を空かして帰る羽目になってしまった。
紅霞：それはそういう食べ方なんですよ。あなたたちは本当に世間知らずで、まるで田舎者だわ。もし海外にでも行くことになったらどうするの？　毎日インスタントラーメンばかり食べるわけにはいかないでしょう。
大龍：僕は海外になど行くものか。何といっても、やはりわが中華料理にかぎる。そうでなければあんなにたくさんの外国人がわが中国に来るわけがない。
紅霞：それとこれとは関係ないでしょう。まさか人様が遥か遠くから中国に来るのが食べるためだけ？　まさかわが中国には食べることだけで、ほかには何もないっていうの？
大龍：冗談だよ。あ、そうだ。この日曜日に毛さんたちがやってくるけど、どう接待する

43

かなあ？
紅霞：あなたの考えは？
大龍：君の言うとおりにするよ。その時になって、何か手伝うことがあれば、言ってくれれば、使い走りでもするから。
紅霞：あなたのような丸投げ無責任は本当に楽でいいわね。家のことは何でも私の肩にかかってくる。あなたのお姉さんがほんとうに羨ましいわ、いい亭主を見つけて。ご主人は家のことなら大きなことから小さなことまで何でもできるし、外でも贅沢三昧、いいことがあれば絶対逃さない。お姉さんは本当に気苦労がなくていいわ。彼女は私より三歳年上なのに何歳も年下に見えるのよ。
大龍：もうやめなさい。大の男が家に帰るとすぐさま厨房に入るなんて笑われるよ。それに僕は仕事が忙しすぎるんだ。
紅霞：あなたは怠けてるだけよ。いつだって仕事が忙しいって言ってばかり、仕事を口実にするのはやめてよ。
大龍：君がこんなによくできるものだから、僕がしたくても勝手がわからない。知ってるかい？ 僕はいつも人に君のことをほめて自慢してるよ。めったにいない良妻賢母だとね。僕自身も幸せだと思ってるよ。
紅霞：ばかにおだてるわね。けっこうよ、ほめてもらわなくても。息子のしつけで私と反対の態度をとらなければそれでいいのよ。なによ、昨日のあなたの態度、あんなに叱りとばして、よくできるわね。
大龍：昨日は確かにちょっとやり過ぎたが、でも、凡ちゃんはもう一人前になって、ますます言うことを聞かなくなった。良かれと思ってやっている親の気持ちを台無しにしているよ。
紅霞：あなたの態度とやり方が問題なのよ。時々仕事がうまく行かないのは分かってるけど、子供に当り散らしてはいけないわ。あなたのワンマンぶりをちゃんと直さなくちゃ。子供はもう大きくなって、自分の考えがあるんだから、何もかもあなたの言うことを聞くわけないじゃないの。
大龍：直す。一所懸命に直しているところだ。

［例文解釈日本語訳］
1. ②李先生の引越しの時にはクラスのほとんどが手伝いに行ったが、結局お茶碗を三つ、花瓶を一つ割った上に、李先生の眼鏡をどこかへやってしまい、ありがた迷惑に終った。
2. ②鄭さんが「あの恵芳という娘はなかなかきれいだが、ボーイフレンドはいるのか？頼むから紹介してくれないか？」と言ったが、私は笑いながら「よせよ、そんな考えは。彼女は結婚してもう二三年も経つんだ」と言った。
3. ②近くのあのレストランは有名で、出される料理は目をうばうほどに美しく、芸術品のようだけど、まったくの見かけ倒しで、味は大したことはない。
4. ②鄭実さんはすでに小説を何冊も出版しており、読者の受けもよいのだが、正直言って、彼の字はほめられたものではない。うちのあの八歳の甥のほうがよほどうまい。
5. ②二日もしないうちに洗濯機がまた動かなくなったので徳鋼は腹が立って洗濯機を蹴り、「何が全自動だ、まるで全不動じゃないか！ まったく人を騙しやがって」と言った。③周明が新聞を指差しながら、「あれこれ比べてみたが、やはりこの車がいい。いずれこれを買おう」と言った。すると艶紅が「よく言うわね、何が車よ。財布のなかにいくらあるか数えてみたら。せいぜいタイヤが一つ買えるくらいでしょう」と言った。

6. ②両親のびっくりした顔を見ると、彼はその本を取り上げて言った。「これはすべて科学的な衛生知識だよ。どうしてそんなに驚くの？　男女間の性心理を理解するのに何か恥ずかしいことがあるの？　この本だって国家出版社から正式に出版されたものだよ」。③彼ら数人は顔を見合わせ、あっけに取られたようで、誰も近寄って彼を助けようとしなかった。
7. ②おばあさんは一生小さい町を出たことがなく、世の中のことを何も知らなかったので、この二人の外国人が入ってくるのを見ると、どうすればいいか分からないほど慌てふためいた。③林先生は世間をいろいろ見て経験を積んできた人なのだが、このような場面に遭遇したのははじめてなので、ちょっと緊張したが顔には出さず、相変わらず落ち着いていた。
8. ②流行の服を着ている女子のクラスメートたちは陰で彼女を、田舎者で服のセンスがないと嘲笑っていた。③小麗は私を見かけると、急いで私を人のいないところへ連れていって、「あなたってほんとうに田舎者なのね。パーティーに出るのにどうしてこんな服を着ているの？」と言った。
9. ②私達はお酒をくみかわしながらため息をついた。何といっても自分で実力をつけるべきで、人を頼ることはできないのだ。
10. ②劉さんがぷんぷん怒りながら立ち去ると、何さんは「訳が分からない。先ほど外から帰ってきたところなのにいきなりのしられるなんて」と言った。③天祥が門を入っておばあちゃんに「惜しかったね、おばあちゃん。彼女を見られなかったなんて」と言うと、おばあちゃんは顔を上げて「いったいどういうことなの。誰を見られなくて惜しかったの？」と言った。
11. ②彼が家のなかでは立場が弱いとみんなに笑われていると聞いても、張さんは怒ることもなく、「何ごとも心配しなくていい、こんな無責任な亭主のほうが楽ですよ」と言った。
12. ②老院長は、私たち若い学生が武芸十八般をすべてものにし、楽器も歌もでき、小生がいなければ小生ができ、老生がいなければ老生がやれる、そうなってこそ合格と見なされると言った。
13. ②彼の妹が県長と結婚してからは、彼もごちそうにありつけ、うまい汁も吸い、立派な仕事も手に入った。
14. ②彼はこんな布靴で職場に行ったら、きっと同僚たちに笑われるだろうと思った。③張さんは「君のこの手紙には誤字や当て字が十以上ある。もしこのまま出したらきっと笑われる」と言った。
15. ②仕事がうまくいかないと、張さんは客観的な条件が悪いことを言い訳にして、自分の能力不足を認めたことがない。③小坡は父に殴られると思い、慌てておばあちゃんの後ろに隠れて、おばあちゃんを盾にしたので、父は仕方なく手を止めた。
16. ②父は家族をかまう暇もなく、おばあちゃんの八十歳の誕生祝いのために、招待状書きや、レストランの手配に忙しかったが、天順は手伝おうにも勝手が分からず、あっさり友だちのところへ遊びに出かけた。
17. ②斉放の周りの数人がしきりに彼をおだてて、一杯また一杯とお酒を勧め、それほどしないうちに彼はもう酔っ払ってしまった。③姉さんが言った。「『人の気持ちがよくわかる』だの、『こころねがやさしい』だの、おだてるのはやめなさい。あなたが口を開くと何か頼みごとがあることぐらいすぐ分かるわ。何かあるなら言いなさい」。
18. ②級長がクラス全員を集めて山登りに行くことを計画しているのを知ると、彼はわざと級長の向こうを張り、一グループを引き連れて泳ぎに行こうとした。
19. ②この人たちはみんな最初はまず大手の会社で働き、だんだん経験を積んで、実力が

45

つけば自分で会社を立ち上げる。
20. ②私が服がきれいに洗えていなかったと言うのを耳にして、母は「私の親切心をあだで返すのね。これからもう自分で洗いなさい」と言った。
21. ②この人は他人との付き合いに大きな問題をかかえています。彼はこれまで自分のことしか考えてこなかった人間で、何事もただ自分の利益だけを考えるのです。③王さんは「私の家に行きましょう。食べることと寝ることは問題ないよ」と言った。
22. ②彼は家でむかっ腹を立て、社長のところでまた叱られ、それで事務所で私たちに大声でわめきちらし、我々数人は彼の八つ当たりの標的にされてしまった。
23. ②王校長は会議でこう言った。わが国には先生を尊敬する伝統があるが、先生と学生とは平等なので、家父長的な態度をとってはならず、学生を十分に尊重しなければなりません。

［練習問題解答］
一、(1) ⑦、(2) ③、(3) ⑤、(4) ⑥、(5) ⑨、(6) ⑧、(7) ⑩、(8) ②、(9) ④、(10) ①
二、(1) 你别给我戴高帽 (2) 还前三名呢 (3) 那副打扮我可不敢恭维 (4) 你做反而帮倒忙 (5) 你这是哪儿跟哪儿啊 (6) 别打我姐姐的主意 (7) 各方面都拿得起来 (8) 样样事情拿得起来 (9) 人和钱都不成问题 (10) 你去不就成了跟他唱对台戏了吗?

## 第十七課　日本語訳

（張強は仲良しの雲飛とサッカーの試合について語り合っています）

張強：明日はいよいよ試合だ。今回は北安チームのホームでの試合だから、きっと息を吹き返すよ。

雲飛：無理だな。だって彼らのレベルを見れば明々白々、ほかのチームより随分下で、それも僅かの差じゃないから、すぐにレベルアップなんか無理だよ。彼らの練習を見たことがあるだろう。三日坊主でちっとも真剣味がない。選手の基礎的な訓練もできていないし、遠慮なく言わせてもらえば、ぼくより下手な選手もいるよ。彼らはまったく相手にはなれないな。この前なんか、試合が始まってすぐにしくじって、準決勝にも残らずに戻ってきちゃった。こんなチームに大した期待は持てないよ。

張強：あの時はあの時、今は今。今度こそは番狂わせが起こるかもしれないよ。何と言っても大物選手がいるんだから。

雲飛：パッとしないと思うよ。チームワークがガタガタだから。賢い監督ならこの点に知恵をしぼらなきゃ。東山チームがダークホースだと思うね。

張強：あのチームはテクニックは確かにいいものをもっているが、今回こそはピッチの上でまた殴りあいをしないでほしいね。前回は本当に度を超していたよ。君があんなチームに期待を寄せているなんて思いもしなかったな。

雲飛：彼らは今年大金をかけて外国籍の選手を三名も入れた。みんな国際的に少しは有名な選手だ。彼らはとっくにうわさを広めてるよ。ほかのチームを痛い目に合わせて、一矢を報いるとね。

張強：大言壮語なら誰だってできるさ。実力があるならピッチの上で決着をつければいい。

雲飛：それはそうだ。勝敗は誰の手に、明日になれば分かる。

張強：ねえ、明日はうちに来いよ。一緒に楽しく見よう。一人ではつまらない。

雲飛：遠慮しとくよ。この前お宅で試合を見てる時のお姉さんの仏頂面にはまいったからね。いくら素晴らしい試合でも気持ちよく見ていられないよ。やはり落ち着いて家で見

たほうがいい。人の顔色を見ながらなんてたまらないよ。
張強：考えすぎだよ。彼女は君にあたっていたんじゃないんだ。姉は筋金入りのテレビドラマのファンなので、この前は試合を見るために、姉の機嫌を山ほど取ったんだけど、どうしても承知してくれなかったんだ。それで結局賭けをして、結局彼女は運悪く負けてしまい、あの何とかいうドラマが見られなかったってわけだ。それでいい顔をするはずがないじゃないか。二人がいつもテレビのことでけんかになるから、おふくろが思いあまって小型テレビを一台買ったんだ。それぞれ自分のテレビを見るように。お互い干渉せずに、今はもう思い切り見たい番組を見られるようになったよ。
雲飛：本当かい？　それはよかった。実はわが家でもサッカーの試合を見るのは大変なんだ。うちのおふくろもテレビドラマなら何でも見るから、ぼくとおやじ二人のサッカーファンはいつもおふくろに負けて、おふくろにテレビを奪われてしまうんだ。

[例文解釈日本語訳]
1．②この前の試合は成績がふるわなかったが、彼らは自信を失うことなく、今は毎日練習に励み、今年のスポーツ大会で取り返そうとしている。
2．②道理は明らかです。君が勝ち取ろうとしなければ、チャンスは他人のものとなるのです。まだ何を考える必要があるのですか。
3．②数人がかりで真剣に教室を掃除したので、今は机も床もぴかぴかでちり一つ落ちていない。
4．②王さんは最初の数年はまだまじめに毎日時間通りにオフィスへ出勤していたが、あとがいけない。会社へは来たり来なかったり、それにあちこちでお金を騙しとることまでやった。
5．②雲芳は背が低いし、腕っぷしも強くないので、喧嘩となると馬姉さんの相手ではない。しかし、彼女は口が達者で、馬姉さんが一言も言い終わらない内にもう十倍ぐらい言い返している。
6．②間違いは大したことではなく、ただ少しお金を損しただけだったとはいえ、張さんにとっては、やはり醜態をさらしたわけで、友人の前で面子をつぶしたと思った。
7．②新萍は資料を一部オフィスに忘れたことを思い出して、取りに戻ろうとした。オフィスのある建物の一階でエレベータが点検中で使用停止であることを知り、そのまま帰宅した。彼女のオフィスは十九階にあるからだ。
8．②劉さんの奥さんが反対して「数日前は非難していたのに、今になってその人に頼むなんて、どうして言い出せるものですか」と言ったが、劉さんは笑いながら「その時はその時、今は今、最初彼を非難したのは正しかったし、今彼に頼むのも別にやってはだめだということにはならない」と言った。
9．②選挙の結果は人々の予想とはずいぶん違っていた。最多得票は工場長や書記ではなく、組合委員長の孟さんで、これは予想外の結果と言える。
10．②多くの企業が管理水準がまだ不充分で、整備されていないところが多々あるので、その面を重点的に考えるべきだ。③しかし、少人数の労働者のストライキを取り上げて騒ぎを引き起こす輩がいるが、彼らの目的は我々を打ちのめすことにある。④彼には分かっていた。もし今日この食事に出かければ、きっと、そのことに言いがかりをつけて彼は飲み食いだけの人間だと騒ぎ立てる輩が出てくると。
11．②あの数人が老人夫婦を相手に暴力を振るうのを見て、近くにいた人々はみんな強い怒りを覚えた。

47

12. ②職場の人が情報を漏らして言うには、今はまだ正式な文書が降りてきていないが、賃金は必ず上がる、ただそれが早くなるか遅くなるかの問題だけだ。
13. ②彼はへっへっと笑って「呉順を首にするのは、彼らにちょっと痛い目に合わせて、どっちが手ごわいか思い知らせてやるためだ」と言った。
14. ②彼は就任後、すぐに楊さんを免職にしてしまい、息子が解雇されたことへの仇を討った。この事件は会社全体に強いショックを与えた。
15. ②この試合が終わると、両チームはまたあさっての午後三時に、学校の運動場でもう一回勝負して決着をつけることを約束した。
16. ②私は彼に「今は君と喧嘩をしたくない。二人のうちいったいどっちが正しいのか、そのうちに分かるだろう」と言った。
17. ②兄の言い方がますますひどくなるのを聞いて、次男は仏頂面になり、黙っていたが、次男の嫁はもう我慢できなくなった。
18. ②私はそこにひと月滞在したが、その暑さときたら、食欲も失い、睡眠もとれなかった。③趙師匠が「一日疲れて家に帰り、妻に酒の肴を少し作ってもらい、京劇を聞きながら（お酒で）のどをうるおす、なんていうのは最高だね」と言った。
19. ②食事の時間になると姉弟はさらにおばの顔色をうかがいながらお箸を運ばねばならない。そのお箸は決して肉のあるお皿へは伸ばせない。③すぐに彼らは社長の顔色をうかがいながらものを言うようになった。社長がいいと言えば彼らは悪くないと言い、社長が良くないと言えば彼らはひどすぎると言う。
20. ②彼はいつも私にどんなふうに「人脈がある」か自慢していたが、私が頼む段になったら、いろいろな顔を見せ、いろいろな言葉で私をからかうつもりなのだ。私は意地でも彼にとりあわなかった。③兄が、肉を冷蔵庫に入れなかったことで妹を責めた。しかし思いがけないことに、妹は承服せず責任をすべて兄嫁に押し付け、兄嫁が最後に出かけたのだと言い張った。
21. ②この連中は気脈を通じているので、李三は彼らに手出しができないし、彼らも李三の邪魔をしなかった。それでお互いに領分を犯すことなく、ずっと平穏無事に過ぎた。
22. ②私はあれほどたくさんの試合に出てきたのに、今日はなんと一人の子供に負けてしまい、悔しくて認めたくなかった。

[練習問題解答]
一、(1) 雨上がりの、うちのぶどう園を見に来なさいよ、それはきれいだから。白いのは白瑪瑙のようだし、赤いのはルビー、紫は紫水晶、黒は黒玉のようだから。(2) 妻は私が直接その幼稚園の園長に会いに行くようにせがんだ。私はこう言うしかなかった。「わかったよ。会いに行ってみよう。しかしね、僕は別に指導者でも大幹部でもないから、相手がちゃんと話を聞いてくれるかどうか分からない。あまり期待してはいけないよ」。(3) 我々は二度の実験を二度とも失敗した。我々の実験に初めから反対していた張副工場長は昨日、この二度の失敗をやり玉に挙げて、我々が時間と金を浪費していると言いがかりをつけ、実験を中止させようとした。(4) 林長清は笑いながら言った。「あの年僕たちがいっしょにお酒を飲んだ席で、君は李先生をこっぴどくけなして、以後いっさい李先生には会わないと宣言していたぜ。憶えているかい。それが今では李先生を褒め称えるとはね」。高君はそう言われていささかきまりが悪そうだったが、こう言った。「昔は昔、今は今だよ。あの時もし李先生が僕にきびしくしなかったら、今の僕はありえない」。(5) 馬主任がやってきて数日もたたないうちに、彼は会計室から配置換えになった。彼には分かっていた。

以前お金の問題で彼は馬主任の恨みを買ったことがあり、馬主任はきっとその復讐をしたのだ。それで別に不意打ちとは感じなかった。
二、（1）②、（2）⑤、（3）⑦、（4）⑧、（5）④、（6）⑥、（7）①、（8）③
三、（1）三天打鱼，两天晒网，根本没认真练（2）这下可爆了冷门了（3）咱们班可不是二班的对手（4）都败在他的手下了（5）舅舅也要看舅妈的脸色（6）拉长了脸（7）我给他们点儿颜色看看（8）他根本不买我的帐

第十八課　日本語訳
（趙さんが近所の高さんとおしゃべりをしています）
趙：高さん、お酒の瓶を持っているところを見るといいことがありましたね、そうでしょう？　株がまた上がりましたか。
高：言いあてましたね。どうです、夜、二人で一杯やりませんか？
趙：いいね。わざわざ誘ってくれるお酒は飲まないわけにはいかない。あなたは今すごいですね。株を売買する名人で、名声は世に広く知れ渡っている。ご存知ないでしょう。あなたの話題になると、みんな親指を立てて褒めたたえるのです。いつか私にも教えてくださいよ。
高：からかうのはよしてくれ。私が恥をさらした時を忘れたかい。すべてがまぐれ当たりだよ。言うのもおかしいが、昨日など、一人の若者が私を追っかけて、おじいさん、おじいさんとご機嫌伺いだ、ぜひとも私から経験を、株の「経」（ジン）を学びたいと言ってたが、私にそんな「経」験なんぞあるものか。お酒を飲む「経」ということなら、私というこの飲兵衛がちょっと教えてやらないでもないが。
趙：そうですよね。お酒を飲むなら当然アルコール（酒精）、酒の「精」（ジン）がありますからね。あ、そう言えば、ちょっと言っておきたかったんだが、あなたは心臓がよくないから、お酒はやはり少し控えたほうがいい。お酒を飲むのは心臓に良くないんだから。奥さんもあなたの病気のことになるととても心配してますよ。
高：家内はね、風が出ただけで雨だと思ってしまう、医者の言うことがすべて信じられるわけではないよ。二日前に私は大民と出かけて雨に遭い、ずぶぬれになった。大民は帰って風邪で何日もやられたが、私は何ともなかったよ。自分の体は自分が知っている。あの世へ行くのはまだずっと先だ。言っとくけど、このお酒が病気を治すんだ。もしお酒を飲まなくなったら、すっかり病気になっちまう。
趙：あなたはね、医者の言うことには反対してばかりだ。でも、やはり少し控えたほうがいい。それに一日中座ってばかりいるのはよくないよ。ほら、その太鼓腹、もう少し運動しなきゃ。私たちは高齢者体操を練習しているがね、専門家の先生が教えてくれるんだ。あなたもどうです。
高：私のような不器用な者がその体操を学ぶなんていうのは、無理やりやらせるようなものじゃないか。
趙：ちっとも難しくありません。秧歌（ヤンコー）踊りとよく似ている。よく覚えてますよ、昔、あなたの秧歌踊りは全地区でも指折りのものだったじゃないですか。
高：三十年も前の古い暦をめくってもね。今はもう年を取って、手足が言うことを聞かないんだ。もしうまく踊れなくて、君たちの看板を台無しにしたらどうするんだ？それにこんなに太ってしまって、踊ってもみっともないだけだ。
趙：何を心配しているんです？　体を鍛えるんです。別に演技をするわけじゃない。纏足

をしたおばあさんも数人練習しているのを見ていないんですか？　どうみたって彼女たちよりはましでしょう？
高：分かった。試してみる。家内が家でくだくだとうるさいのを聞かなくてすむし。
趙：でも、気まずくなることのないように前もって断っておくけど、途中でぬけだしちゃだめですよ。最後まで続けることです。
高：大丈夫。ところで、王さんは行くの？　あの人が行くなら私は行かない。あの厄介者と一緒になるのはごめんだ。くどくどとうるさいんだ。
趙：あの人には言いたいことを言わせておけばいい。聞かなきゃいいじゃないですか。本当に頑固な人だな。
高：頑固って？　昨日はお宅の次男坊にあなたはけちな人だと聞かされましたよ。あの子が結婚するのにお宅はお金を使いたくないって、お金を残してどうするつもりですか。
趙：あの子には二万元もやりましたよ、まだ少ないとでも？　私は金のなる木でもない、ほしいだけくれてやるようなね。その話になると腹立たしいよ。息子の結婚に私がお金を出すのはそうすべきだが、口を開けば何万何万だ、私にそんな大金あるはずもない。
高：今の子供はみんな生意気だよ。若いくせに湯水のようにお金を使うのだ。子供に腹を立てても無駄だよ。
趙：もう家内とちゃんと話し合っていてね、あの子らは騒ぎたければ勝手に騒げばいい。もう構わない、構っても構いきれないからね。自分たちの体を大事にしなくちゃ。
高：ごもっとも。

[例文解釈日本語訳]
1．②私は小麗に「彼はずっと君に下心を抱いているんだ。今彼を訪ねて行くのは、自分からどうぞと届けるようなものじゃないか」と言った。③明日が麗麗の誕生日だと聞いて、張さんは私に「麗麗さんにいい印象を持ってもらいたいんでしょう。これは願ってもない、いいチャンスですよ。彼女の好きなプレゼントを買ってあげれば、あなたのことが好きになるんじゃない？」と言った。
2．②舞踊チームのメンバーに一人欠員が出たので、李姉さんに入ってもらおうと提案する人がいたが、李姉さんは「私のこのスタイルをご覧、こんな体でダンサーをやれって言うの？　もう恥をかかせないで、ほかの人に変えて頂戴」と言った。
3．②彼は思った。外に出かけていろいろと動かないといけない。じっと家に閉じこもってへたな考えを巡らしていてもだめだ。外に出てあちこちあたってさえいれば、まぐれ当たりもありうる。あんなにたくさんの会社や工場があるんだから、仕事が見つからないわけがない。
4．②子供たちがやって来て、老人のそばに寄り添い、おじいちゃん、おじいちゃんと親しげに呼びかけるので、老人は相好を崩して喜んだ。③楚おばさんが「医者の戴先生は腕もいいし、人柄もいい。いつも私に会うとおばさん、おばさんと親しげに声をかけてくれて、実の娘よりも親切にしてくれる」と言った。
5．②工場が倒産するとのうわさに、人々が騒ぎ出し、女性の泣き声も聞こえてきた。張さんが立ち上がって、「どうしてちょっとのうわさをすぐに信じるのか？　誰が工場が倒産すると言った？　主任のこの私でさえ知らないのに」と言った。
6．②私は家を出たら雨に出くわして、ぬれねずみとなり、帰ると熱が出て、家で三、四日寝込んでようやく治した。③ある日、若者がビルの下で人を待っていたところ、洗面器一杯の水が上から降ってきて、全身びしょぬれになった。

7. ②張誠には分かっていた。もし自分のこの拳を振り下ろせば、彼をあの世へ送り、父の仇を討ち恨みを晴らすことができるのだと。だが十年前の光景がまたもや脳裏に浮かんできて、拳を下ろした。
8. ②私は彼に、すこしは気性を改めて、いつもみんなと敵対するようなことやめろ、みんなに嫌われてしまうぞと忠告した。
9. ②「いつもこんなふうにあちこち身を隠すのもまずい。何とか出て行く方法を見つけなくちゃ」と趙衛が言った。③ふたりはどちらも料理を作るのが嫌いで、毎日外食にしていたが、半月すぎたばかりなのに、ふたりの給料がもうほとんど底をついてしまった。この時になってようやくこのように外食ばかりしていてはまずい、誰かが料理を作らなくちゃいけないと悟ったが、さて誰が作るか。
10. ②昼ごはんの後、張さんが湯のみを手にし、太鼓腹をゆすりながら、事務所に入ってきた。
11. ②私達はみんな駆け寄って、張先生と奥さんを真ん中に押し出して、どうしてもモンゴル舞踊を踊ってもらおうとした。張先生は笑いながら「君たちはほんとうに無理なことをさせるね」と言った。
12. ②わが工場は全国でも指折りで、製品はすでに二十数カ国に輸出されるまでになった。③この娘は小さい頃からサッカーが好きで、私たちのところでも一、二を争う将来性のある若手で、十代でナショナルチームに入りました。
13. ②「おばあちゃん、もう時代が変わったのよ。昔のしきたりなんか通用しないのよ。だって今はパソコン仲人だっているんだから」と小英が言った。
14. ②「三輪車は自転車に乗るのと勝手が違って、特にハンドルが言うことをきかない。人が乗るのは楽なように見えるが、さて自分が乗ってみると、すぐに塀にぶつかってしまった」と衛姉さんが言った。③警報が鳴ったのを聞いて、二おばあちゃんは座っていた椅子から立ち上がろうとしたが、足に力が入らなくて言うことをきかない。どうしても立ち上がれなかった。
15 ②偽造酒事件で、私たちのいい酒も売れなくなった。数十年のブランドもこれでおしまいだ。③一流学校は言うまでもなく、一般の学校の教員に対する要求も高い。どこも教員の水準の低さで自分たちのブランドを台無しにしたくないからだ。
16. ②「僕たちは小さいころから一緒に大きくなった親友だ。でも今日は悪いけど断っておきたい。建国くん、もし君が違法なことをすれば、僕はただではおかない」と平濤が言った。
17. ②ふだんグループで討論する時は、いつも誰か抜け出すが、今日は張先生が来たのを見て、みんな勝手に動けなくなった。③このような階段教室は百人以上収容できるので、授業中私は気が散って仕方がない。特に張先生の授業がそうだ。
18. ②道中、彼女は車の中の空気が悪いの、暑いのと文句たらたらなので、みんないらいらして、こんな厄介者と一緒になったことを後悔した。③斉さんは若いのにとても気難しく、もし彼女がいたら、絶対私たちに事務所で飲食をさせない。
19. ②家に帰ると、妻は彼のことを、融通がきかない、相手が不機嫌になったのを見ても話し方を変えられないと恨み言を言い続けた。
20. ②張さんが笑いながら、「彼はまるっきりのけちん坊だ。私が長いこと頼みこんでも、一銭もくれなかった」と言った。③お姉さんは、姑はけちな人で、ふだんは卵一つでも食べるのが惜しい人なんだから、今になって一千元出せと言ったって出してくれるわけがないと言った。

51

21. ②「ファッションモデルを見てご覧。舞台を二回りするだけで大金を稼げる、こんな娘がいれば金のなる木を持っているようなものだよ」とおばさんがうらやましそうに言った。
22. ②「三日間で仕上げるって？　偉そうな口をきくね。そんな少ない数じゃない。私に言わせれば、十日でも足りないよ」と張さんが言った。③この会社は店構えはとても小さいが、名前を「震宇」と言い、宇宙を震撼させるという意味だ。まったく大きく出たものだが、中は社長と秘書二人きりだ。
23. ②李冰がどうしても今晩向こうに行くと言い張るので、小棠は仕方なく彼を行かせるしかなかった。③「今度こそ腹をくくった。彼の好きなようにやらせる。あいつが何をしようと口は出さない。わたしがこれ以上口出しするようなことがあったら、もう馬（マー）の名字も名乗らない」馬さんが意地になって言った。

［練習問題解答］
一、(1) ⑨、(2) ⑤、(3) ④、(4) ⑩、(5) ②、(6) ③、(7) ①、(8) ⑦、(9) ⑥、(10) ⑧
二、(1) 那都是老皇历了，我好久不跳了，早忘了 (2) 咱们就别赶鸭子上架了 (3) 小姐长小姐短的 (4) 说话的口气可真大啊 (5) 咱们丑话说在前头 (6) 老住你这儿也不是事儿 (7) 别让我出洋相了 (8) 又不是咱们硬要的，不是他自己送上门来的吗？(9) 真是死脑筋，换个大一点儿的箱子不就行了吗？(10) 砸了牌子谁负责？

第十九課　日本語訳
(林さんが新聞を読みながら独り言を言っているところへ、同僚の劉さんがやってきました)
劉：おい、林さん、何を訳の分からないこと言っているんだい？
林：あ、劉さんか。ちょっと見てみろよ、ここに載っている文章、北京の汚染と環境保護の問題を取り上げているんだ。力を入れて徹底的に北京の環境を整えなければならない、さもなければ北京が危ういって、彼の言うことは急所を突いていると思うね。
劉：たしかに。昔はみんなの頭にまったく環境保護という意識がなかったからね、ずいぶん回り道をしたもんだよ。今は幸いにも、上から下まで誰もが環境保護を一番大切に思うようになった。
林：もうちょっと早く取り組んでいれば、2000年オリンピック開催の立候補地で北京がシドニーに負けることもなかった。今回招致が成功したのは、市政府がここ数年一所懸命に環境問題に取り組んだことと切り離せない。何事も大口をたたくだけではだめで、本当にやらなければいけないのだ。
劉：その通りだ。昔のように口で言うだけで結果が伴わないようなことはもちろん、その場限りのパフォーマンスも通用しない。
林：路地の入り口の朝市だけどね、路地全体をめちゃくちゃにしてしまっている。何回取り締まっても、いつも一時しのぎで、根本から問題を解決していない。
劉：ここ数日いくつもの朝市が撤去されたし、大通りの両側にある違法な建物もたくさん取り壊されていたよ。
林：そうであればいいんだが。解体するその足ですぐに建て直すってのがあるからね。どんなことでも口先で言うのと実際にやるのとはまったく違うことなんだ。言うは易く、行うは難し、だ。
劉：その通りだ。時には上になかなかいい政策があっても、下がやらない。いつもかっこうだけつけて終わりだ。
林：張さんのような連中だと、どんなことでも彼らに台無しにされてしまうよ。

劉：あ、そうそう、見たよ昨日、張さんと激しくやりあっていたろう。びっくりして息を呑んだよ。もう何年もあえて彼とやりあう人間を見なかったからな。でも、大勢の前で昔のことを暴いて、彼の面子を丸つぶれにしたんだから、彼の恨みを買わないってことはありえない、いつか君にひどい仕打ちをするかもしれないぜ。よこで君に目配せをしたんだがな、もうやめとけってね。気がつかなかったかい？

林：気づいてはいたよ。実ははじめは彼とやりあうつもりはなかったんだ。ところが私が怖がっていると思って、にらみを利かせにかかったものだから、もう腹が立って一切構わずやってしまった。皆のうっぷんも晴らしたってわけだ。

劉：気をつけろよ、やつらは責任のすべてを君におっかぶせるだろうから。仕事を失ったら、何を言っても始まらない。

林：やつらのことなら平気だよ。せいぜい私を首にするくらいだろうけど、それも出来るかな？　ずばり言わせてもらえば、やつらにはやましいことがあるのさ。

劉：なるほど。あの「手抜き」工事のことはいまだに解決を見ていない。でも言っとくけどね、張さんとの喧嘩は喧嘩、仕事がいい加減じゃ話にならないよ。

林：当たり前だ。いくら腹が立っても、仕事を粗末にはできないよ。

劉：できればその無鉄砲な性格を少し直せないかな。物を言うにもすこし言い方に気をつけるとか。

林：そんなこと、どうでもいいことだ。

[例文解釈日本語訳]
1. ②彼は鄭師匠からわけの分からないことを聞かれ、ぽかんとしてしまい、すぐにはどう答えていいか分からなかった。③この子はよくわけの分からない話し方をします。ほら、今学校のことを話していたかと思うと、急にほかの話を始めたでしょう。でも私たちはもう慣れました。
2. ②もし深く調査、研究をして、情況を把握しなければ、君の言うこともまったくの的はずれになる。
3. ②この人たちは人生においていろいろと回り道をたどってきましたが、教育を受けることを通して、また社会に役立つ人間となることができるのです。
4. ②張さんは演壇で学校の五ヵ年計画を大いに論じたが、下では「きれいなごとなら誰でも大口をたたくことができるが、具体的な方法や施策がなければ、すべては空論だ」とささやく者がいた。
5. ②彼はこの件を息子の馬さんに任せたが、馬さんはまたそれを友人に頼んだ。ずいぶん待ったが、十日過ぎても返事がなく、馬家の父親も息子も心配でならなかった。
6. ②暁琴は何をやっても長続きしない。この間などは、急に英語の勉強を始めて、テープやら本やらたくさん買いこんだのだが、一週間もしないうちに、すべて投げ出してしまった。
7. ②農村では、村の幹部たちはそのような政治活動に別に関心を持っていないのだ。上から割り当てられた任務は引き延ばし、どうしても引き延ばせなければいい加減にその場をつくろう、煎じ詰めれば、村の人々を全員食べさせることが何より大事なことなのだ。
8. ②その頃私たちはまったく家にじっとしていられなかった。母が出かけるとすぐに私たちは外へ遊びに出かけて、母がそろそろ仕事から帰ってくるだろうと思う頃家に戻った。
9. ②私が通知を受け取ってうれしそうにしている様子を見て、大森が冷ややかに「面接の通知と採用決定とはまったく関係ないんだ！　喜ぶのはまだ早いよ」と言った。
10. ②「あなたがまだ父を憎んでいるのは分かるけど、家には母もいるのよ。たとえ形だ

53

けでも家に二、三日帰りなさい。そうしなければみんなから分別がないと言われますよ」と姉が彼をなだめて言った。

11. ②みんなこの知らせを聞くとはっと息を呑んで、長い間心配していたことがとうとう起きてしまったと思った。③最初ははっきりと聞き取れなかったのだが、部屋の中の会話がはっきり聞き取れると、秀蓮ははっと息を呑んで、いまにも倒れそうになった。
12. ②もう二十年あまりも昔のことなのに、誰が上司に彼の秘密を暴いてしまったのか、彼はなかなか腑に落ちなかった。
13. ②麻さんは能力はかなりあるのだが、人の受けがそれほど良くない。というのも彼はずけずけものを言って、人の面子を考えない。それでたくさんの人から恨みを買うはめになったからだ。
14. ②もし彼に従わないか、またはどこかで彼の機嫌を損ねれば、彼は意図的に嫌がらせをし、君はそういう仕打ちをうけて毎日つらくても口にできないだろう。
15. ②劉主任は入ってくるなり若者たちににらみを利かせ、表情を固くして言った。「正直に白状しろ。昨日は何をしたのか。私が何も知らないと思うな」。
16. ②周さんの手に握られている庖丁を見ると、彼女はなりふり構わず飛びかかって、さっと奪い取り、台所へ戻した。③彼は何も構わず、床のコップ、瓶などすべてを外へ投げ出した。
17. ②「もう泣くな、明日ぼくが代わりにうっぷんを晴らしてやる、それでも彼がまだ君をいじめられるか見てやろうじゃないか」と王さんが言った。③その時彼は何も考えておらず、ただ方さんを思う存分殴ってうっぷんを晴らしたかった。
18. ②酔いが覚めて、彼は幸いにも悪意のある友人連中に出くわさなかったことにほっとした。もし彼が酔っ払ってしゃべったことが広まったら、絶対責任を取らねばならないところだった。③小浩が「彼はもう面倒を起こしにやって来ることはないだろうね」と聞くと、兄が大笑いして言った。「できるものか。もし来たらすべての責任を取らせてやる」。
19. ②病院に行く途中、彼は息子は大したことにはならないだろう、せいぜい今後少し障害が残るくらいのことだろうと思ったので、とても落ち着いていた。
20. ②「父子といい、夫婦といい、兄弟といい、ずばり言えばすべて友だち関係です。ただ形式がほんの少し違っているにすぎない」と彼はしょっちゅう言っている。
21. ②小麗は国美の言葉に自分を皮肉る意味を察知して、とても腹が立ったが、表には出さなかった。そんなことをすると却って自分の胸に何か企みがあるように見えるから。
22. ②玉徳爺さんは手を伸ばし、李鉄を軽くたたいて言った。「わが子よ、喧嘩は喧嘩、結局は同じ家族の人間なんじゃから、やっぱり家に帰って両親に会いなさい」。③二番目のおばさんは長いこと腹を立てていたが、腹を立てることはそれとして、そろそろ夕飯の支度をする時間になったのを見ると、やはり台所に入って忙しく立ち働きはじめた。
23. ②王校長が指摘して言うには、教育は国家の未来に関わる重要事だ、決して教育をおろそかにしてはならない。教材も何かといえばすぐに書き直したり、すぐに変えるようであってはならない。

［練習問題解答］
一、(1) ⑧、(2) ②、(3) ④、(4) ⑤、(5) ⑨、(6) ①、(7) ⑥、(8) ⑦、(9) ③
二、(1) 你前脚走，我后脚就回家了(2) 大不了买个新的赔她不就行了(3) 事先准备得充分些，免得走弯路(4) 你又来揭我的老底了(5) 千万不能把这个工作当儿戏啊(6) 你总得给人家留一点儿面子啊(7) 你才这么唱高调(8) 说在点子上了(9) 我就叫他吃不了兜着走(10) 说归说，烟还有照样抽(11) 做做样子就行了(12) 一直没下文

第二十課　日本語訳
(張海さんと妻の明華さんが食事をしながら話しています)
張海：今日の午後私は馬鹿力を出してやっとこのテーブルを運びこんだよ。
明華：この部屋はもともと狭いから、テーブルを入れると邪魔になって、まったく不便だわ。
張海：仕方がない、授業の準備をする場所が必要なんだ。ほら、このテーブルはなかなかいけるじゃないか。張先生が引越しして要らないって言うから。
明華：正直言って、たいしたことないわ。あなたときたら、まったくもう、人が処分したものを宝物かなにかのように運んでくるんだから。汚いったらありゃしない、デザインも悪いし。
張海：あら探しばっかりだな。ただでもらったんだし、何とか間に合わせて使おう。このボロの部屋には新品は似合わないし、いつの日か立派な家に住めたらまた買おう。
明華：ああ、こんなに長い間教養を積んできたっていうのに、いまだにまともな家も持っていない。ずっとあちこち転々として。2DKがもてたらそれでいいわ。一間は寝室、一間は書斎にします。
張海：君はいつも棚からぼた餅を夢見ているね。見ていないのかい、地位や名声のある教授でも2DKに過ぎないじゃないか。ぼくたちなんてものの数にも入ってないんだよ。それなのに2DKがほしいなんて。もう白昼夢を見るのはよそう。このボロ部屋だって八方手を尽くしてやっと住めたんだ。
明華：あ、そうだわ、あなたたち家のことで王さんを訪ねたの？　彼はまたあなたに空手形を出したんじゃない？
張海：たぶん王さんはぼくたちが訪ねると聞いて、空城の計を使ったんだよ。影もかたちも見えなかったからね。その後でやっと趙課長を捕まえたんだ。
明華：彼は何と言ったの？　前みたいに恐ろしい剣幕じゃなかった？
張海：今回はなかった。まずぼくを安心させにかかって、かならずぼくたちの家はあると言うんだが、その後はいつもの決まり文句で、若い者はちょっとは我慢しなさいとか、住む場所があれば結構なことで、あれこれ選り好みをしてはならないとか、よく聴いていればぼくたちに説教しているんだ。
明華：本当に人の痛みを思いやらず調子のいいことばかり言うのね。彼にここに数日泊まってみてもらえば、そんなことはもう言わないでしょうに。この前は彼の言うことに従ったから、騙されて部屋を割り当てられなかった。今回もしまたちゃんとした部屋をもらえなかったら、李さんに見習って、手を替え品を替え攻めるわ。
張海：ああ、毎回部屋の割り当ての時は、みんなありとあらゆる手段を尽くし智恵をしぼって、手づるを探し、コネをつける、長年の友人も家のために仲たがいするほどだよ。考えてみると面白くもないが、だからといって、どうしようもない。少ない部屋数に人は大勢だからね。
明華：言っとくけど、今はたくさんの人があの何軒かの家に目をつけているのよ。今回こそ絶対油断できないわ。しっかりと見張っておいてね。
張海：その通りだ。今回もし割り当てがもらえなかったら、あとは全部自分でお金を出して家を買うしかないよ。十数万元もするんだ。
明華：本当に天文学的な数字ね。私たちの毎月のあのかわいそうなほど少ない給料、それ以外は何の収入もなくて、生活を切り詰めるしかない。いつになっても買えないわ。

張海：本当に自分で買うなら銀行でローンを組まないといけない。計算してみた人の話だと、毎月およそ千元ぐらい返さなければならないそうだ。
明華：そんなにたくさん借金を作ると思うと、気が重くなるわ。借金生活は大変なのよ。
張海：君の考え方はもう時代遅れだよ。外国では家を買うにも、車を買うにも、みんなローンを組むんだ。君はあまり考えすぎないほうがいい。ぼくたちは情況を見ながらやっていこう。

[例文解釈日本語訳]
1. ②陳兄さんは大変な努力をして、やっとのことで人ごみに割り込み、切符売り場の窓口が見えた。
2. ②以前は彼が台所にいるのが邪魔くさいと思って、彼に料理を手伝わせなかった。その結果今彼は何の料理もできない。
3. ②李主任は私にちっともいい印象を持っていないが、彼の私に与える印象はもっと悪い。私たちふたりはお互い目障りなのです。③彼のこの馬は実はたいしたことはない。みんなは青毛だと言うが、グレーでもなく白でもない色だ。
4. ②おばあちゃんは私たちに乾いた服を出して着替えさせながら、「おまえさんたちときたらなんてこった、どうして雨宿りをしなかったの？ もしも体を冷やして病気にでもなったらどうするの？」と言った。③高明さんが気まずそうに「私ときたらなんとしたことだ。時間をおぼえ間違えたために、君たちに一日無駄に待ってもらうはめになった」と言った。
5. ②君は若くて学問もあり、あの娘たちの目には、スターみたいな存在なんだから、私が紹介してあげるまでもないだろう？ ③君たちのような業種が今はとても人気でね、競っても手に入らないほどなんだ。もし私たちのところへ来たいと思っているんだったら、それこそ大歓迎だ。
6. ②「雨があがったばかりで、地面がぬかるんでいる。今日はサッカーをするのはもう無理だから、みんな帰りなさい」と王先生が言った。③彼の馬鹿丸出しの様子を見て、王さんは、大した腕もあるまい、やはり親のコネだったのだと思った。
7. ②母は一番上の伯母が訪ねてくるのを一番嫌がっている。伯母が来るとあれこれあら探しをして、物の配置がすべて気に入らなくて、彼女の好みに合わせて模様替えをしなくてはいけない。それでも母は彼女の叱責を聞きながら、嫌な顔ひとつできないのだ。
8. ②彼女はだんだん幻想で自分を慰めることを覚えるようになった。いつも、いつの日にか自分が偶然ハンサムな若者に出会って、お互いに一目ぼれするのを空想していた。③彼はいつか彼女と再会したら、必ずこうした言葉を彼女に告げようと思った。
9. ②他人の言うことをぼくは信じないが、二番目の兄の言うことは固く信じて疑ったことがない。だって、すごく勉強した人で、豊かな学問があるから。③父はよく一番上の兄は勉強をしすぎて愚か者になり、世の人情にうとく非常識極まりない、と言っていた。
10. ②数年前は彼ら三人はいくつかのミュージックホールを回って仕事をしていたが、去年あるレコード会社の人と知り合い、アルバムを出してくれたので、ようやく少し名が売れるようになった。
11. ②商売はたやすくて、たなぼた式にお金がすぐに手に入るなどとは思うな。
12. ②二十数年前は彼はただの平職員でしたが、今ではもう町で指折りの有力者なのです。あちらの二階建ての家に住んでいます。③仕事の関係で、たくさんの有力者と知り合いになった。
13. ②この件は役所の管轄だろうし、交番でも話を聞いてくれるだろうが、私のところに来

られてもね。私は物の数にも入らない人間ですから。力にはなれません。③相手は凄い学者で、私などはぜんぜん物の数にも入れないんだ。討論するなんてとてもできない相談だよ。
14. ②張さんは私が出した条件を聞くと、すぐに手を振って「数百元で1DKを借りたいって、しかも市の中心地で？　よく言うね。もう白昼夢を見ないでくれ」と言った。
15. ②もしお金はすべて八方手を尽くして頼み込んで借りたものだと親族友人に知れたら、彼はもう皆に会わせる顔がない。③父はため息をついて、「もしおまえがしっかりしていて、大学に受かってくれれば、私がこんなにあちらこちら走り回っておまえの働き口を頼まなくても済むんだがな」と言った。
16. ②社会に関心を寄せる作者たちは現実に存在するさまざまな問題を取りあげたが、結局は問題を解決するたくさんの空手形を出したに過ぎない。
17. ②劉さんが玄関口で、大声で「おい、君たちはどうして真昼間に空城の計を図るんだ、事務所にはだれもおらんのか」と言うのが聞こえた。
18. ②私が紙に書いた文句を目にすると、老人は激怒して、それからは私の面倒を一切見てくれなくなった。
19. ②張社長は彼らに、費用はすべて会社が負担すると言って、まず安心させてから、それぞれに仕事を命じた。③これだけの食糧があれば、村民たちが安心でき、世の中がどう乱れようともう心配ない、と村長が言った。
20. ②「大学教授が花束を売るなんて、ちょっと見苦しいんじゃないか」、「あなたね、何も知らずによくそんなこと言えますね。抗日戦争の間、疎開先の教授たちがどれだけ貧しい生活を送っていたか、ご存じないでしょう」。③君、何も分かっていないのに勝手なことばかり言わないでくれ。おじいさんが私の言うことを聞くものか。私を追い払うに決まっている。
21. ②数日前はまだ彼らは君に咬みつこうとやっきになっていたのに、てのひらを返すように今日は君を接待すると言う。これは絶対おかしいよ。わなにかからないように気をつけたほうがいい。③"瘸子"（足の不自由な人）の家に入ったとたん騙されたと気づいた。部屋には大勢の人々がいて、私を待っていたようだ。やつはぴんぴんしていて、全然怪我なんかしていなかった。
22. ②陸建の額に汗が滲み、彼は持てる技のすべてを尽くして、手の中の三枚のトランプをあざやかに切ったが、老人がすぐにハートのキングを言い当てた。③彼はあらゆる機会を逃さず、考えられる限りの方法を尽くしてその女の子の注意を引こうとしたのだが、相手は彼に見向きもしなかった。
23. ②脚本家や監督たちはあらゆる試みをやり知恵を絞ったと言っても過言ではないが、出来上がった映画はどうしても観客の好みに合わなかった。
24. ②もともとうまくいっていた隣人どうしが、今はほんの取るに足りないささいな事で仲たがいするなんて、本当にくだらない。③時には彼女も面子などかなぐりすてて彼らを思いっきり罵倒して、うっぷんを晴らしたかったが、そうした思いは脳裏をかすめるだけで、自分の受けた教育がそうさせなかった。
25. ②二つの工場が合併した後は、もとの工場の工員は六十名しか残れない。この需要が少なく人が多い情況では、若くて技術を持っている者が有利だ。
26. ②私が編み物をするのが遅いのを見て、「その速さでは、いつになっても着ることができないわ。いいわ、やっぱり手伝ってあげる」と張さんが笑いながら言った。
27. ②皆にまとまった考えがない以上、我々は情況を見ながら慎重にことを進め、現地に

入ってから相談することにしましょう。
［練習問題解答］
一、(1)まま母は部屋から出てきて、彼がまた酒に酔っ払っているのを見ると、彼をいさめて言った。「長海、そんなに飲んじゃいけないよ、体によくないんだから」。彼は酔った勢いで、目をむいて言った。「あんたが何だっていうんだ。僕にかまう資格があるのか。来たところに戻ればいいんだ」。まま母はあっけにとられ、目から涙をこぼした。(2)私には張さんの話は私のことを言っているのだと分かっていた。私は腹が立ったが、かといって自分はただの秘書にすぎない、もし彼と面子のつぶし合いをする覚悟でやり合っても、あとあと面倒になるだけだ。それで聞こえないふりをするしかなかった。(3)桂芬には分かっていた。姑がこんなにもあれこれあら探しをして私を気に入らず、私をいびるのは、ほかでもない、私の家が貧しくて、嫁入り道具がいくらもなかったからだ。(4)王さんは入ってくるなり言った。「馬姉さん、あなたっていう人はほんとうに、事務所を掃除するならなぜ声をかけてくれないのか。こんなにたくさんの作業をあなたひとりにやらせるなんて、とんでもないことだ」。(5)彼らには宣伝のためのお金がなかった。人々に彼らの製品を知ってもらうために、八方手を尽くして、マーケットの店員に会っては、お客に彼らの製品を紹介し薦めてくれるよう頼み込んだ。

二、(1)③、(2)⑩、(3)⑤、(4)①、(5)④、(6)⑥、(7)②、(8)⑦、(9)⑨、(10)⑧

三、(1)吃了定心丸(2)你老开空头支票(3)白喝了那么多墨水(4)我觉得不怎么样(5)你别上了他的圈套(6)给他们来个空城计吧(7)怎么会忘呢。有朝一日我要好好报答她(8)我们使出了浑身解数

### 著者紹介
沈　建華（しん　けんか）
　1989年首都師範大学中文系修士課程修了。首都師範大学、北京語言大学、ハーバード大学教員を経て、2003年よりエール大学で教鞭を執る。

### 編訳者紹介
是永　駿（これなが　しゅん）
　大阪外国語大学名誉教授、立命館アジア太平洋大学教授
陳　薇（ちん　び）
　同志社女子大学、関西外国語大学など講師

### CD吹き込み
李継禹・范明・志鵬・付麗

---

## 中国語口語表現（ちゅうごくごこうごひょうげん）　ネイティヴに学ぶ慣用語（まなかんようご）

2009年10月20日　初版第1刷発行
2022年 3月 1日　初版第6刷発行

　著　　者●沈建華
　編訳者●是永駿・陳薇
　発行者●山田真史
　発行所●株式会社東方書店
　　　　　東京都千代田区神田神保町1-3　〒101-0051
　　　　　電話(03)3294-1001　営業電話(03)3937-0300
　装　　幀●堀博
　印刷・製本●倉敷印刷株式会社

※定価はカバーに表示してあります

---

ⓒ2009　沈建華・是永駿・陳薇　　Printed in Japan
ISBN978-4-497-20911-5　C3087

乱丁・落丁本はお取り替え致します。恐れ入りますが直接本社へご郵送ください。
Ⓡ 本書を無断で複写複製（コピー）することは、著作権法上での例外を除き、禁じられています。本書をコピーされる場合は、事前に日本複製権センター（JRRC）の許諾を受けてください。
JRRC〈http://www.jrrc.or.jp　Eメール：info@jrrc.or.jp　電話：03-3401-2382〉
小社ホームページ〈中国・本の情報館〉で小社出版物のご案内をしております。
　　https://www.toho-shoten.co.jp/

**好評発売中**

＊価格 10％税込

## 東方中国語辞典

相原茂・荒川清秀・大川完三郎主編／中国人の頭の中を辞書にする！付録も満載、学習やビジネスに威力を発揮する中国語辞典。斬新なデザインと２色刷りで引き易いと好評。
…… 四六判 2120 頁◎税込 5500 円（本体 5000 円）978-4-497-20312-0

## 精選日中・中日辞典 改訂版

姜晩成・王郁良編／日中辞典約２万語、中日辞典約２万 2000 語を収録。学習・旅行やビジネスに携帯便利な辞典。
… ポケット判 1408 頁◎税込 2750 円（本体 2500 円）978-4-497-20002-0

## 中国語文法用例辞典
### 《現代漢語八百詞 増訂本》日本語版

牛島徳次・菱沼透監訳／《現代漢語八百詞》増訂本（商務印書館、1995）を完訳。大幅な加筆修正を行い、収録語は全部で約 1000 語に。
……… 四六判 608 頁◎税込 5280 円（本体 4800 円）978-4-497-20303-8

## 動詞・形容詞から引く
## 中国語補語 用例 20000

侯精一・徐枢・蔡文蘭著／田中信一・武永尚子・西槙光正訳／常用の動詞・形容詞 1072 語を見出し語とし、補語との組み合わせを約２万例収録。…… A5 判 640 頁◎税込 2970 円（本体 2700 円）978-4-497-21505-5

東方書店ホームページ〈中国・本の情報館〉https://www.toho-shoten.co.jp/

**好評発売中**
＊価格 10％税込

## やさしくくわしい
## 中国語文法の基礎
### 改訂新版

守屋宏則・李軼倫著／充実した検索機能など、旧版の長所はそのままに、例文を全面的に見直し、解説もアップデート。
……… A5判380頁◎税込2640円(本体2400円) 978-4-497-21918-3

## つたわる中国語文法
### 前置詞・副詞・接続詞を総復習

林松濤著／空間・時間、受け手と対象など、虚詞（前置詞・副詞・接続詞）を意味ごとにまとめ、用法や使い分けをすっきり解説。例文も満載。
……… A5判376頁◎税込2640円(本体2400円) 978-4-497-21709-7

## HSK6級 読む聴く覚える2500
### （音声ダウンロード方式、チェックシート付き）

田芳・安明姫著／72篇の文章を繰り返し聴き、繰り返し読んで、HSK6級の新出語彙2500語を身に付けよう。
……… A5判320頁◎税込3300円(本体3000円) 978-4-497-22023-3

## すらすらさくさく
## 中国語中級ドリル1000

林松濤・謝辰著／すらすら訳してさくさく作文！ "是〜的"文、"了"、"把"など36のポイントにしぼった和文中訳・中文和訳ドリル1000問。
……… A5判208頁◎税込1980円(本体1800円) 978-4-497-21901-5

東方書店ホームページ〈中国・本の情報館〉https://www.toho-shoten.co.jp/

**好評発売中**

＊価格 10％税込

## 街なかの中国語
耳をすませてリスニングチャレンジ（MP3CD 付）

孟国主編／井田綾訳／友だち同士の会話から、銀行や病院でのやりとり、テレビ番組など、生の中国語を収録。中国の街角に立ったつもりで、雑音あり・早口・不明瞭な「聞き取れない」中国語に挑戦！
………… A5 判 268 頁◎税込 3300 円（本体 3000 円）978-4-497-21208-5

## 街なかの中国語 Part2
インタビュー・テレビ番組のリスニングにチャレンジ（MP3CD 付）

孟国主編／井田綾・平野紀子訳／なまりやスピードも様々な人びとの話から、正確かつ高速にアナウンサーが読み上げるニュースまで、ますます「聞き取れない中国語」全 48 本。
………… A5 判 280 頁◎税込 3080 円（本体 2800 円）978-4-497-21209-2

## 街なかの中国語 Part3
話し手の意図・主張の聞き取りにチャレンジ（MP3CD 付）

孟国主編／井田綾・平野紀子訳／Part3 の特徴は、長さと速さ。話し手の意図を汲み取りその主張を把握するトレーニングに最適。訳者による巻末エッセイもおおいに参考になる。
………… A5 判 336 頁◎税込 3300 円（本体 3000 円）978-4-497-21317-4

## 中国語筋トレ 100 読練習法
（MP3CD 付）

木本一彰著／450 〜 500 字の文章を 100 回ずつ読み、中国語を「音」として覚え込む。発音、四声をピンイン文の音読で徹底チェック。
………… A5 判 208 頁◎税込 2640 円（本体 2400円）978-4-497-21509-3

東方書店ホームページ〈中国・本の情報館〉https://www.toho-shoten.co.jp/